JANA GANSEFORTH

ZUCKERSÜSSE Wollowbies

AMIGURUMIS ZUM LIEBHABEN HÄKELN

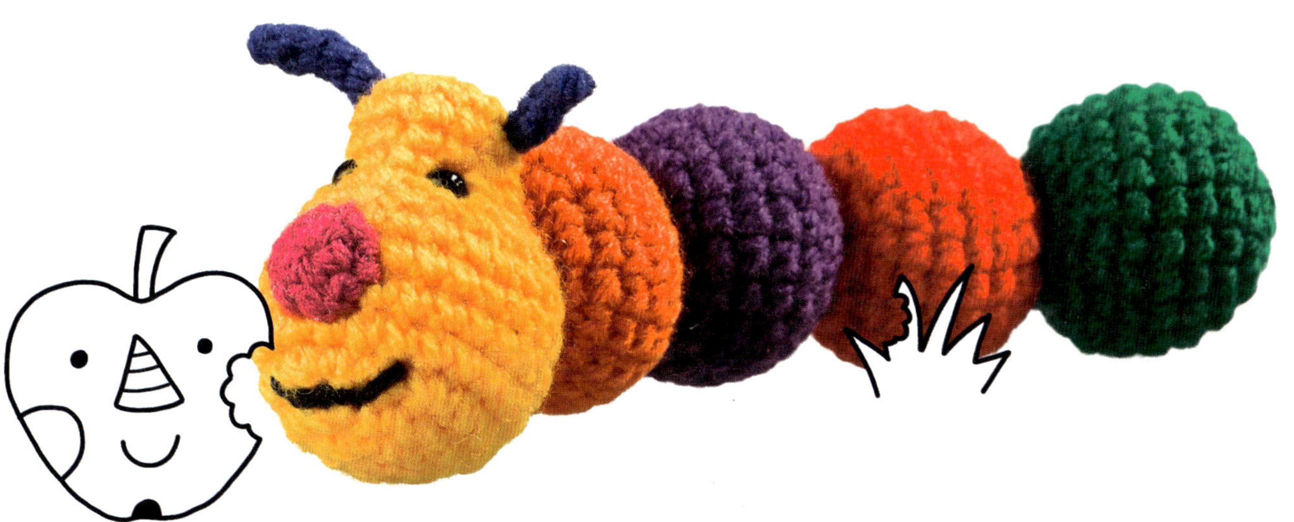

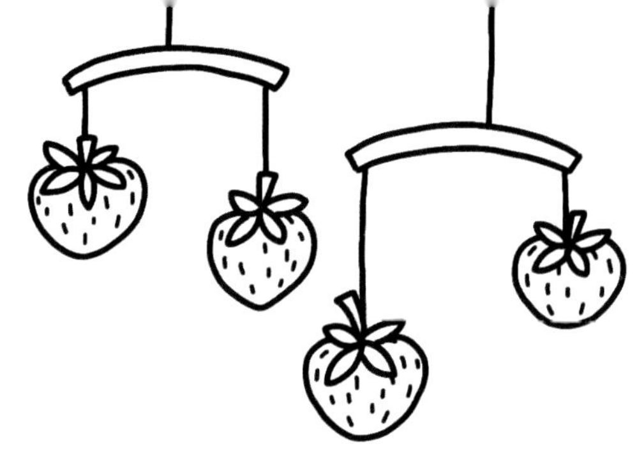

Achtung, die Wollowbies kommen und bringen ganz viel gute Laune und verrückte Ideen mit!

Der sportliche Dackel Dietrich, die backende Biene Berta oder Tyler, der hilfsbereite T-Rex und viele weitere Häkel-Amigurumis warten nur darauf, mit Häkelnadel und Garn zum Leben erweckt zu werden. Das macht Spaß und bringt gute Laune!

Alle Wollowbies sind schnell und unkompliziert gehäkelt. Damit auch Einsteigerinnen gleich loslegen können, sind im Grundlagenteil am Ende des Buches die wichtigsten Häkeltechniken Schritt für Schritt erklärt.

Die witzigen Häkelfiguren sind perfekt zum Liebhaben, Verschenken oder Sammeln. Der besondere Gag: Mit fünf beiliegenden Knöpfen und Labeln können sie individualisiert werden und sind so ein ganz besonders persönliches und liebevolles Geschenk.

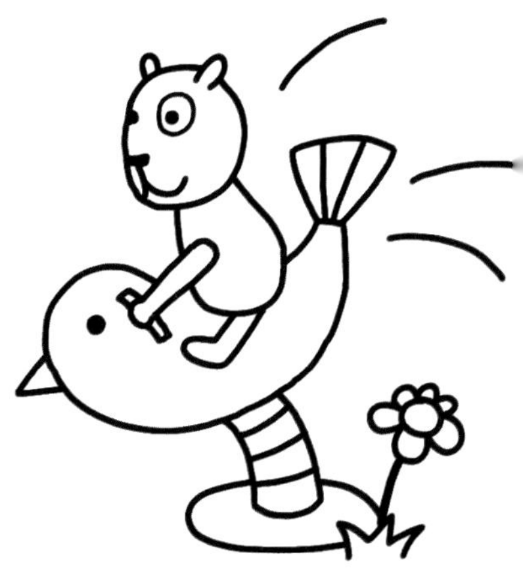

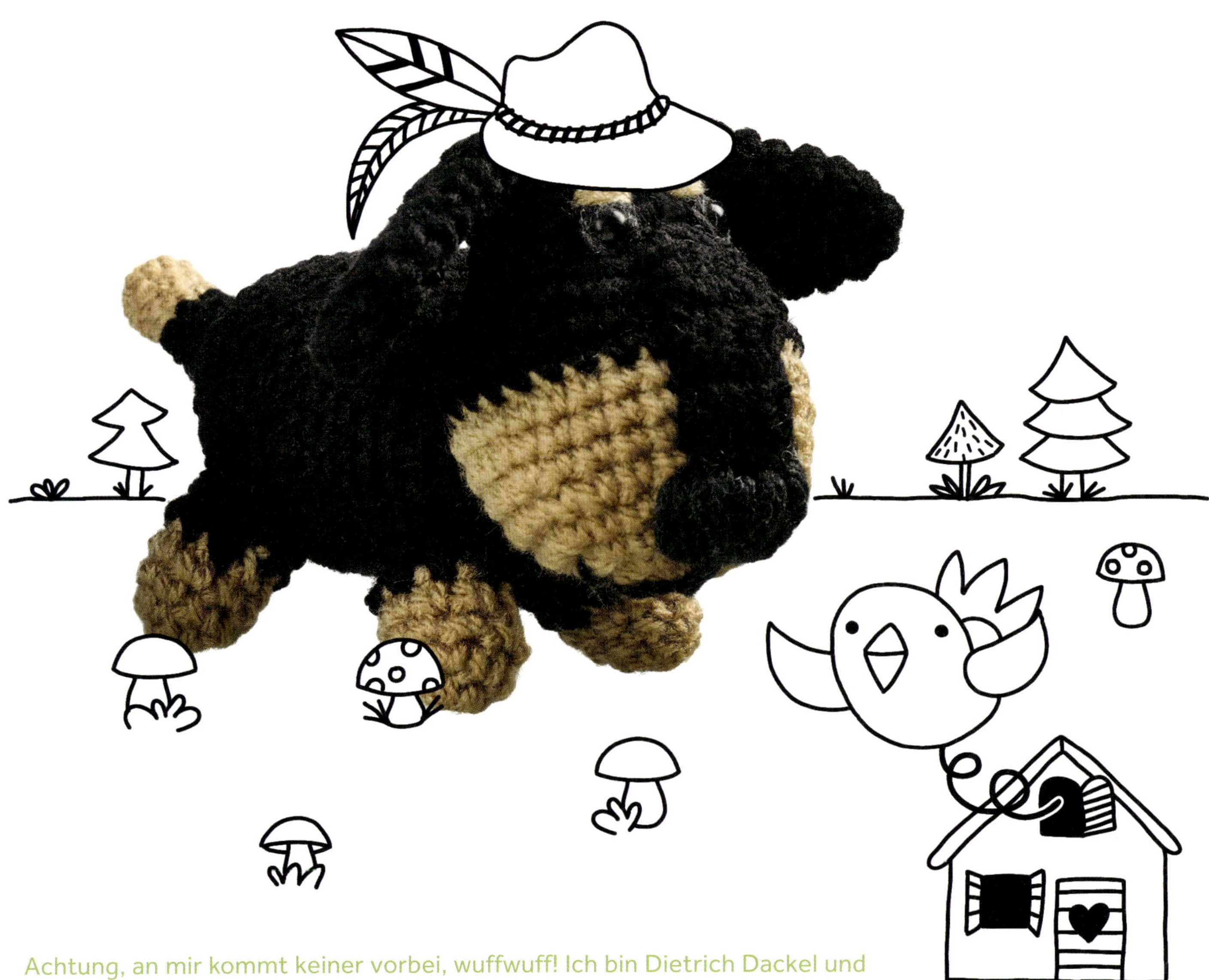

Achtung, an mir kommt keiner vorbei, wuffwuff! Ich bin Dietrich Dackel und beschütze mein Frauchen vor allen großen und frechen Hunden. Mein Herrchen, den Förster, begleite ich auf Schritt und Tritt bei der Arbeit. Fit halte ich mich durch Wettrennen mit meinen Kaninchenfreunden und meine Zielgenauigkeit trainiere ich beim Bogenschießen. Auf geht's, die Arbeit ruft, wuff!

Dietrich Dackel

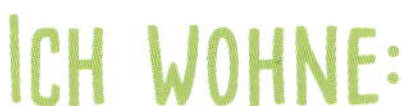

Ich wohne:

Im Forsthaus

Mein größtes Idol:

Robin Hood

Das kann ich gut:

Mir Wettrennen mit Kaninchen liefern

Meine Leibspeise:

Jägertopf mit Pilzen

Fabelhafteste Tat:

Mein Frauchen vor den größten und gefährlichsten Hunden beschützt

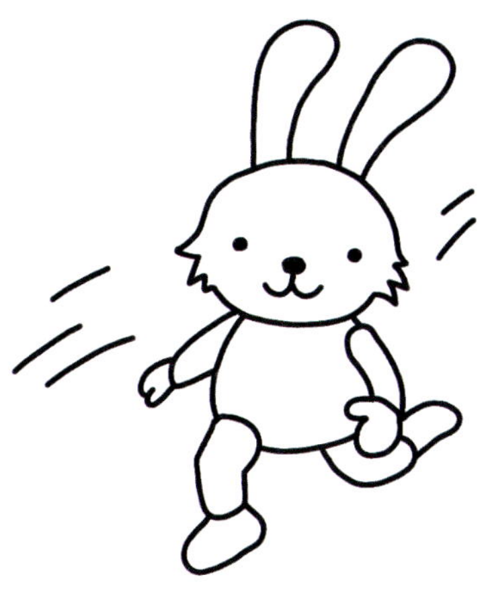

ANLEITUNG

Alle Teile mit Ausnahme des Nasenrückens werden in Spiralrd gehäkelt. Am Rd-Anfang am besten zwischen die 1. und letzte M einen Kontrastfaden oder M-Markierer einlegen.

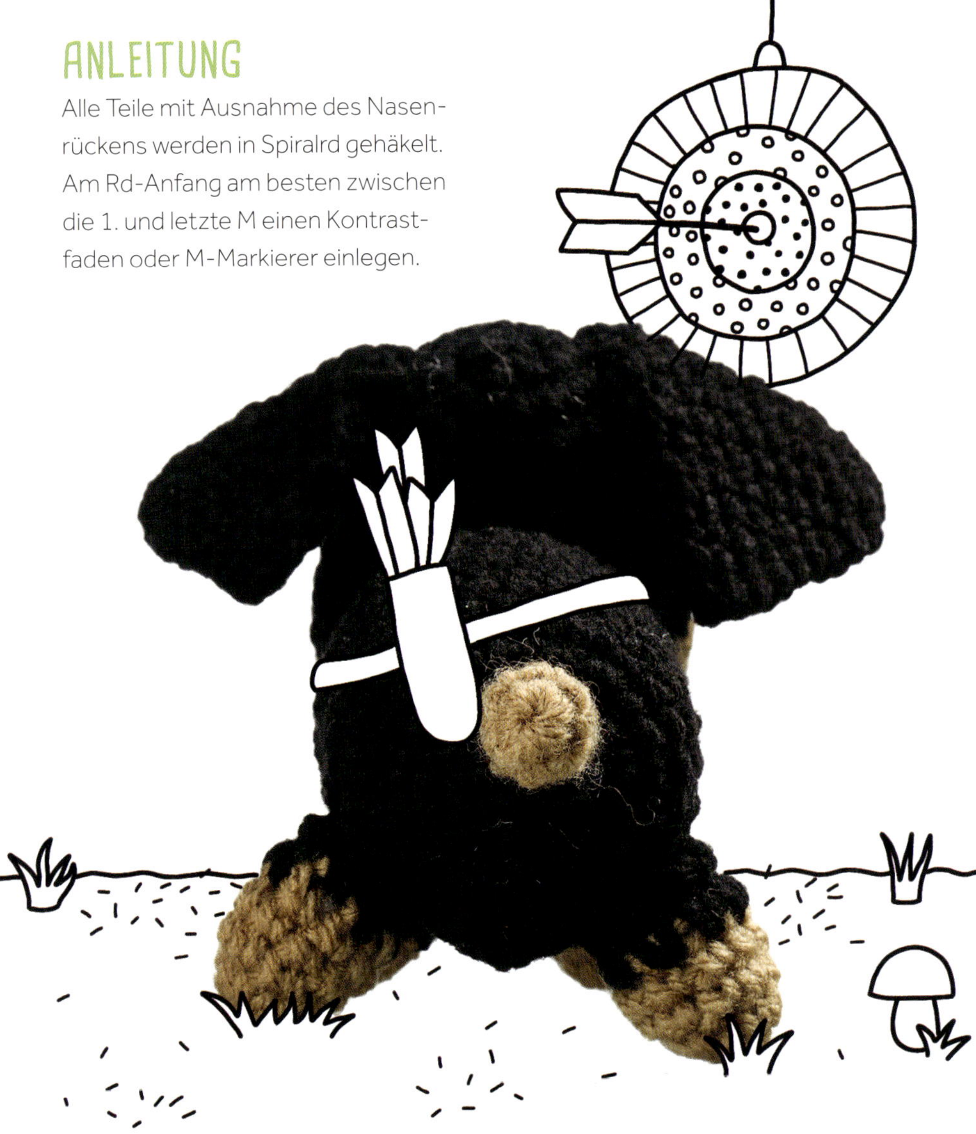

SCHWIERIGKEITSGRAD 1

GRÖSSE

CA. 9 CM LANG

MATERIAL

» SCHACHENMAYR BRAVO (LL 133 M/50 G) IN SCHWARZ (FB 8226) UND BEIGE (FB 8312), JE 50 G, IN ANTHRAZIT MELIERT (FB 8370), REST
» HÄKELNADEL 3,0 MM
» 1 PAAR SICHERHEITSAUGEN IN SCHWARZ, Ø 6 MM
» FÜLLWATTE, 12 G

KOPF

In Beige einen Magic Ring anfertigen.
1. Rd: 6 fM in den Ring häkeln (= 6 M).
2. Rd: Jede fM verdoppeln (= 12 M).
3. Rd: Jede 2. fM verdoppeln (= 18 M).
4. Rd: Jede 3. fM verdoppeln (= 24 M).
5. Rd: 24 fM häkeln.
6. Rd: Jede 4. fM verdoppeln (= 30 M).
7.+8. Rd: Jeweils 30 fM häkeln.
9.+10. Rd (Schwarz): Jeweils 30 fM häkeln.
11. Rd: Jede 4. und 5. fM zusammen abmaschen (= 24 M).
12. Rd: Jede 3. und 4. fM zusammen abmaschen (= 18 M).
13.-16. Rd: Jeweils 18 fM häkeln.
Nun die Sicherheitsaugen zwischen der 13. und 14. Rd mit 2 bis 3 fM Abstand zueinander anbringen.
17. Rd: Jede 2. und 3. fM zusammen abmaschen (= 12 M).
Den Kopf fest mit Füllwatte ausstopfen.
18. Rd: Je 2 fM zusammen abmaschen (= 6 M).
Den Faden lang lassen und abschneiden, in eine Nd fädeln und die Öffnung schließen. Den Faden nach innen ziehen und vernähen.

KÖRPER

In Schwarz einen Magic Ring anfertigen.
1. Rd: 6 fM in den Ring häkeln (= 6 M).
2. Rd: Jede fM verdoppeln (= 12 M).
3. Rd: Jede 2. fM verdoppeln (= 18 M).
4. Rd: Jede 3. fM verdoppeln (= 24 M).
5. Rd: Jede 8. fM verdoppeln (= 27 M).
6.-16. Rd: Jeweils 27 fM häkeln.
17. Rd: Jede 8. und 9. fM zusammen abmaschen (= 24 M).

18. Rd: Jede 3. und 4. fM zusammen abmaschen (= 18 M).
19. Rd: Jede 2. und 3. fM zusammen abmaschen (= 12 M).
Den Körper fest mit Füllwatte ausstopfen.
20. Rd: Je 2 fM zusammen abmaschen (= 6 M).
Den Faden lang lassen und abschneiden, in eine Nd fädeln und die Öffnung schließen. Den Faden nach innen ziehen und vernähen.

OHR (2x)

In Schwarz einen Magic Ring anfertigen.
1. Rd: 6 fM in den Ring häkeln (= 6 M).
2. Rd: Jede 2. fM verdoppeln (= 9 M).
3. Rd: Jede 3. fM verdoppeln (= 12 M).
4. Rd: 12 fM häkeln.
5. Rd: Jede 4. fM verdoppeln (= 15 M).
6. Rd: 15 fM häkeln.
7. Rd: Jede 5. fM verdoppeln (= 18 M).
8. Rd: Jede 6. fM verdoppeln (= 21 M).
Den Faden lang lassen und abschneiden.
Das 2. Ohr ebenso häkeln. Die Ohren nicht ausstopfen.

BEIN (4x)

In Beige einen Magic Ring anfertigen.
1. Rd: 6 fM in den Ring häkeln (= 6 M).
2. Rd: Jede 2. fM verdoppeln (= 9 M).
3.+4. Rd: Jeweils 9 fM häkeln.
5.+6. Rd (Schwarz): Jeweils 9 fM häkeln.
Den Faden lang lassen und abschneiden.
Noch 3 weitere Beine ebenso häkeln. Die Beine ausstopfen.

NASENRÜCKEN

In Schwarz 4 Lm anschl und weiter in R häkeln. Am Ende jeder R 1 Wende-Lm arb.
1. R: Ab der 2. Lm ab Nd 3 fM häkeln (= 3 M).
2.-6.R: Jeweils 3 fM häkeln.
7. R: 3 fM zusammen abmaschen (= 1 M).
Den Faden lang lassen und abschneiden.

SCHWANZ

In Beige einen Magic Ring anfertigen.
1. Rd: 6 fM in den Ring häkeln (= 6 M).
2.-4. Rd: Jeweils 6 fM häkeln.
5. Rd (Schwarz): 1 fM verdoppeln, 5 fM häkeln (= 7 M).
6. Rd: 7 fM häkeln.
7. Rd: 1 fM verdoppeln, 6 fM häkeln (= 8 M).
8. Rd: 8 fM häkeln.
Den Faden lang lassen und abschneiden.
Den Schwanz nicht ausstopfen.

FERTIGSTELLEN

Den Nasenrücken ab der 5. Rd des Kopfes aufwärts zwischen den Augen festnähen. In Anthrazit meliert eine Nase über die Nahtkante des Nasenrückens sticken. In derselben Fb den Mund und die Ringe um die Augen aufsticken. In Beige über beide Auge eine kurze Augenbraue sticken. Die Ohren flach drücken, an der offenen Kante zusammennähen und seitlich an den Kopf nähen. Kopf und Körper zusammennähen. Die Beine unter den Körper nähen, dabei auf die Balance des Dackels achten. Den Schwanz hinten auf den Körper nähen.

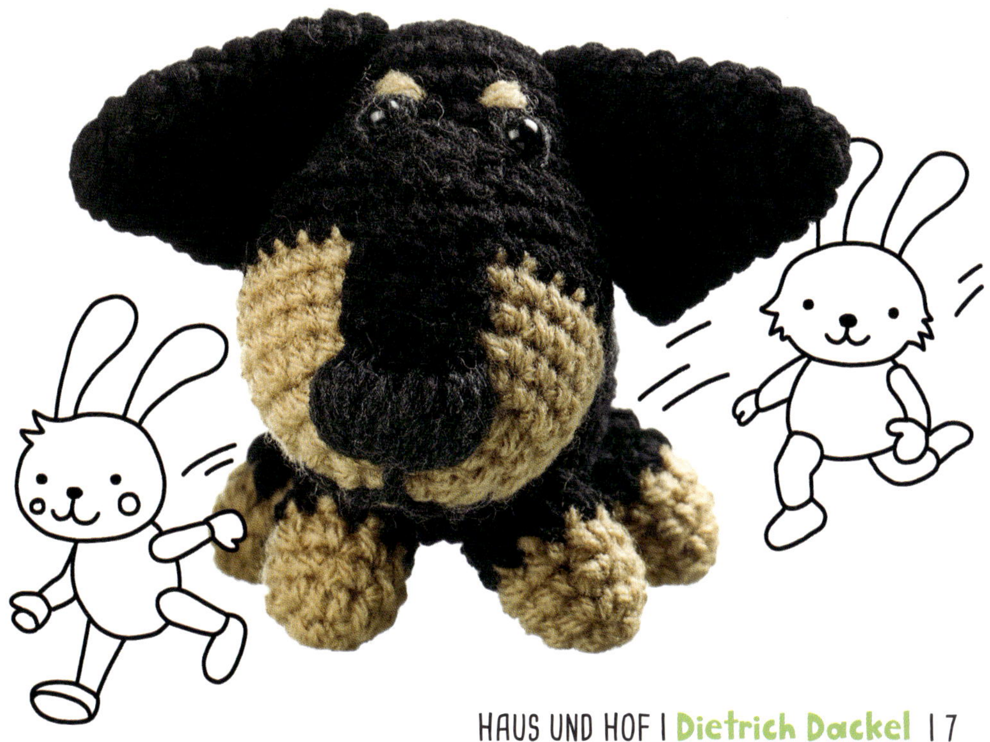

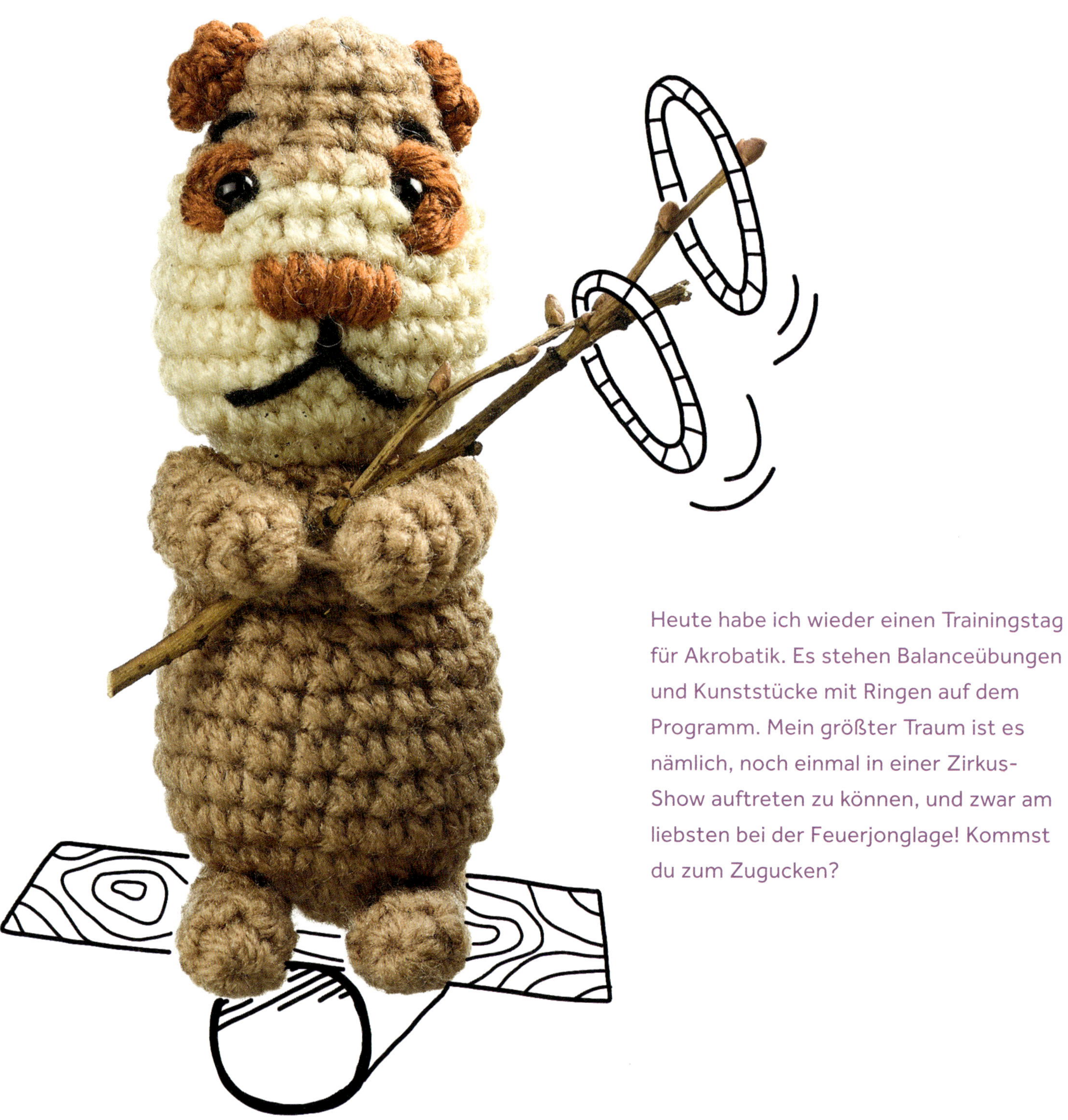

Heute habe ich wieder einen Trainingstag für Akrobatik. Es stehen Balanceübungen und Kunststücke mit Ringen auf dem Programm. Mein größter Traum ist es nämlich, noch einmal in einer Zirkus-Show auftreten zu können, und zwar am liebsten bei der Feuerjonglage! Kommst du zum Zugucken?

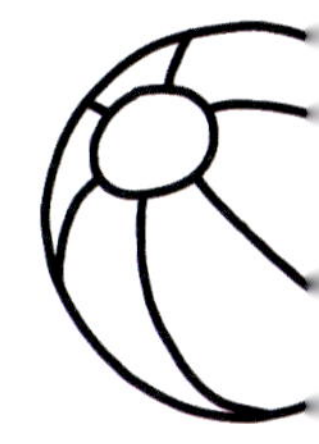

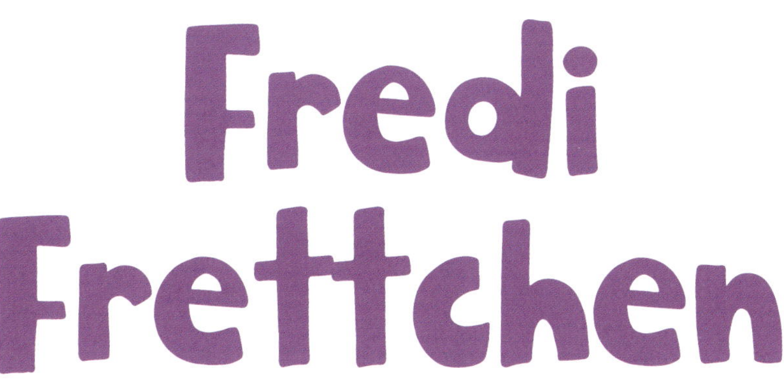

Fredi Frettchen

Ich wohne:
Mit meiner großen Familie unterm Dach

Mein größtes Idol:
James Bond

Das kann ich gut:
Auf dem Spielplatz toben

Meine Leibspeise:
Alles, Hauptsache Fleisch!

Fabelhafteste Tat:
Mein Gastauftritt im Zirkus Roncalli

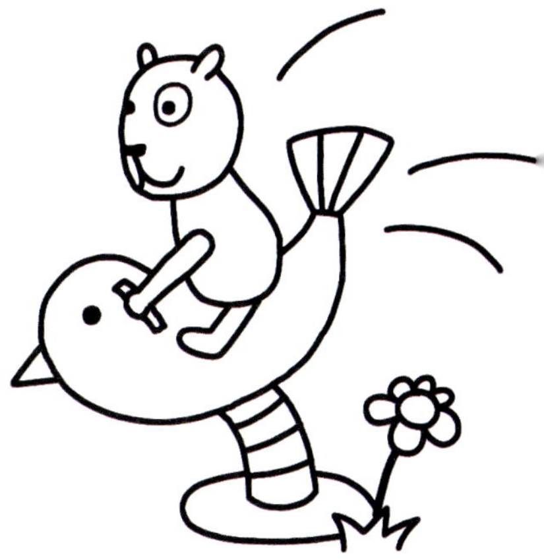

SCHWIERIGKEITSGRAD 2 **GRÖSSE** CA. 10 CM	**MATERIAL** » SCHACHENMAYR BRAVO (LL 133 M/50 G) IN BEIGE (FB 8312), FUCHS (FB 8371) UND SAND (FB 8364), JE 50 G » HÄKELNADEL 3,0 MM » 1 PAAR SICHERHEITSAUGEN IN SCHWARZ, Ø 6 MM » FÜLLWATTE, 10 G

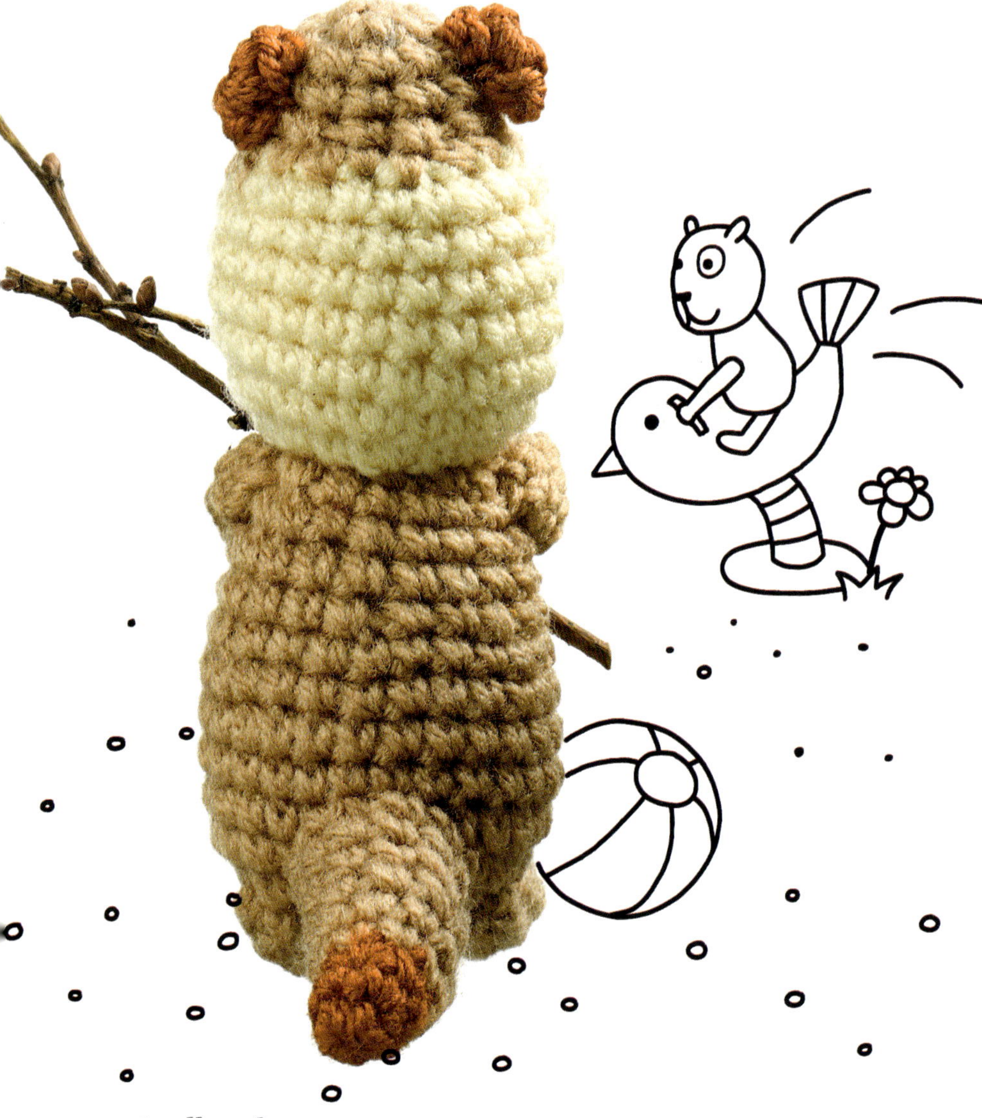

ANLEITUNG

Alle Teile werden in Spiralrd gehäkelt. Am Rd-Anfang am besten zwischen die 1. und letzte M einen Kontrastfaden oder M-Markierer einlegen.

KOPF

In Sand einen Magic Ring anfertigen.

1. Rd: 6 fM in den Ring häkeln (= 6 M).

2. Rd: Jede fM verdoppeln (= 12 M).

3. Rd: Jede 2. fM verdoppeln (= 18 M).

4. Rd: Jede 3. fM verdoppeln (= 24 M).

5.–7. Rd: Jeweils 24 fM häkeln.

8. Rd: Jede 3. und 4. fM zusammen abmaschen (= 18 M).

9. Rd (Beige): Jede 2. und 3. fM zusammen abmaschen (= 12 M).

10.–13. Rd: Jeweils 12 fM häkeln.

Nun die Sicherheitsaugen zwischen der 9. und 10. Rd mit 3 fM Abstand zueinander anbringen. Den Kopf fest mit Füllwatte ausstopfen.

14. Rd: Je 2 fM zusammen abmaschen (= 6 M).

Den Faden lang lassen und abschneiden, in eine Nd fädeln und die Öffnung schließen. Den Faden nach innen ziehen und vernähen.

KÖRPER

In Beige einen Magic Ring anfertigen.

1. Rd: 6 fM in den Ring häkeln (= 6 M).

2. Rd: Jede fM verdoppeln (= 12 M).

3. Rd: Jede 2. fM verdoppeln (= 18 M).

4. Rd: Jede 3. fM verdoppeln (= 24 M).

5.–8. Rd: Jeweils 24 fM häkeln.

9. Rd: Jede 3. und 4. fM zusammen abmaschen (= 18 M).

10.–12. Rd: Jeweils 18 fM häkeln.

13. Rd: Jede 2. und 3. fM zusammen abmaschen (= 12 M).
14. Rd: 12 fM häkeln.
Den Faden lang lassen und abschneiden. Den
Körper fest mit Füllwatte ausstopfen.

OHR (2x)

In Fuchs einen Magic Ring anfertigen.
1. Rd: 6 fM in den Ring häkeln (= 6 M).
Den Faden lang lassen und abschneiden. Das 2. Ohr ebenso häkeln.

ARM BZW. BEIN (4x)

In Beige einen Magic Ring anfertigen.
1. Rd: 6 fM in den Ring häkeln (= 6 M).
2.-7. Rd: Jeweils 6 fM häkeln.
Den Faden lang lassen und abschneiden. Noch 3 weitere Arme bzw. Beine ebenso häkeln. Die Arme und Beine nicht ausstopfen.

SCHWANZ

In Fuchs einen Magic Ring anfertigen.
1. Rd: 4 fM in den Ring häkeln (= 4 M).
2. Rd: 1 fM verdoppeln, 3 fM häkeln (= 5 M).
3. Rd: 1 fM verdoppeln, 4 fM häkeln (= 6 M).
4. Rd (Beige): Jede 3. fM verdoppeln (= 8 M).
5.+6. Rd: Jeweils 8 fM häkeln.
7. Rd: Jede 4. fM verdoppeln (= 10 M).
8. Rd: 10 fM häkeln.
9. Rd: Jede 5. fM verdoppeln (= 12 M).
Den Faden lang lassen und abschneiden. Den Schwanz fest mit Füllwatte ausstopfen.

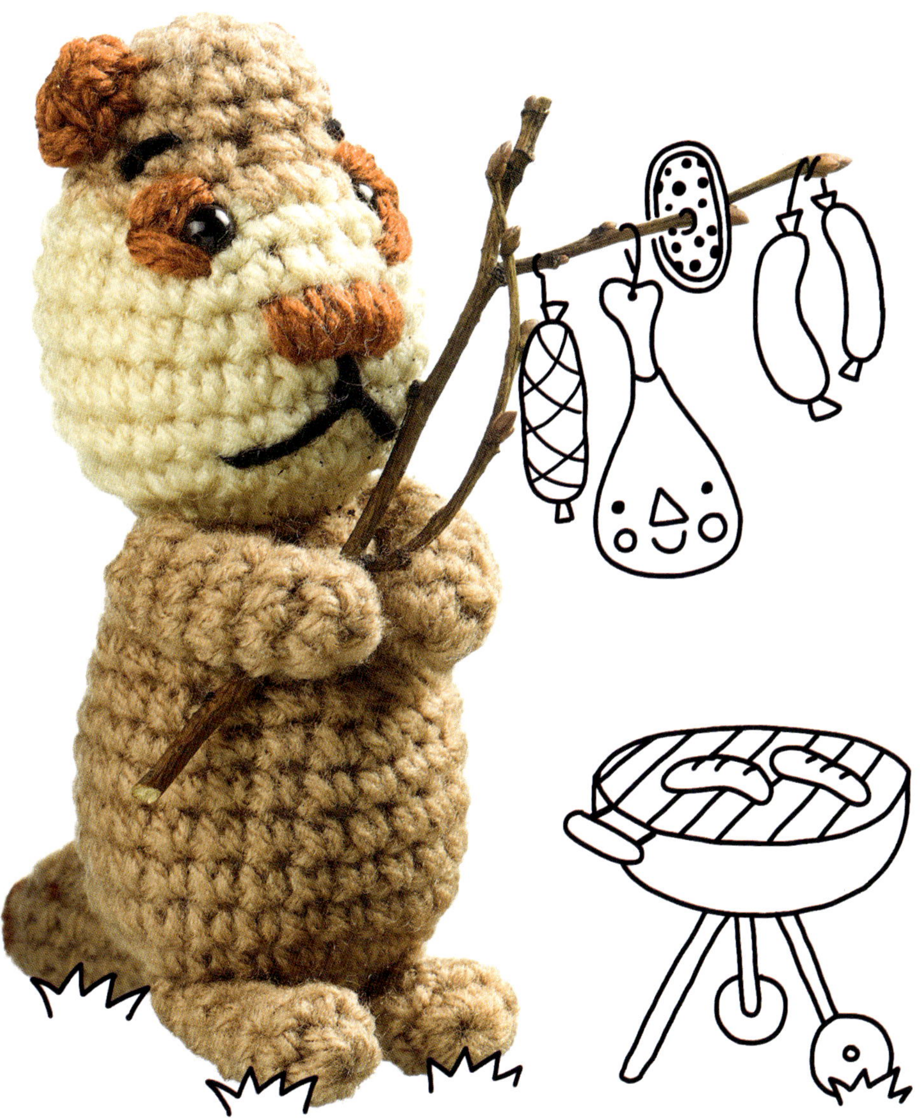

FERTIGSTELLEN

Die Ohren flach drücken und seitlich an den Kopf nähen. In Fuchs die Nase und die Augenflecken auf den Kopf sticken. In Schwarz Mund und Augenbrauen aufsticken. Kopf und Körper zusammennähen. Die Arme seitlich an den Körper nähen, so dass die Enden sich berühren; diese gegebenenfalls etwas fixieren. Die Beine flach drücken und unter den Körper nähen. Den Schwanz hinten an den Körper nähen.

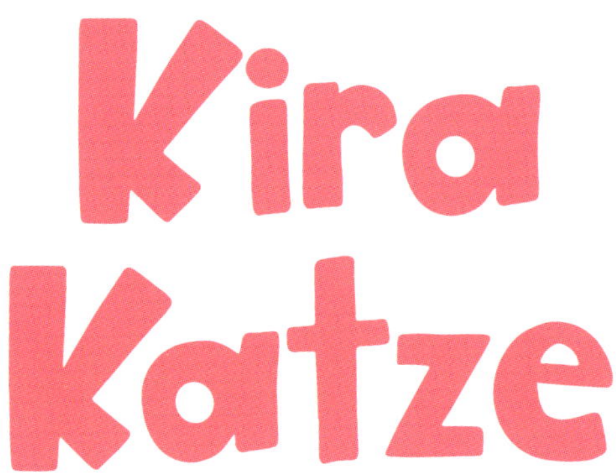

Kira Katze

Ich wohne:
In meinem Katzen-Café,
Lieblingsplatz: das gemütliche Sofa

Mein größtes Idol:
Ratatouille

Das kann ich gut:
8-stöckige Torte mit Zartbitter-Ganache backen

Meine Leibspeise:
Cake-Pops in Mäuseform

Fabelhafteste Tat:
Ehrenamtliche Übungsleiterin im Leichtathletikverein

Herzlich willkommen in meinem Café! Heute gibt es wieder die köstlichen Cake-Pops in Mäuseform. So schnell kann ich die gar nicht nachbacken, wie sie gegessen werden! Später mache ich mich dann an die Verzierung der Hochzeitstorte für meine Schwester und ihren charmanten Kater-Gatten – die muss natürlich etwas ganz Besonderes werden. Die Zartbitter-Ganache mache ich nach einem alten Geheimrezept unserer Großmutter und sie schmeckt einfach himmlisch!

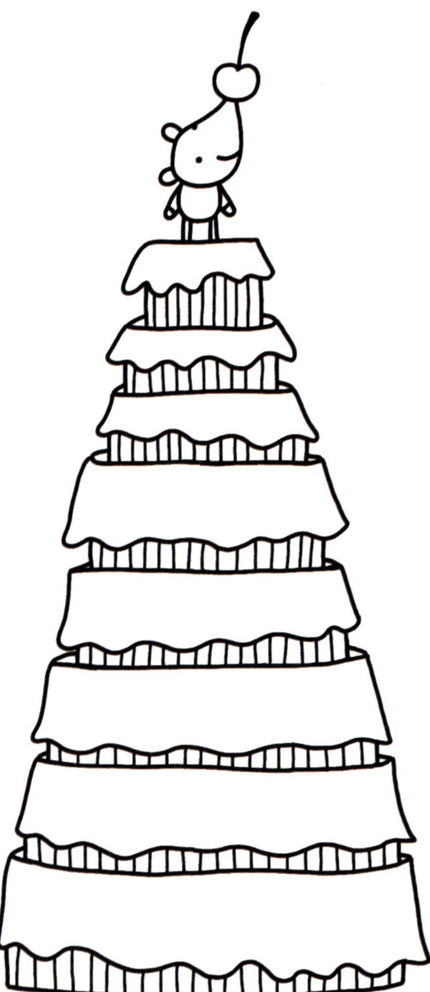

SCHWIERIGKEITSGRAD 3

GRÖSSE

CA. 11 CM

MATERIAL

- SCHACHENMAYR BRAVO (LL 133 M/50 G) IN SCHWARZ (FB 8226) UND WEISS (FB 8224), JE 50 G
- HÄKELNADEL 3,0 MM
- 1 PAAR SICHERHEITSAUGEN IN SCHWARZ, Ø 6 MM
- FÜLLWATTE, 15 G

ANLEITUNG

Alle Teile werden in Spiralrd gehäkelt. Am Rd-Anfang am besten zwischen die 1. und letzte M einen Kontrastfaden oder M-Markierer einlegen.

KOPF

In Weiß einen Magic Ring anfertigen.

1. Rd: 6 fM in den Ring häkeln (= 6 M).

2. Rd: Jede fM verdoppeln (= 12 M).

3. Rd: Jede 2. fM verdoppeln (= 18 M).

4. Rd: Jede 3. fM verdoppeln (= 24 M).

5. Rd: 24 fM häkeln.

6. Rd: Jede 4. fM verdoppeln (= 30 M).

Nun wird das Garn innerhalb der Rd gewechselt. Dabei stehen die Abkürzungen W (= Weiß) und S (= Schwarz) vor den in diesen Fb zu häkelnden M in Klammern.

7. Rd: 10 fM, (S) 20 fM.

8. Rd: (W) 10 fM, (S) 20 fM.

9. Rd: 1 fM, (W) 8 fM, (S) 21 fM.

10. Rd: 1 fM, (W) 8 fM, (S) 21 fM.

11. Rd: 2 fM, (W) 1 fM, 2 fM zusammen abmaschen, 4 fM, (S) 2 fM zusammen abmaschen, * 3 fM, 2 fM zusammen abmaschen, ab * noch 2x wdh, 2 fM, 2 fM zusammen abmaschen (= 24 M).

12. Rd: 2 fM, (W) 2 fM zusammen abmaschen, 2 fM, 2 fM zusammen abmaschen, (S) * 2 fM, 2 fM zusammen abmaschen, ab * noch 3x wdh (= 18 M).

13. Rd: 2 fM, (W) 4 fM, (S) 12 fM.

14.-16. Rd: Wie die 13. Rd häkeln.

Nun die Sicherheitsaugen zwischen der 11. und 12. Rd mit 4 fM Abstand zueinander anbringen.

17. Rd: 3 fM, (W) 2 fM zusammen abmaschen, (S) 1 fM, * 2 fM zusammen abmaschen, ab * noch 4x wdh, 2 fM (= 12 M).

Den weißen Faden nun abschneiden. Den Kopf fest mit Füllwatte ausstopfen.

18. Rd: Je 2 fM zusammen abmaschen (= 6 M).

Den Faden lang lassen und abschneiden, in eine Nd fädeln und die Öffnung schließen. Den Faden nach innen ziehen und vernähen.

KÖRPER

In Weiß einen Magic Ring anfertigen.

1. Rd: 6 fM in den Ring häkeln (= 6 M).

2. Rd: Jede fM verdoppeln (= 12 M).

3. Rd: Jede 2. fM verdoppeln (= 18 M).

Nun wie zuvor das Garn innerhalb der Rd wechseln.

4. Rd: * 2 fM, 1 fM verdoppeln, ab * noch 1x wdh, (S) ** 2 fM, 1 fM verdoppeln, ab ** noch 3x wdh (= 24 M).

5. Rd: (W) * 3 fM, 1 fM verdoppeln, ab * noch 1x wdh, (S) ** 3 fM, 1 fM verdoppeln, ab ** noch 3x wdh (= 30 M).

6. Rd: (W) 10 fM, (S) 20 fM.

7.+8. Rd: Wie die 6. Rd häkeln.

9. Rd: (W) * 3 fM, 2 fM zusammen abmaschen, ab * noch 1x wdh, (S) ** 3 fM, 2 fM zusammen abmaschen, ab ** noch 3x wdh (= 24 M).

10. Rd: (W) 8 fM, (S) 16 fM.

11.+12. Rd: Wie die 10. Rd häkeln.

13. Rd: (W) * 2 fM, 2 fM zusammen abmaschen, ab * noch 1x wdh, (S) ** 2 fM, 2 fM zusammen abmaschen, ab ** noch 3x wdh (= 18 M).

14. Rd: (W) 6 fM, (S) 12 fM.

15. Rd: Wie die 14. Rd häkeln.

Die Fäden lang lassen und abschneiden. Den Körper fest mit Füllwatte ausstopfen.

OHR (2x)

In Schwarz einen Magic Ring anfertigen.
1. Rd: 6 fM in den Ring häkeln (= 6 M).
2. Rd: Jede 2. fM verdoppeln (= 9 M).
3. Rd: Jede 3. fM verdoppeln (= 12 M).
Den Faden lang lassen und abschneiden. Das 2. Ohr ebenso häkeln. Die Ohren nicht ausstopfen.

VORDERBEIN (2x)

In Weiß einen Magic Ring anfertigen.
1. Rd: 8 fM in den Ring häkeln (= 8 M).
2.-4. Rd: Jeweils 8 fM häkeln.
5.-12. Rd (Schwarz): Jeweils 8 fM häkeln.
Den Faden lang lassen und abschneiden. Das 2. Vorderbein einfarbig in Schwarz ebenso häkeln. Die Beine fest mit Füllwatte ausstopfen.

HINTERBEIN (2x)

In Weiß einen Magic Ring anfertigen.
1. Rd: 8 fM in den Ring häkeln (= 8 M).
2.+3. Rd: Jeweils 8 fM häkeln.
4.-6. Rd (Schwarz): Jeweils 8 fM häkeln.
Den Faden lang lassen und abschneiden. Das 2. Hinterbein einfarbig in Schwarz ebenso häkeln. Die Beine fest mit Füllwatte ausstopfen.

SCHWANZ

In Weiß einen Magic Ring anfertigen.
1. Rd: 6 fM in den Ring häkeln (= 6 M).
2.-4. Rd: Jeweils 6 fM häkeln.
5.-15. Rd (Schwarz): Jeweils 6 fM häkeln.
Den Faden lang lassen und abschneiden. Den Schwanz nicht ausstopfen.

FERTIGSTELLEN

In Schwarz Mund und Nase auf den Kopf aufsticken und jeweils 2 bis 3 Schnurrhaare seitlich der Nase einknüpfen. Die Ohren flach drücken und oben auf den Kopf nähen. Kopf und Körper zusammennähen. Der weiße Teil des Körpers zeigt nach vorne. Die Vorderbeine vorne unterhalb des Kopfes so an den Körper nähen, dass das weiße Brustfell noch zu sehen ist. Die Hinterbeine seitlich unten an den Körper nähen, so dass die Katze selbständig sitzen kann. Den Schwanz hinten an den Körper nähen.

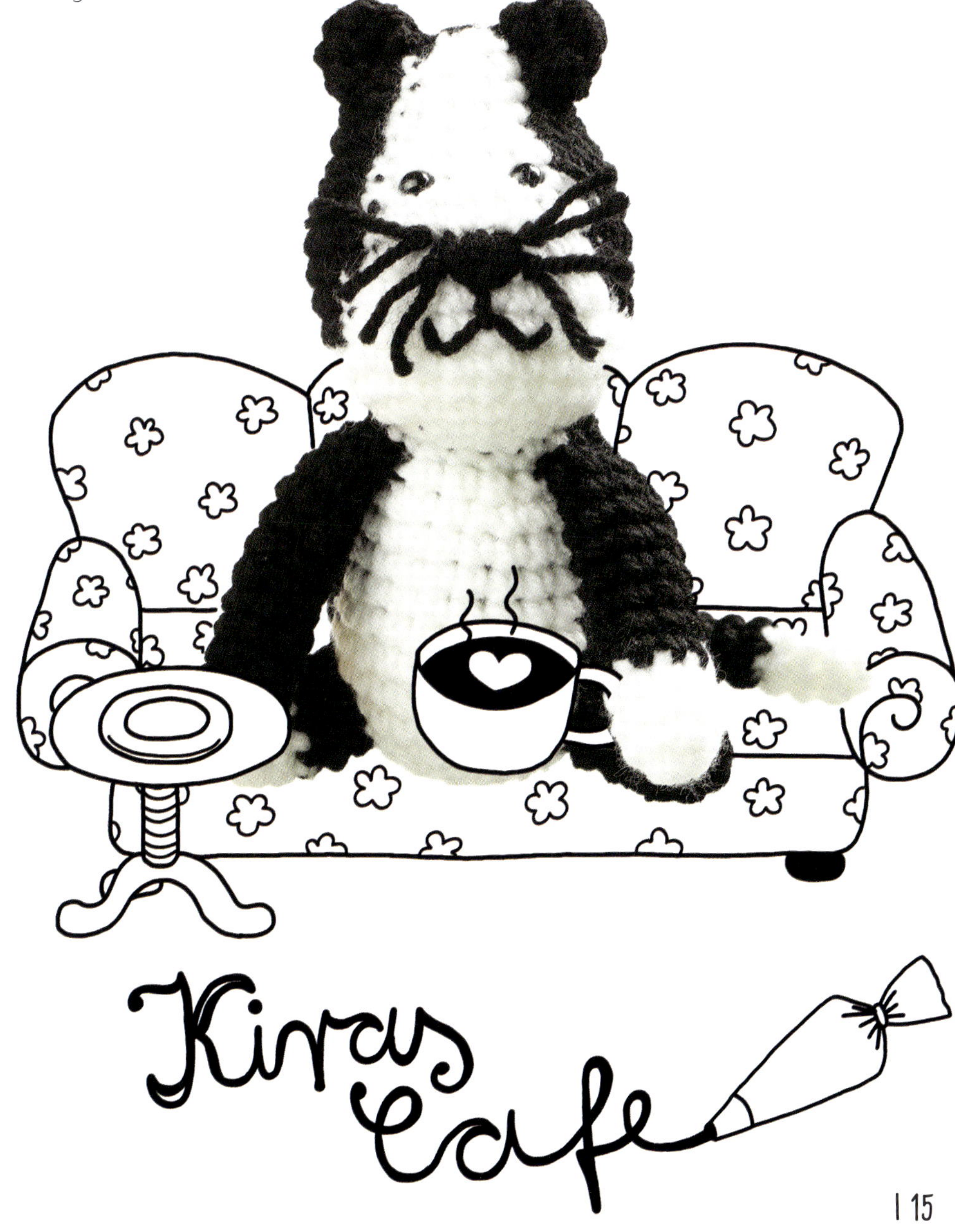

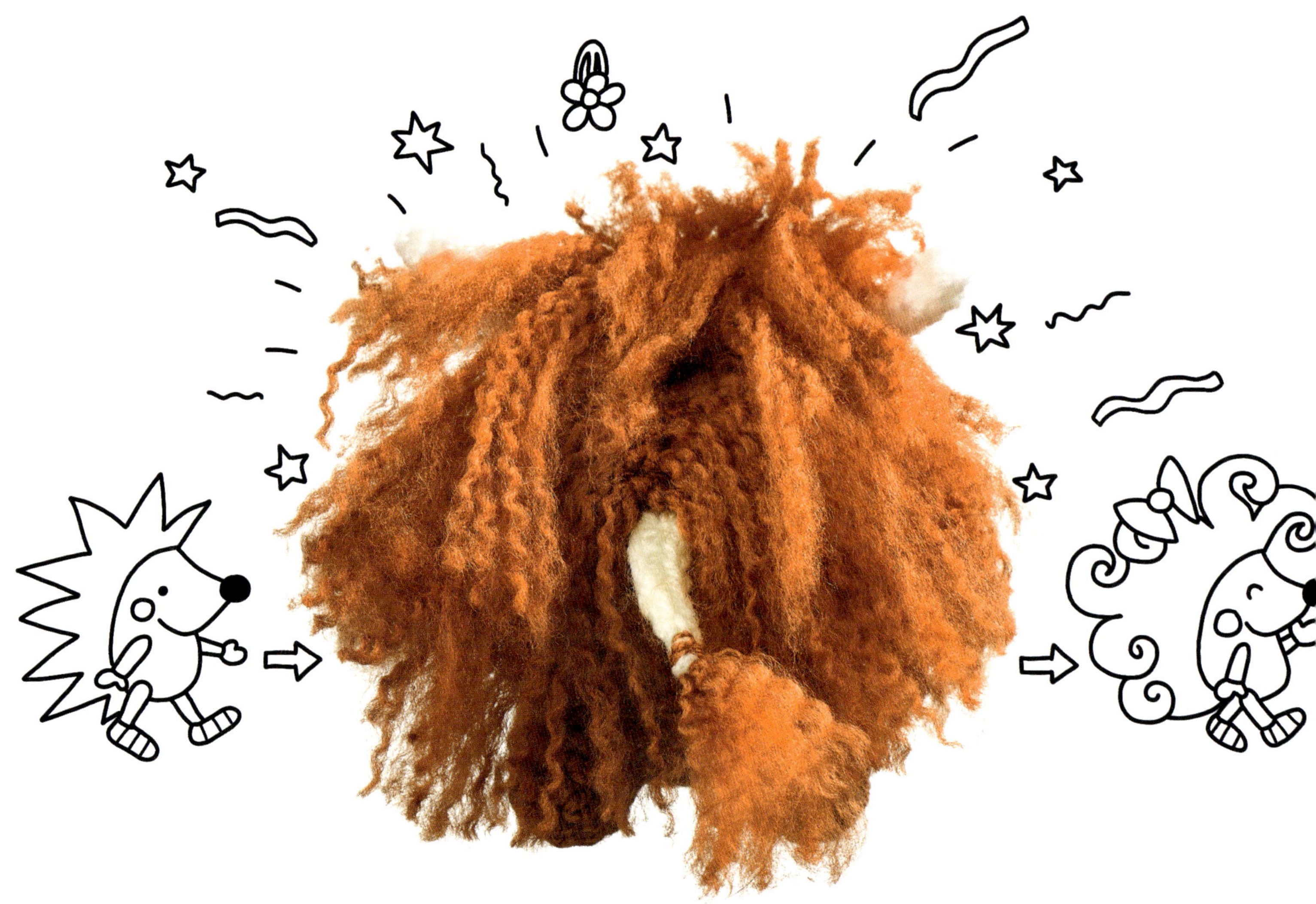

Ich habe den tollsten Beruf der Welt. Die Kundschaft geht eigentlich immer glücklicher aus meinem Laden als sie vorher hereingekommen ist. Seht doch nur, wie ich Ines Igel verschönert habe. Würde sie sich nicht auf jeder Titelseite gut machen? Sie hat mir auch die neuesten Neuigkeiten aus dem Waldviertel erzählt. Robin Rehkitz hatte einen Soloauftritt beim Schulfest und seitdem sind Ilka und ihre Freundinnen seine allergrößten Fans.

Henry Hochlandrind

Ich wohne:
Neben meinem Frisiersalon

Mein größtes Idol:
Udo Walz

Das kann ich gut:
Meiner Kundschaft einen tollen Haarschnitt machen – und dabei natürlich die neuesten Neuigkeiten austauschen

Meine Leibspeise:
Feines Müsli mit Äpfeln und Möhrenraspeln

Fabelhafteste Tat:
Raffinierte Flechtfrisur für Greti, die damit zum schönsten Schaf des Jahres gewählt wurde

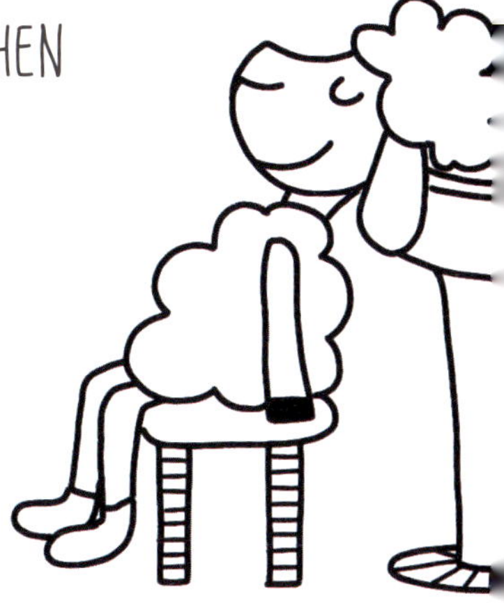

SCHWIERIGKEITSGRAD 3

GRÖSSE

CA. 9 CM

MATERIAL

- SCHACHENMAYR BRAVO (LL 133 M/50 G) IN ECRU (FB 8200), FUCHS (FB 8371) UND WEISS (FB 8224), JE 50 G
- HÄKELNADEL 3,0 MM
- 1 PAAR SICHERHEITSAUGEN IN SCHWARZ, Ø 6 MM
- FÜLLWATTE, 15 G

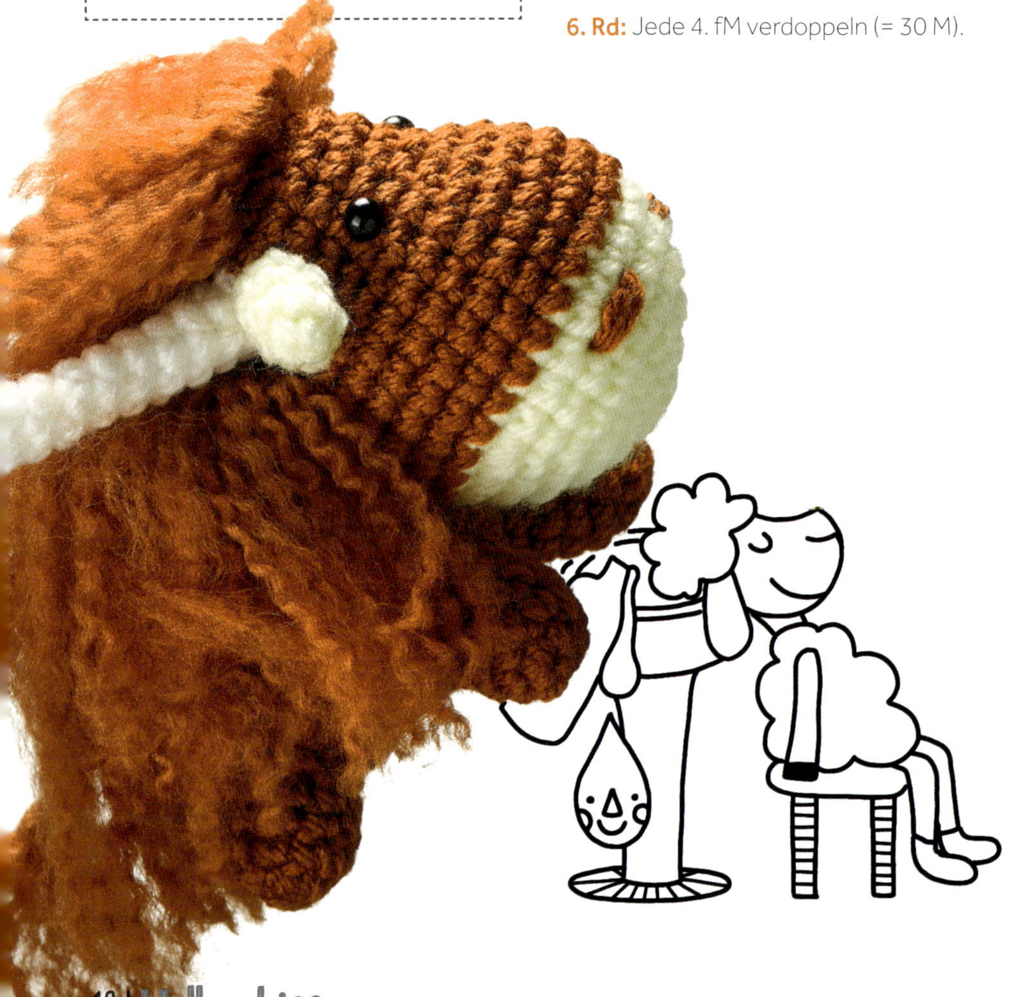

ANLEITUNG

Alle Teile mit Ausnahme des Schwanzes werden in Spiralrd gehäkelt. Am Rd-Anfang am besten zwischen die 1. und letzte M einen Kontrastfaden oder M-Markierer einlegen.

KOPF

In Ecru einen Magic Ring anfertigen.
1. Rd: 6 fM in den Ring häkeln (= 6 M).
2. Rd: Jede fM verdoppeln (= 12 M).
3. Rd: Jede 2. fM verdoppeln (= 18 M).
4. Rd: Jede 3. fM verdoppeln (= 24 M).
5. Rd: 24 fM häkeln.
6. Rd: Jede 4. fM verdoppeln (= 30 M).
7.-10. Rd (Fuchs): Jeweils 30 fM häkeln.
11. Rd: Jede 4. und 5. fM zusammen abmaschen (= 24 M).
12. Rd: Jede 3. und 4. fM zusammen abmaschen (= 18 M).
13.-16. Rd: Jeweils 18 fM häkeln.
Nun die Sicherheitsaugen zwischen der 13. und 14. Rd mit 6 fM Abstand zueinander anbringen.
17. Rd: Jede 2. und 3. fM zusammen abmaschen (= 12 M).
Den Kopf fest mit Füllwatte ausstopfen.
18. Rd: Je 2 fM zusammen abmaschen (= 6 M).
Den Faden lang lassen und abschneiden, in eine Nd fädeln und die Öffnung schließen. Den Faden nach innen ziehen und vernähen.

KÖRPER

In Fuchs einen Magic Ring anfertigen.
1. Rd: 6 fM in den Ring häkeln (= 6 M).
2. Rd: Jede fM verdoppeln (= 12 M).
3. Rd: Jede 2. fM verdoppeln (= 18 M).
4. Rd: Jede 3. fM verdoppeln (= 24 M).
5. Rd: Jede 4. fM verdoppeln (= 30 M).
6. Rd: Jede 5. fM verdoppeln (= 36 M).
7.-11. Rd: Jeweils 36 fM häkeln.
12. Rd: Jede 5. und 6. fM zusammen abmaschen (= 30 M).
13. Rd: Jede 4. und 5. fM zusammen abmaschen (= 24 M).
14. Rd: Jede 3. und 4. fM zusammen abmaschen (= 18 M).
15. Rd: Jede 2. und 3. fM zusammen abmaschen (= 12 M).
Den Faden lang lassen und abschneiden. Den Körper fest mit Füllwatte ausstopfen.

OHR (2x)

In Fuchs einen Magic Ring anfertigen.

1. Rd: 4 fM in den Ring häkeln (= 4 M).

2. Rd: Jede 2. fM verdoppeln (= 6 M).

3.+4. Rd: Jeweils 6 fM häkeln.

Den Faden lang lassen und abschneiden. Das 2. Ohr ebenso häkeln. Die Ohren nicht ausstopfen.

BEIN (4x)

In Fuchs einen Magic Ring anfertigen.

1. Rd: 6 fM in den Ring häkeln (= 6 M).

2. Rd: Jede 2. fM verdoppeln (= 9 M).

3.-6. Rd: Jeweils 9 fM häkeln.

Den Faden lang lassen und abschneiden. Noch 3 weitere Beine ebenso häkeln. Die Beine ausstopfen.

HORN (2x)

In Weiß einen Magic Ring anfertigen.

1. Rd: 4 fM in den Ring häkeln (= 4 M).

2. Rd: 1 fM verdoppeln, 3 fM häkeln (= 5 M).

3.+4. Rd: Jeweils 5 fM häkeln.

5. Rd: 1 fM verdoppeln, 4 fM häkeln (= 6 M).

6.-10. Rd: Jeweils 6 fM häkeln.

Den Faden lang lassen und abschneiden. Das 2. Horn ebenso häkeln. Die Hörner nicht ausstopfen.

SCHWANZ

In Fuchs 7 Lm anschl und und weiter in R häkeln.

1. R: Ab der 2. Lm von der Nd aus 6 fM häkeln (= 6 M).

Den Faden lang lassen und abschneiden.

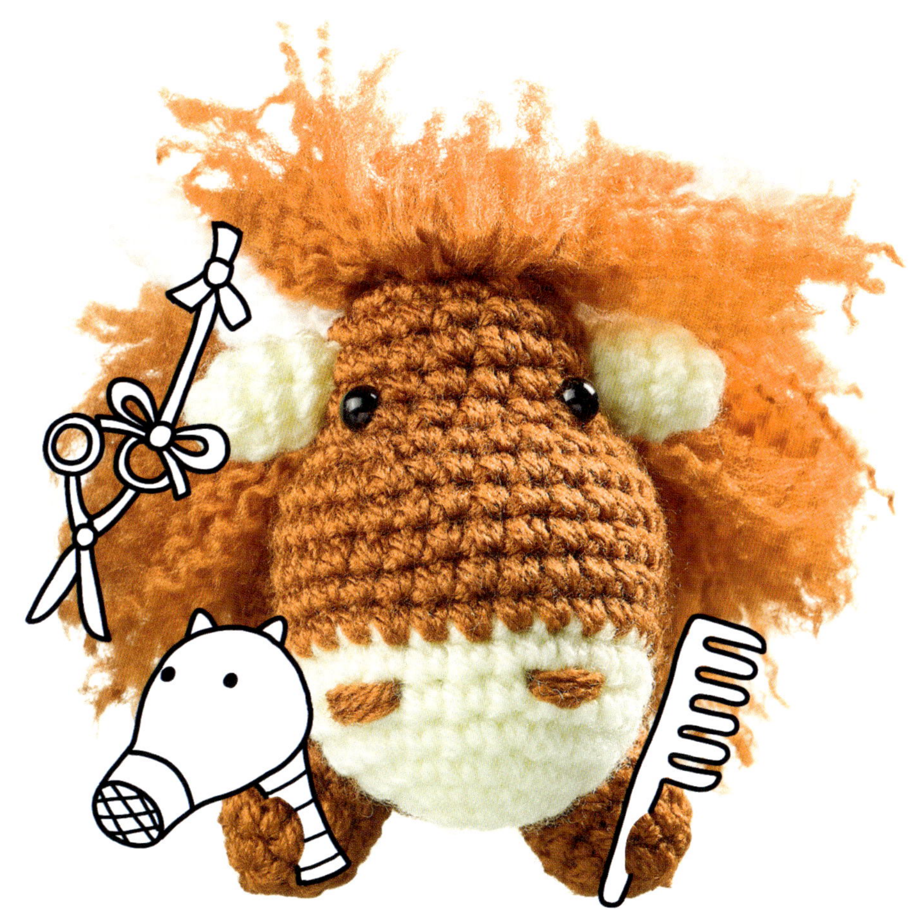

FERTIGSTELLEN

Die Ohren flach drücken und zwischen der 15. und 17. Rd seitlich an den Kopf nähen. Die Hörner etwas höher als die Ohren an den Kopf nähen. Kopf und Körper zusammennähen. Die Beine unter den Körper nähen, dabei auf die Balance der Figur achten. Den Schwanz hinten an den Körper nähen. In Fuchs auf den hellen Teil des Kopfes die Nüstern aufsticken.

Für das Fell 50 Fäden à 15 cm Länge in Fuchs abschneiden – für dichteres Fell mehr, für lichteres Fell weniger Fäden verwenden. Entlang einer imaginären Mittelline vom Kopf über den Rücken bis zum Schwanz Fäden einknüpfen. Dabei darauf achten, dass zu beiden Seiten des Körpers die Fäden herabhängen. Ebenso Fäden in die 17. und 18. Rd des Kopfes einknüpfen, so dass ein paar Fäden als Pony nach vorne zeigen und der Rest als Mähne am Hinterkopf liegt. 3 Fäden in die Schwanzspitze einknüpfen.

Wenn alle Fäden eingeknüpft sind, diese einzeln mit Hilfe einer Nd aufdröseln und dann mit einen Kamm ausbürsten. Hierbei können einige Fäden herausgezogen werden, das ist aber nicht schlimm. Am Schluss das Fell und den Pony auf die gewünschte Länge kürzen.

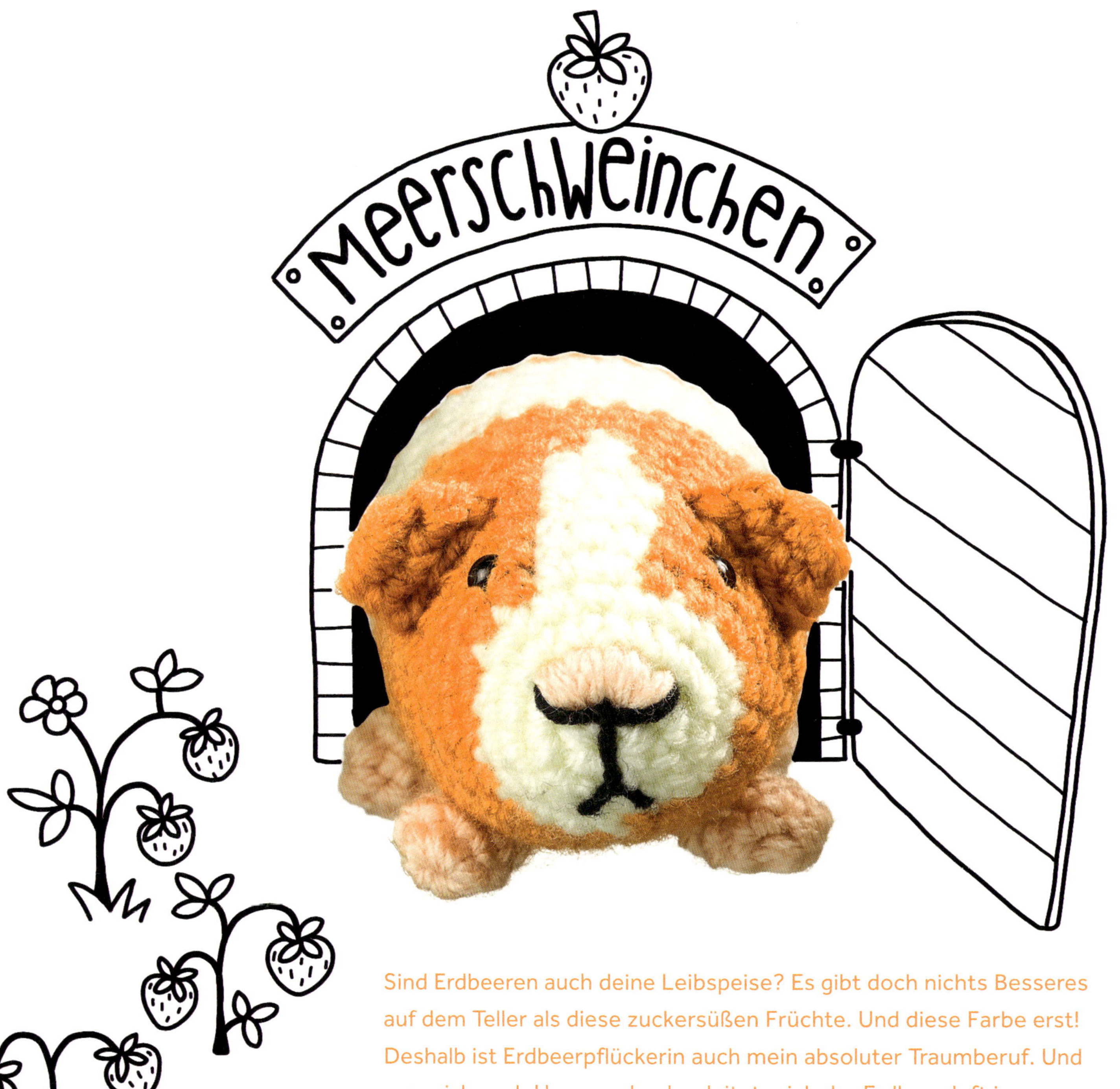

Sind Erdbeeren auch deine Leibspeise? Es gibt doch nichts Besseres auf dem Teller als diese zuckersüßen Früchte. Und diese Farbe erst! Deshalb ist Erdbeerpflückerin auch mein absoluter Traumberuf. Und wenn ich nach Hause gehe, begleitet mich der Erdbeerduft in unsere Wohnung, die direkt am Erdbeerfeld liegt. Ob meine kleine süße Tochter Erdbeeren auch einmal so lieben wird wie ich?

Mimi Meerschweinchen

Ich wohne:
Mit meiner Familie im Bau neben dem Erdbeerfeld

Mein größtes Idol:
Chewbacca

Das kann ich gut:
Erdbeeren pflücken

Meine Leibspeise:
Große zuckersüße Erdbeeren

Fabelhafteste Tat:
Onkel Willi aus dem Sahnetopf gerettet

SCHWIERIGKEITSGRAD 3

GRÖSSE

CA. 10 CM LANG

MATERIAL

» SCHACHENMAYR BRAVO (LL 133 M/50 G) IN ECRU (FB 8200), MELBA (FB 8322) UND BERNSTEIN (FB 8360) JE 50 G, IN SCHWARZ (FB 8226), REST
» HÄKELNADEL 3,0 MM
» 1 PAAR SICHERHEITSAUGEN IN SCHWARZ, Ø 6 MM
» FÜLLWATTE, 10 G

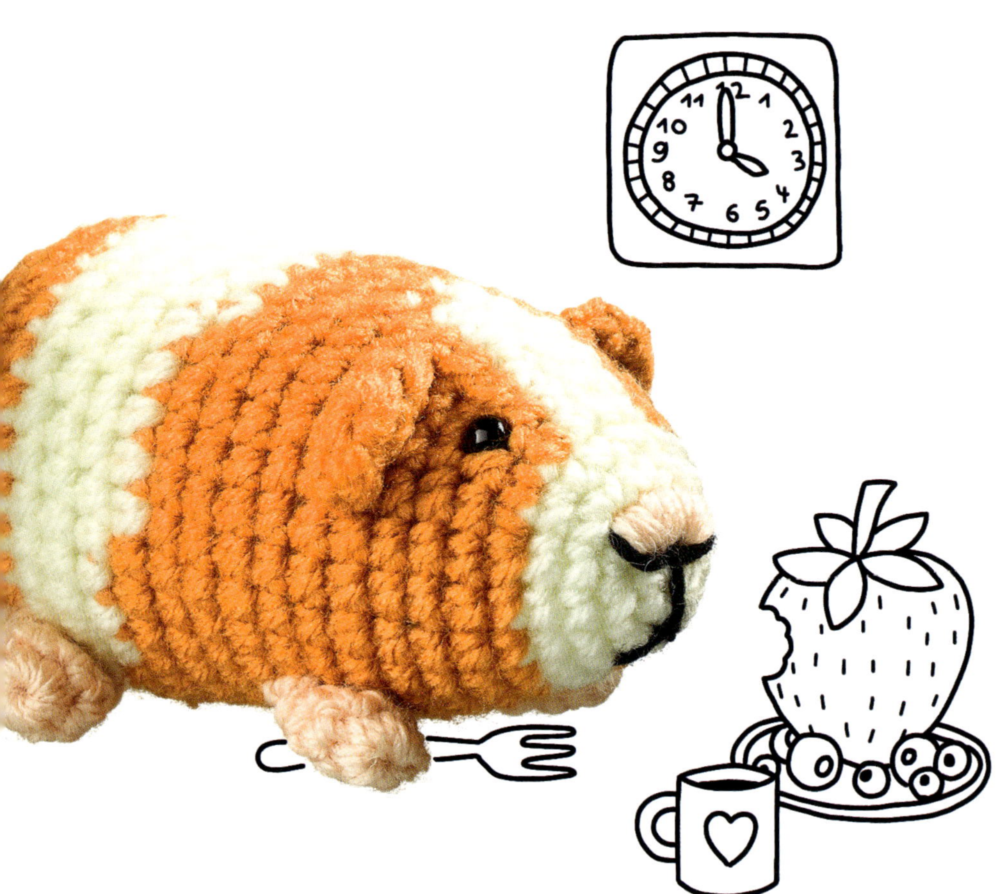

ANLEITUNG

Alle Teile werden in Spiralrd gehäkelt. Am Rd-Anfang am besten zwischen die 1. und letzte M einen Kontrastfaden oder M-Markierer einlegen.

KÖRPER

In Ecru einen Magic Ring anfertigen.

1. Rd: 6 fM in den Ring häkeln (= 6 M).

2. Rd: Jede fM verdoppeln (= 12 M).

3. Rd: Jede 4. fM verdoppeln (= 15 M).

4. Rd: Jede 5. fM verdoppeln (= 18 M).

Nun wird das Garn innerhalb der Rd gewechselt. Dabei stehen die Abkürzungen B (= Bernstein) und E (= Ecru) vor den in diesen Fb zu häkelnden M in Klammern.

5. Rd: (B) 5 fM, 1 fM verdoppeln, 2 fM, (E) 1 fM verdoppeln, 1 fM, (B) 2 fM, 1 fM verdoppeln, 5 fM (= 21 M).

6. Rd: 9 fM, (E) 3 fM, (B) 9 fM (= 21 M).

7. Rd: 6 fM, 1 fM verdoppeln, 2 fM, (E) 3 fM, (B) 1 fM, 1 fM verdoppeln, 6 fM, 1 fM verdoppeln (= 24 M).

8. Rd: 10 fM, (E) 3 fM, (B) 11 fM (= 24 M).

9. Rd: 7 fM, 1 fM verdoppeln, 3 fM, (E) 2 fM, (B) 2 fM, 1 fM verdoppeln, 7 fM, 1 fM verdoppeln (= 27 M).

10. Rd: 12 fM, (E) 1 fM, (B) 14 fM (= 27 M).

Nun die Sicherheitsaugen zwischen der 6. und 7. Rd an den Seiten anbringen.

11. Rd (Bernstein): Jede 9. fM verdoppeln (= 30 M).

12.+13. Rd: Jeweils 30 fM häkeln.

Nun wie zuvor das Garn innerhalb der Rd wechseln.

14. Rd: 11 fM, (E) 7 fM, (B) 12 fM (= 30 M).
15. Rd: 8 fM, (E) 15 fM, (B) 7 fM (= 30 M).
16. Rd: 4 fM, (E) 23 fM, (B) 3 fM (= 30 M).
17.+18. Rd (Ecru): Jeweils 30 fM häkeln. Den Faden in Ecru abschneiden.
19.+20. Rd (Bernstein): Jeweils 30 fM häkeln.
21. Rd: Jede 4. und 5. fM zusammen abmaschen (= 24 M).
22. Rd: Jede 3. und 4. fM zusammen abmaschen (= 18 M).
23. Rd: Jede 2. und 3. fM zusammen abmaschen (= 12 M).
Den Körper fest mit Füllwatte ausstopfen.
24. Rd: Je 2 fM zusammen abmaschen (= 6 M).
Den Faden lang lassen und abschneiden, in eine Nd fädeln und die Öffnung schließen. Den Faden nach innen ziehen und vernähen.

OHR (2x)

In Bernstein einen Magic Ring anfertigen.
1. Rd: 6 fM in den Ring häkeln (= 6 M).
2. Rd: Jede 2. fM verdoppeln (= 9 M).
Den Faden lang lassen und abschneiden. Das 2. Ohr ebenso häkeln. Die Ohren nicht ausstopfen.

BEIN (4x)

In Melba einen Magic Ring anfertigen.
1. Rd: 6 fM in den Ring häkeln (= 6 M).
2.-4. Rd: Jeweils 6 fM häkeln.
Den Faden lang lassen und abschneiden. Noch 3 weitere Beine ebenso häkeln. Die Beine nicht ausstopfen.

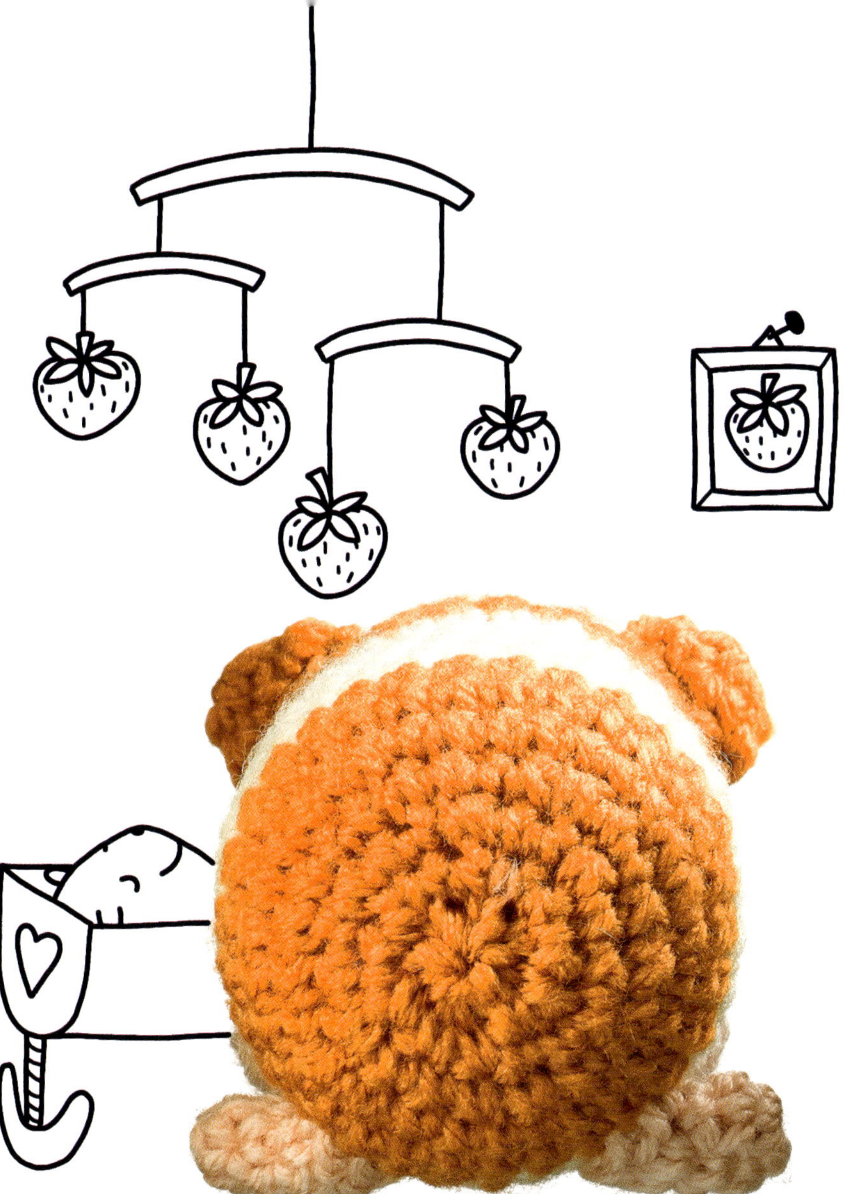

FERTIGSTELLEN

Die Ohren flach drücken, an der offenen Kante zusammennähen und dann die Ohren in der 9. Rd auf den Körper nähen.

Die Beine flach drücken und unter den Körper nähen. Mit Garn in Schwarz die Schnauze und mit Garn in Melba die Nase vorne auf den Kopf sticken.

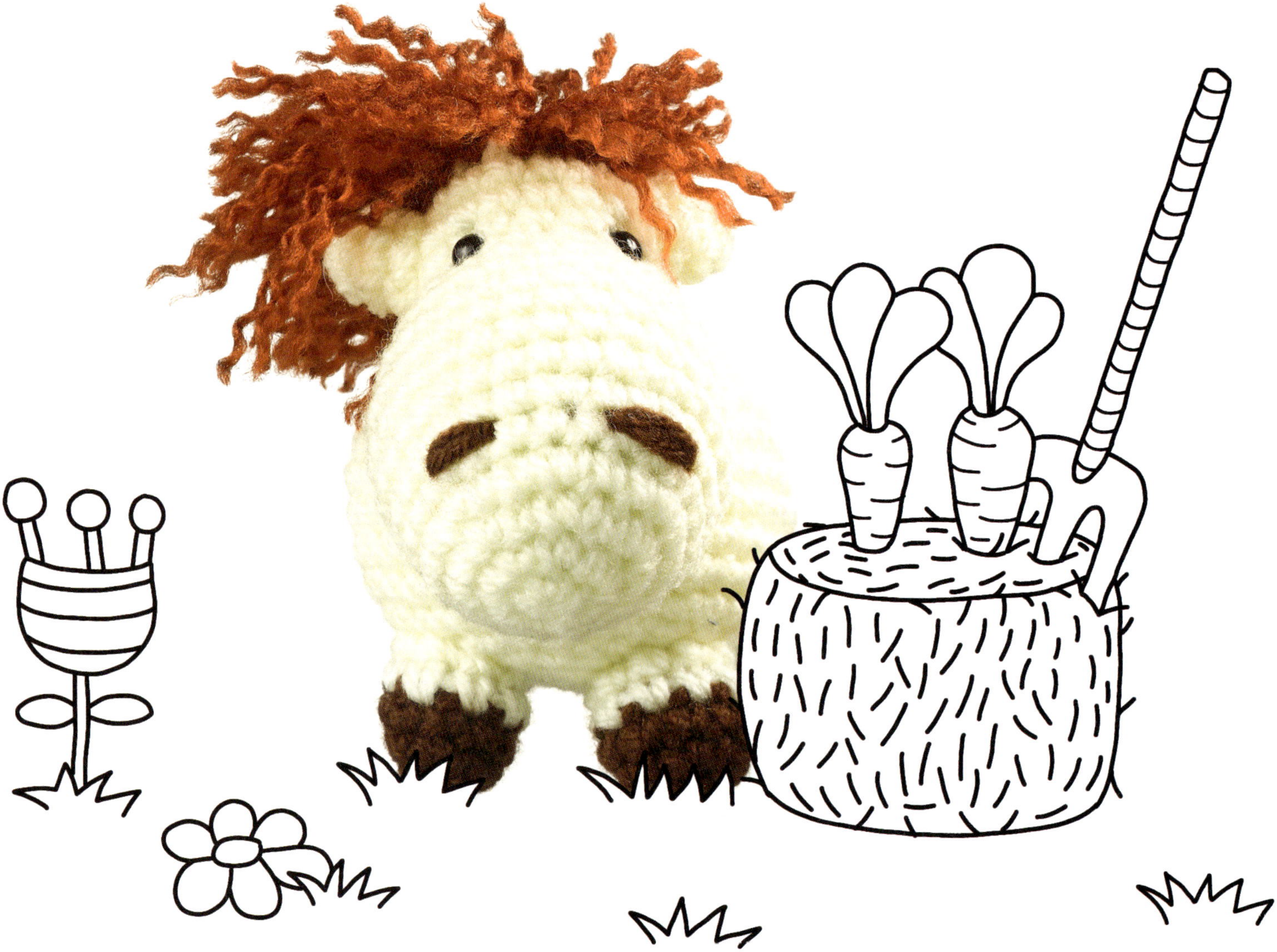

Alle sagen immer, das Leben sei kein Ponyhof – aber das heißt doch im Umkehrschluss, dass das Leben auf dem Ponyhof traumhaft ist! Deshalb lebe ich so gerne hier, genieße die Natur und das frische Futter. Und besonders toll ist es, wenn so ein wunderbares Mädchen wie meine Freundin Lucy mich besuchen kommt. Auf die Zeit mit ihr freue ich mich immer ganz besonders. Das Leben ist schön!

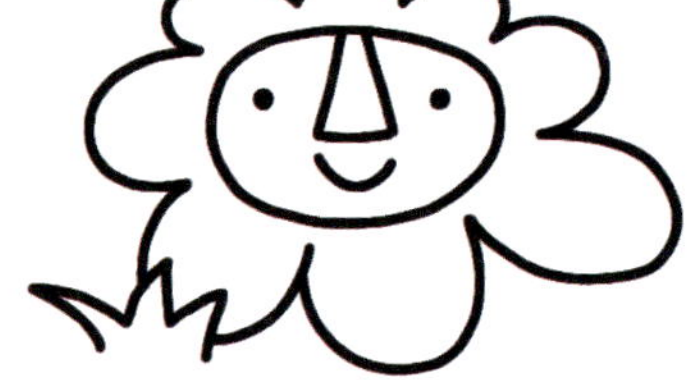

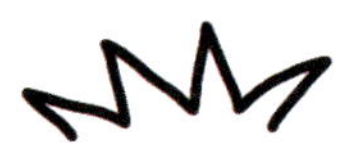

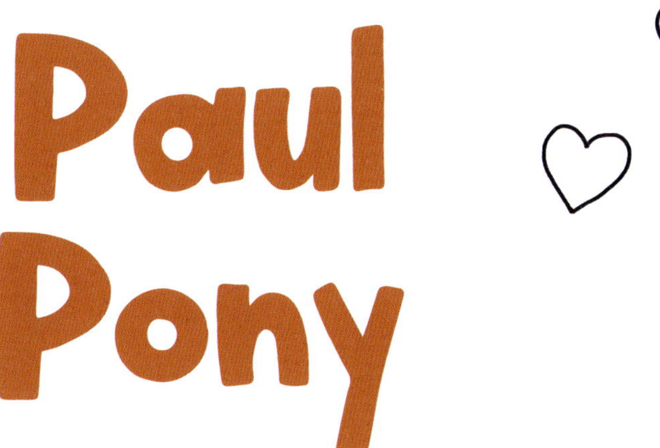

Paul Pony

Ich wohne:
Natürlich auf dem Ponyhof!

Mein größtes Idol:
Black Beauty

Das kann ich gut:
Kleine Mädchen glücklich machen

Meine Leibspeise:
Heuballen mit Möhrentopping

Fabelhafteste Tat:
Meine Filmrolle bei „Bibi & Tina"!

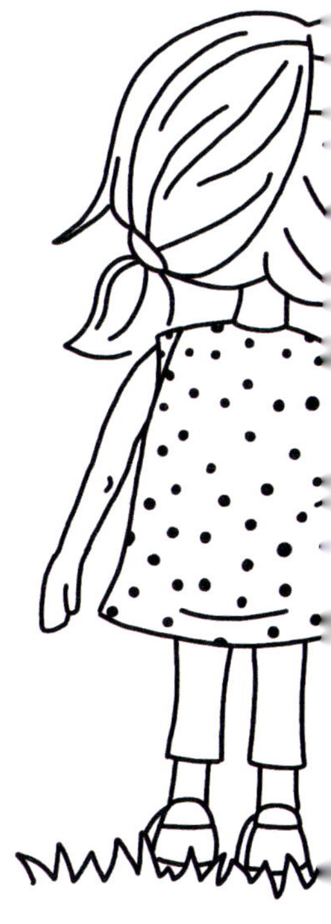

SCHWIERIGKEITSGRAD 3

GRÖSSE

CA. 10 CM

MATERIAL

- SCHACHENMAYR BRAVO (LL 133 M/50 G) IN ECRU (FB 8200), BRAUN (FB 8281) UND MARSALA (FB 8358), JE 50 G
- HÄKELNADEL 3,0 MM
- 1 PAAR SICHERHEITSAUGEN IN SCHWARZ, Ø 6 MM
- FÜLLWATTE, 15 G

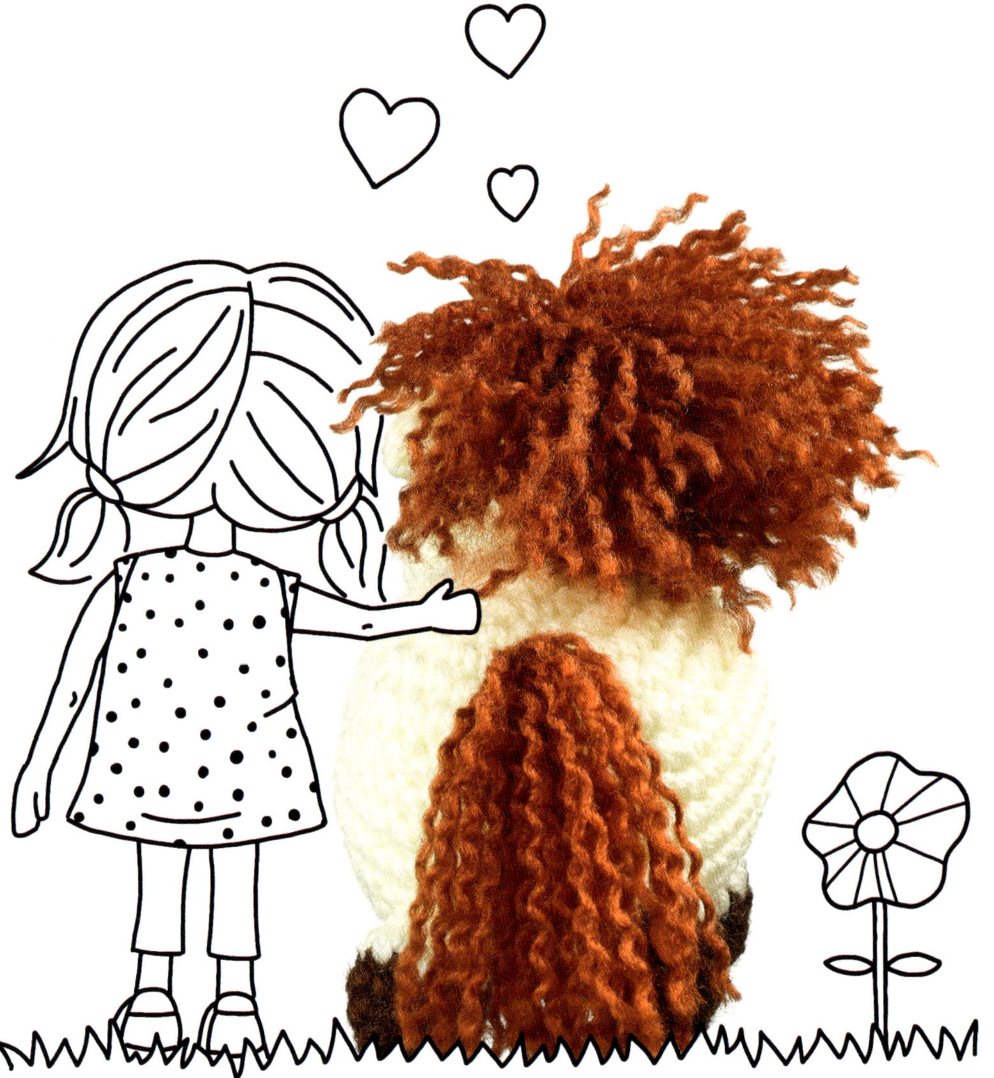

ANLEITUNG

Alle Teile werden in Spiralrd gehäkelt. Am Rd-Anfang am besten zwischen die 1. und letzte M einen Kontrastfaden oder M-Markierer einlegen.

KOPF

In Ecru einen Magic Ring anfertigen.

1. Rd: 6 fM in den Ring häkeln (= 6 M).

2. Rd: Jede fM verdoppeln (= 12 M).

3. Rd: Jede 2. fM verdoppeln (= 18 M).

4. Rd: Jede 3. fM verdoppeln (= 24 M).

5. Rd: 24 fM häkeln.

6. Rd: Jede 4. fM verdoppeln (= 30 M).

7.-10. Rd: Jeweils 30 fM häkeln.

11. Rd: Jede 4. und 5. fM zusammen abmaschen (= 24 M).

12. Rd: Jede 3. und 4. fM zusammen abmaschen (= 18 M).

13.-16. Rd: Jeweils 18 fM häkeln.

Nun die Sicherheitsaugen zwischen der 13. und 14. Rd mit 4 fM Abstand zueinander anbringen.

17. Rd: Jede 2. und 3. fM zusammen abmaschen (= 12 M).

Den Kopf fest mit Füllwatte ausstopfen.

18. Rd: Je 2 fM zusammen abmaschen (= 6 M).

Den Faden lang lassen und abschneiden, in eine Nd fädeln und die Öffnung schließen. Den Faden nach innen ziehen und vernähen.

KÖRPER

In Ecru einen Magic Ring anfertigen.

1. Rd: 6 fM in den Ring häkeln (= 6 M).

2. Rd: Jede fM verdoppeln (= 12 M).

3. Rd: Jede 2. fM verdoppeln (= 18 M).

4. Rd: Jede 3. fM verdoppeln (= 24 M).

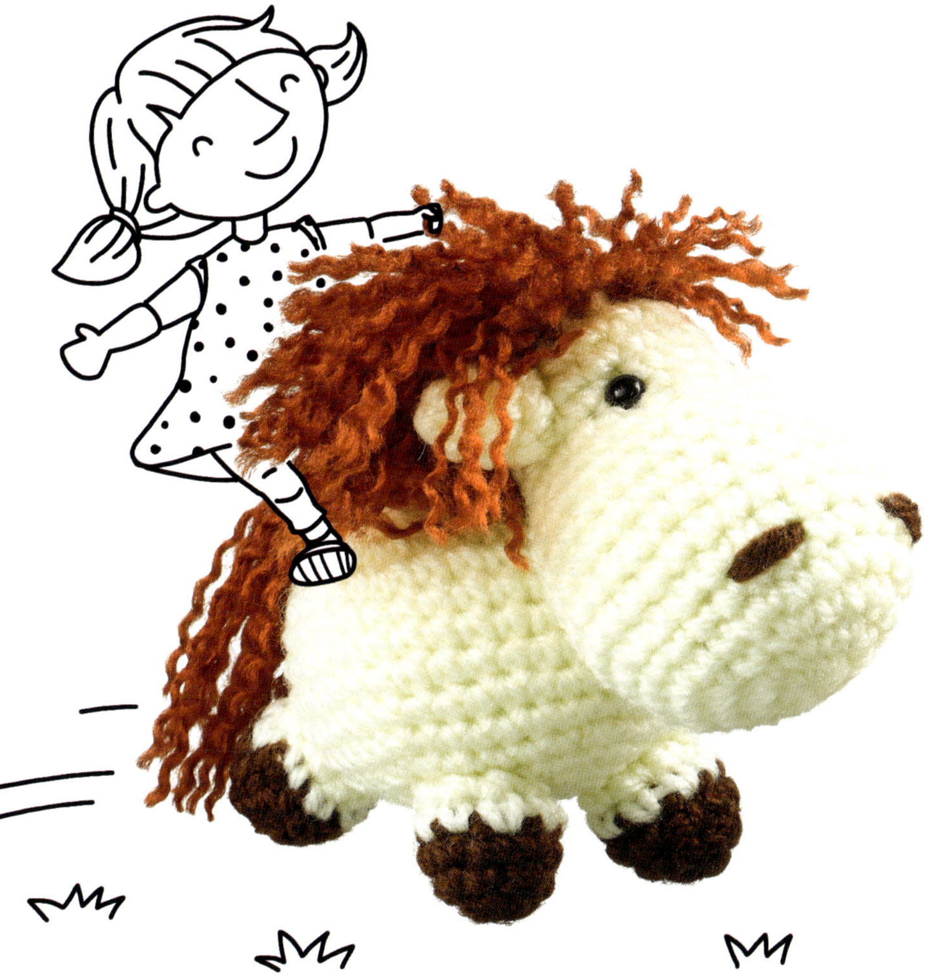

5. Rd: Jede 4. fM verdoppeln (= 30 M).
6. Rd: Jede 5. fM verdoppeln (= 36 M).
7. Rd: Jede 6. fM verdoppeln (= 42 M).
8.-11. Rd: Jeweils 42 fM häkeln.
12. Rd: Jede 6. und 7. fM zusammen abmaschen (= 36 M).
13. Rd: Jede 5. und 6. fM zusammen abmaschen (= 30 M).
14. Rd: Jede 4. und 5. fM zusammen abmaschen (= 24 M).
15. Rd: Jede 3. und 4. fM zusammen abmaschen (= 18 M).
16. Rd: Jede 2. und 3. fM zusammen abmaschen (= 12 M).
Den Körper fest mit Füllwatte ausstopfen.
17. Rd: Je 2 fM zusammen abmaschen (= 6 M).
Den Faden lang lassen und abschneiden, in eine Nd fädeln und die Öffnung schließen. Den Faden nach innen ziehen und vernähen.

OHR (2x)

In Ecru einen Magic Ring anfertigen.
1. Rd: 4 fM in den Ring häkeln (= 4 M).
2. Rd: Jede 2. fM verdoppeln (= 6 M).
3.+4. Rd: Jeweils 6 fM häkeln.
Den Faden lang lassen und abschneiden. Das 2. Ohr ebenso häkeln. Die Ohren nicht ausstopfen.

BEIN (4x)

In Braun einen Magic Ring anfertigen.
1. Rd: 6 fM in den Ring häkeln (= 6 M).
2. Rd: Jede 2. fM verdoppeln (= 9 M).
3. Rd: 9 fM häkeln.
4.+5.Rd (Ecru): Jeweils 9 fM häkeln.
Den Faden lang lassen und abschneiden. Noch 3 weitere Beine ebenso häkeln. Die Beine ausstopfen.

FERTIGSTELLEN

Den Kopf zwischen der 7. und 19. Rd auf den Körper nähen. Die Ohren zwischen der 15. und 17. Rd auf den Kopf nähen. Die Beine unter den Körper nähen, so dass das Pony selbständig stehen kann. Mit einem langen Faden in Braun die Nüstern vorne auf die Schnauze sticken.
Für die Mähne 30 Fäden à 10 cm in Marsala abschneiden. Für den Pony zwischen den Ohren in der 17. und 18. Rd 8 bis10 Fäden in den Kopf knüpfen. Für die restliche Mähne die übrigen Fäden an einer imaginären Mittellinie entlang des Hinterkopfs einknüpfen. Alle Fäden mit Hilfe einer Nadel oder eines Kammes aufdröseln und buschig kämmen. Dann auf die gewünschte Länge kürzen.
Für den Schweif 10 Fäden à 15 cm in Marsala abschneiden. Diese in die 4., 5. und 6. Rd des rückwärtigen Körpers einknüpfen und wie bei der Mähne anschließend aufdröseln und stutzen.

In der Praxis war heute wieder viel los. Eine ganze Reihe Ameisenkinder habe ich untersucht – da war von Kopfverletzung bis zu fieberhaftem Infekt alles dabei. Hausbesuche habe ich auch gemacht und meine kleinen und großen Patienten daheim gut versorgt. Jetzt freue ich mich auf den Feierabend – zur Entspannung gucke ich gern eine Folge Grey's Anatomy.

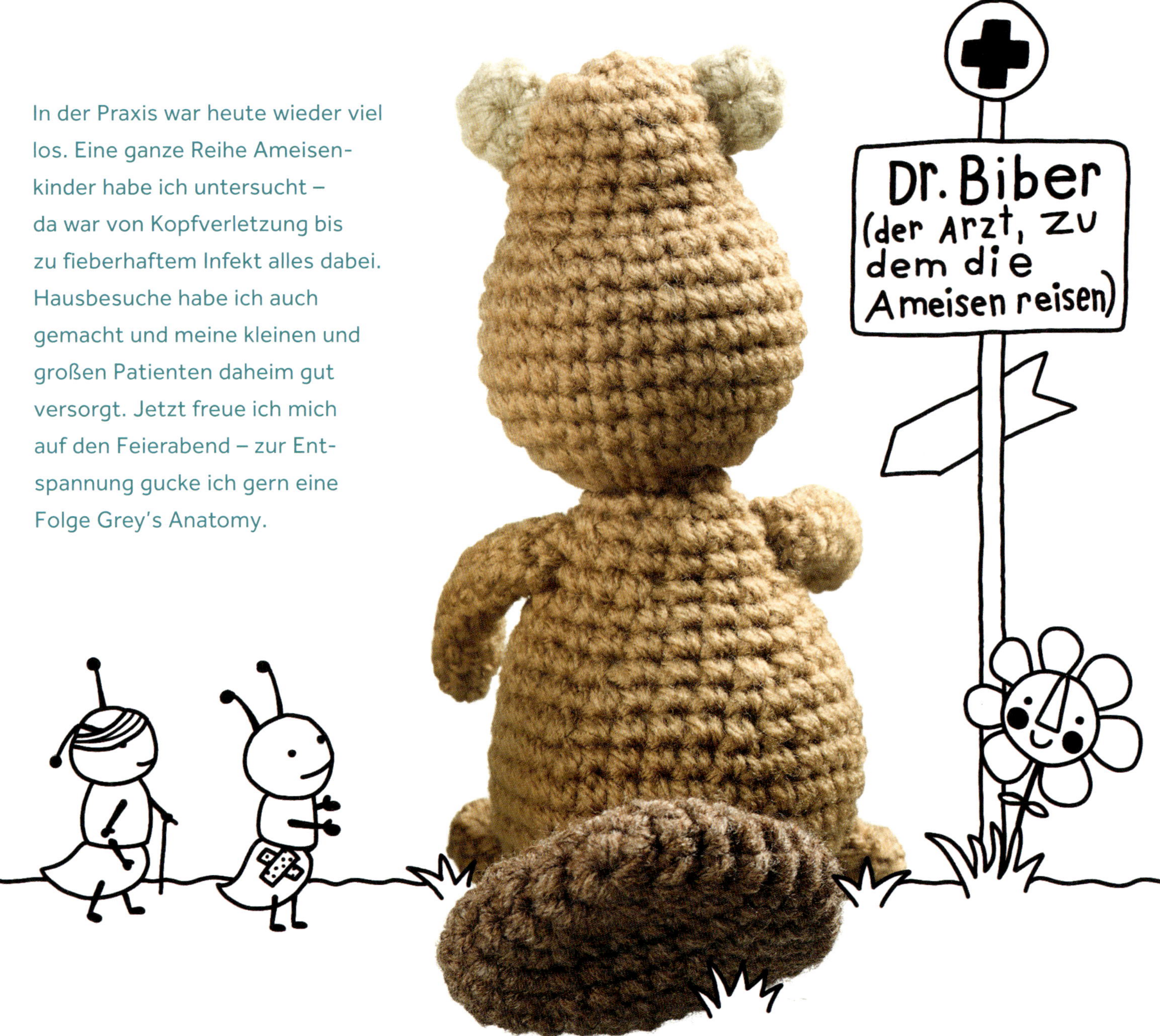

Boris Biber

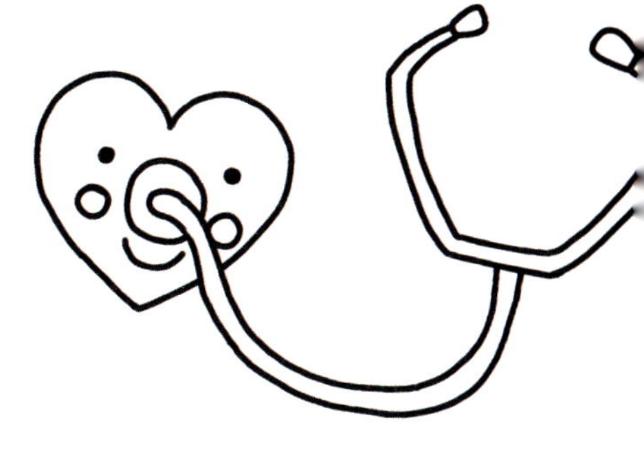

Ich wohne:
Direkt neben der Krankenstation

Mein größtes Idol:
Albert Schweitzer

Das kann ich gut:
Fieber messen

Meine Leibspeise:
Nichts geht über Baumrinden-Seerosen-Auflauf

Fabelhafteste Tat:
Einen Beinbruch beim Fuchs geheilt, sodass er wieder Fußball spielen kann!

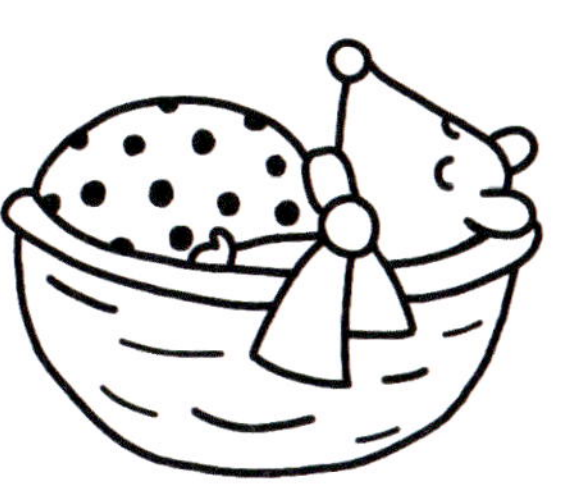

SCHWIERIGKEITSGRAD 2

GRÖSSE

CA. 14 CM LANG

MATERIAL

- SCHACHENMAYR BRAVO (LL 133 M/50 G) IN BEIGE (FB 8312), SISAL MELIERT (FB 8267) UND HOLZ MELIERT (FB 8197), JE 50 G, IN SCHWARZ (FB 8226) UND WEISS (FB 8224), RESTE
- HÄKELNADEL 3,0 MM
- 1 PAAR SICHERHEITSAUGEN IN SCHWARZ, Ø 6 MM
- FÜLLWATTE, 15 G

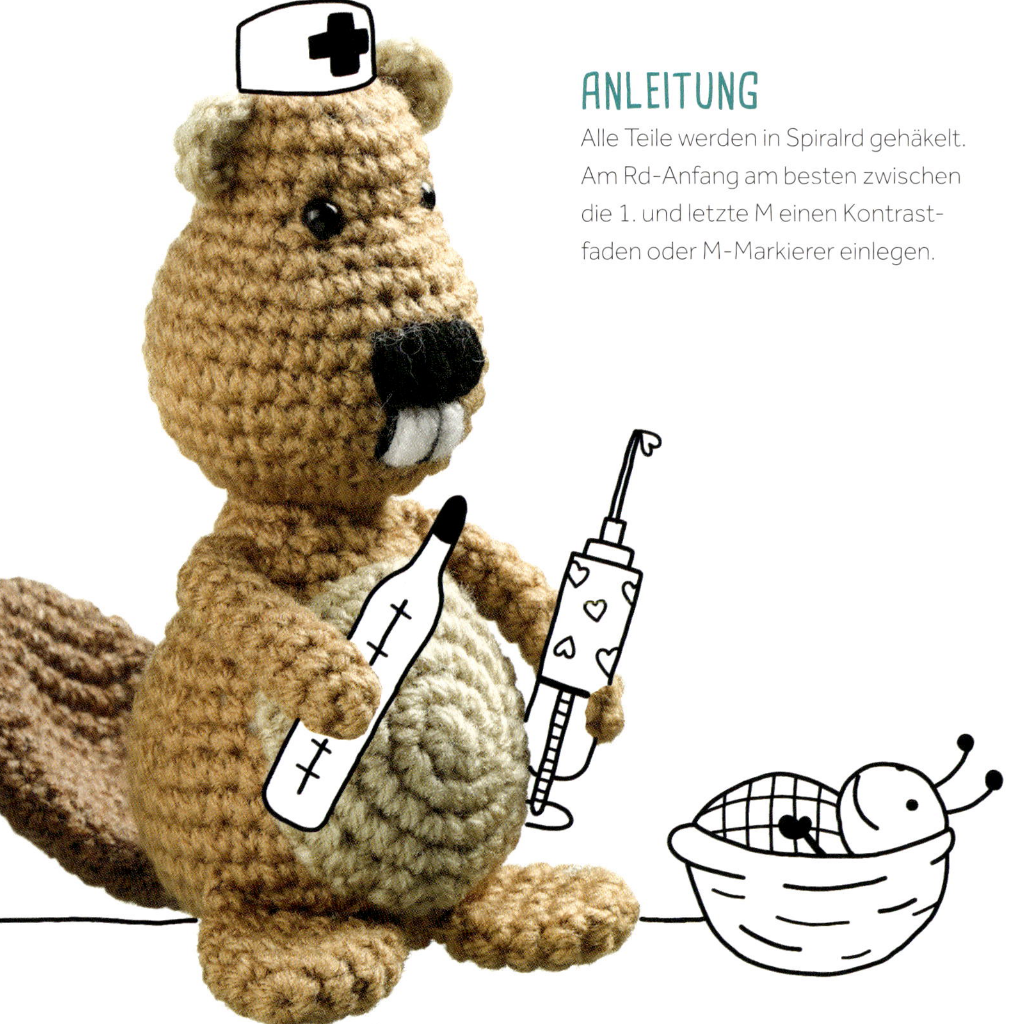

ANLEITUNG

Alle Teile werden in Spiralrd gehäkelt. Am Rd-Anfang am besten zwischen die 1. und letzte M einen Kontrastfaden oder M-Markierer einlegen.

KOPF

In Beige einen Magic Ring anfertigen.

1. Rd: 6 fM in den Ring häkeln (= 6 M).

2. Rd: Jede fM verdoppeln (= 12 M).

3. Rd: Jede 2. fM verdoppeln (= 18 M).

4. Rd: Jede 3. fM verdoppeln (= 24 M).

5. Rd: 24 fM häkeln.

6. Rd: Jede 4. fM verdoppeln (= 30 M).

7.-10. Rd: Jeweils 30 fM häkeln.

11. Rd: Jede 4. und 5. fM zusammen abmaschen (= 24 M).

12. Rd: Jede 3. und 4. fM zusammen abmaschen (= 18 M).

13.-16. Rd: Jeweils 18 fM häkeln.

Nun die Sicherheitsaugen zwischen der 13. und 14. Rd mit 3 fM Abstand zueinander anbringen.

17. Rd: Jede 2. und 3. fM zusammen abmaschen (= 12 M).

Den Kopf fest mit Füllwatte ausstopfen.

18. Rd: Je 2 fM zusammen abmaschen (= 6 M).

Den Faden lang lassen und abschneiden, in eine Nd fädeln und die Öffnung schließen. Den Faden nach innen ziehen und vernähen.

KÖRPER

In Beige einen Magic Ring anfertigen.

1. Rd: 6 fM in den Ring häkeln (= 6 M).

2. Rd: Jede fM verdoppeln (= 12 M).

3. Rd: Jede 2. fM verdoppeln (= 18 M).

4. Rd: Jede 3. fM verdoppeln (= 24 M).

5. Rd: Jede 4. fM verdoppeln (= 30 M).

6. Rd: Jede 5. fM verdoppeln (= 36 M).

7.+8. Rd: Jeweils 36 fM häkeln.

9. Rd: Jede 5. und 6. fM zusammen abmaschen (= 30 M).

10. Rd: 30 fM häkeln.

11. Rd: Jede 4. und 5. fM zusammen abmaschen (= 24 M).
12.+13. Rd: Jeweils 24 fM häkeln.
14. Rd: Jede 3. und 4. fM zusammen abmaschen (= 18 M).
15.+16. Rd: Jeweils 18 fM häkeln.
17. Rd: Jede 2. und 3. fM zusammen abmaschen (= 12 M).
18.+19. Rd: Jeweils 12 fM häkeln.
Den Faden lang lassen und abschneiden. Den Körper fest mit Füllwatte ausstopfen.

OHR (2x)

In Sisal meliert einen Magic Ring anfertigen.
1. Rd: 6 fM in den Ring häkeln (= 6 M).
Den Faden lang lassen und abschneiden. Das 2. Ohr ebenso häkeln.

BEIN (2x)

In Beige einen Magic Ring anfertigen.
1. Rd: 6 fM in den Ring häkeln (= 6 M).
2. Rd: Jede fM verdoppeln (= 12 M).
3.-6. Rd: Jeweils 12 fM häkeln.
Den Faden lang lassen und abschneiden. Das 2. Bein ebenso häkeln. Die Beine fest mit Füllwatte ausstopfen.

ARM (2x)

In Beige einen Magic Ring anfertigen.
1. Rd: 6 fM in den Ring häkeln (= 6 M).
2.-10. Rd: Jeweils 6 fM häkeln.
Den Faden lang lassen und abschneiden. Den 2. Arm ebenso häkeln. Die Arme nicht ausstopfen.

BAUCHFELL

In Sisal meliert einen Magic Ring anfertigen.
1. Rd: 6 fM in den Ring häkeln (= 6 M).
2. Rd: Jede fM verdoppeln (= 12 M).
3. Rd: Jede 2. fM verdoppeln (= 18 M).
4. Rd: Jede 3. fM verdoppeln (= 24 M).
5. Rd: Jede 4. fM verdoppeln (= 30 M).
Den Faden lang lassen und abschneiden.

SCHWANZ

In Holz meliert einen Magic Ring anfertigen.
1. Rd: 6 fM in den Ring häkeln (= 6 M).
2. Rd: Jede fM verdoppeln (= 12 M).
3. Rd: Jede 2. fM verdoppeln (= 18 M).
4. Rd: Jede 6. fM verdoppeln (= 21 M).
5. Rd: Jede 7. fM verdoppeln (= 24 M).
6. Rd: Jede 8. fM verdoppeln (= 27 M).
7. Rd: Jede 8. und 9. fM zusammen abmaschen (= 24 M).
8. Rd: 24 fM häkeln.
9. Rd: Jede 7. und 8. fM zusammen abmaschen (= 21 M).
10. Rd: 21 fM häkeln.
11. Rd: Jede 6. und 7. fM zusammen abmaschen (= 18 M).
12. Rd: 18 fM häkeln.
13. Rd: Jede 5. und 6. fM zusammen abmaschen (= 15 M).
14. Rd: 15 fM häkeln.
15. Rd: Jede 4. und 5. fM zusammen abmaschen (= 12 M).
16. Rd: 12 fM häkeln.
Den Faden lang lassen und abschneiden. Den Schwanz ausstopfen.

FERTIGSTELLEN

Die Ohren seitlich oben auf den Kopf nähen. Mit Garn in Schwarz die Nase auf den Kopf sticken. Mit Garn in Weiß die Zähne unter die Nase sticken. Die Zähne gegebenenfalls mit Schwarz noch einmal umranden. Kopf und Körper zusammennähen. Die Beine flach drücken und vorne unter den Körper nähen. Die Arme seitlich an den Körper nähen. Das Bauchfell vorne auf den Körper nähen. Den Schwanz flach drücken und hinten an den Körper nähen.

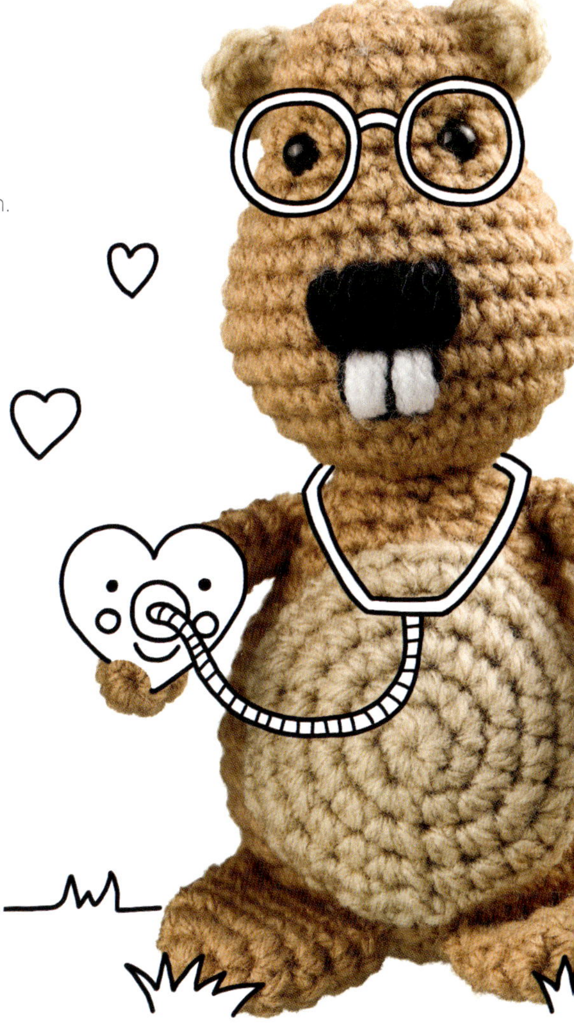

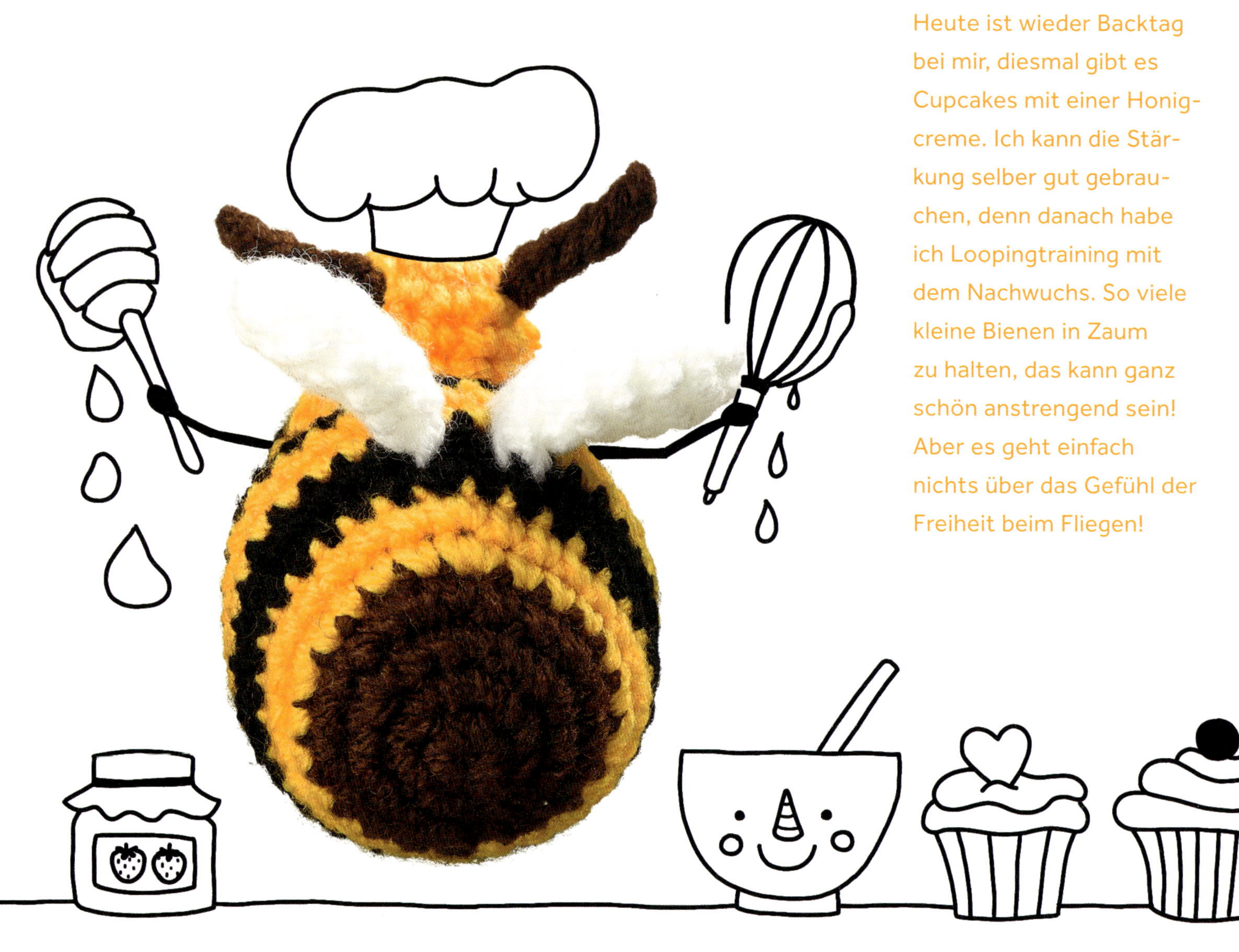

Heute ist wieder Backtag bei mir, diesmal gibt es Cupcakes mit einer Honigcreme. Ich kann die Stärkung selber gut gebrauchen, denn danach habe ich Loopingtraining mit dem Nachwuchs. So viele kleine Bienen in Zaum zu halten, das kann ganz schön anstrengend sein! Aber es geht einfach nichts über das Gefühl der Freiheit beim Fliegen!

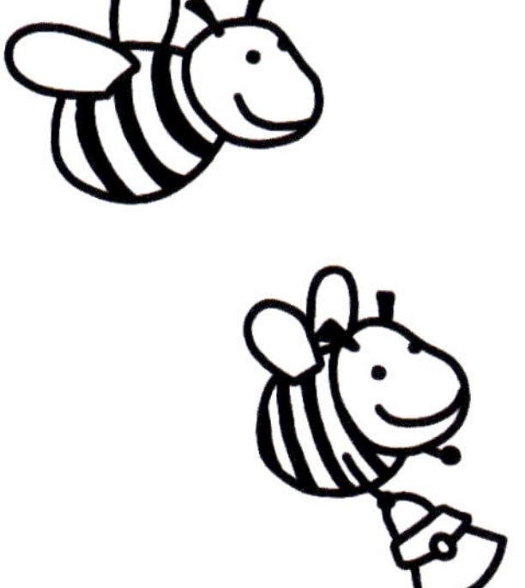

Berta Biene

Ich wohne:
In einer lustigen 5000er-WG

Mein größtes Idol:
Supergirl

Das kann ich gut:
Dreifache Loopings fliegen

Meine Leibspeise:
Erdbeermarmeladebrot mit Honig

Fabelhafteste Tat:
Bienenstich für meine ganze WG gebacken

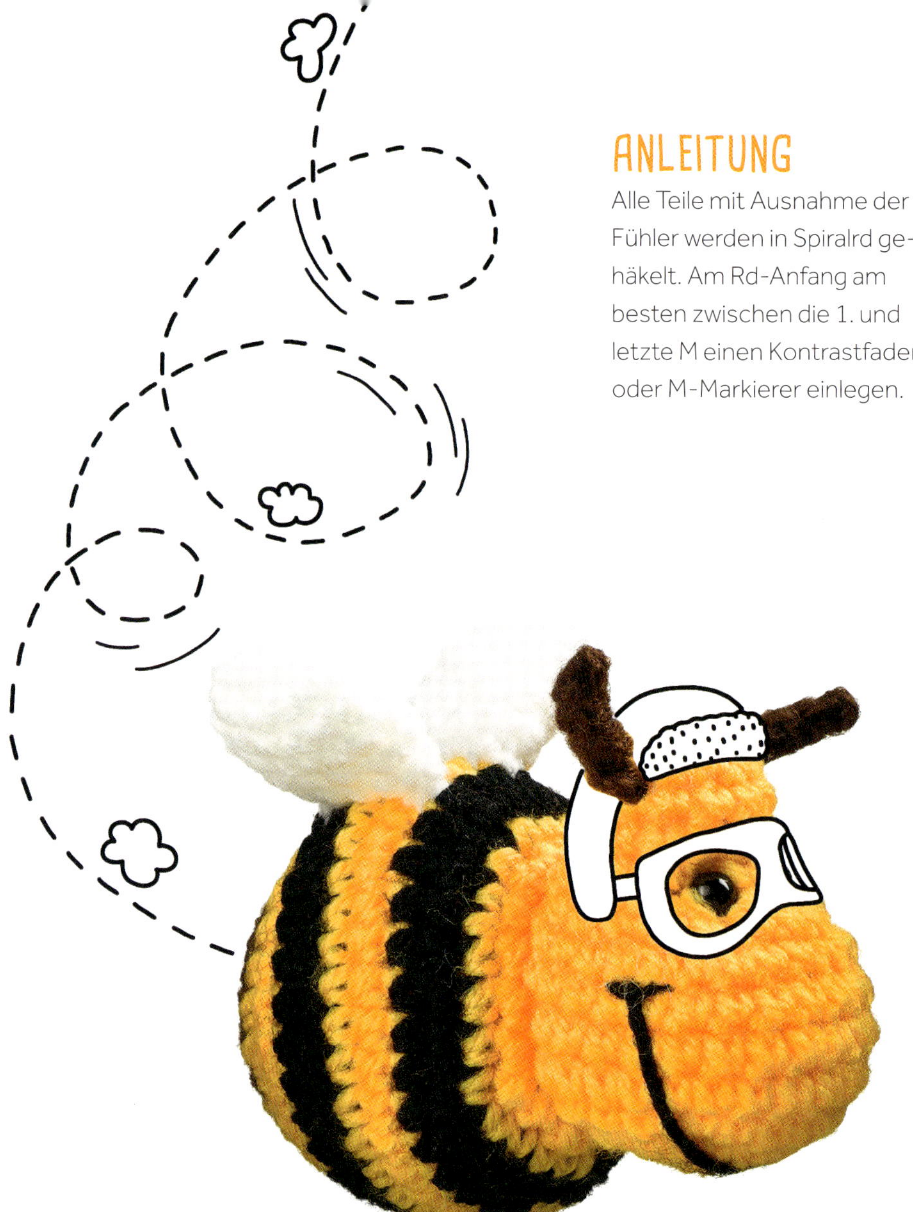

ANLEITUNG

Alle Teile mit Ausnahme der Fühler werden in Spiralrd gehäkelt. Am Rd-Anfang am besten zwischen die 1. und letzte M einen Kontrastfaden oder M-Markierer einlegen.

SCHWIERIGKEITSGRAD 1

GRÖSSE

CA. 7 CM LANG

MATERIAL

- SCHACHENMAYR BRAVO (LL 133 M/50 G) IN BRAUN (FB 8281), GELB (FB 8210), WEISS (FB 8224) UND SCHWARZ (FB 8226), JE 50 G
- HÄKELNADEL 3,0 MM
- 1 PAAR SICHERHEITSAUGEN IN SCHWARZ, Ø 6 MM
- FÜLLWATTE, 10 G

KOPF

In Gelb einen Magic Ring anfertigen.

1. Rd: 6 fM in den Ring häkeln (= 6 M).

2. Rd: Jede fM verdoppeln (= 12 M).

3. Rd: Jede 2. fM verdoppeln (= 18 M).

4. Rd: Jede 3. fM verdoppeln (= 24 M).

5.-7. Rd: Jeweils 24 fM häkeln.

8. Rd: Jede 3. und 4. fM zusammen abmaschen (= 18 M).

9. Rd: Jede 2. und 3. fM zusammen abmaschen (= 12 M).

10.-13. Rd: Jeweils 12 fM häkeln.

Nun die Sicherheitsaugen zwischen der 10. und 11. Rd mit 2 fM Abstand zueinander anbringen. Den Kopf fest mit Füllwatte ausstopfen.

14. Rd: Je 2 fM zusammen abmaschen (= 6 M).

Den Faden lang lassen und abschneiden, in eine Nd fädeln und die Öffnung schließen. Den Faden nach innen ziehen und vernähen.

KÖRPER

In Braun einen Magic Ring anfertigen.

1. Rd: 6 fM in den Ring häkeln (= 6 M).

2. Rd: Jede fM verdoppeln (= 12 M).

3. Rd: Jede 2. fM verdoppeln (= 18 M).

4. Rd: 1 fM, 1 fM verdoppeln, 3 fM, 1 fM verdoppeln, 3 fM, 1 fM verdoppeln, 3 fM, 1 fM verdoppeln, 4 fM häkeln (= 22 M).

5.Rd (Gelb): 4 fM, 1 fM verdoppeln, 5 fM, 1 fM verdoppeln, 4 fM, 1 fM verdoppeln, 5 fM, 1 fM verdoppeln (= 26 M).

6. Rd: 5 fM, 1 fM verdoppeln, 6 fM, 1 fM verdoppeln, 5 fM, 1 fM verdoppeln, 6 fM, 1 fM verdoppeln (= 30 M).

7. Rd (Schwarz): Jede 15. fM verdoppeln (= 32 M).

8. Rd: 1 fM verdoppeln, 31 fM (= 33 M).
9. Rd (Gelb): 33 fM häkeln.
10. Rd: 31 fM, 2 fM zusammen abmaschen (= 32 M).
11. Rd (Schwarz): Jede 15. und 16. fM zusammen abmaschen (= 30 M).
12. Rd: 5 fM, 2 fM zusammen abmaschen, 6 fM, 2 fM zusammen abmaschen, 5 fM, 2 fM zusammen abmaschen, 6 fM, 2 fM zusammen abmaschen (= 26 M).
13.Rd (Gelb): 4 fM, 2 fM zusammen abmaschen, 5 fM, 2 fM zusammen abmaschen, 4 fM, 2 fM zusammen abmaschen, 5 fM, 2 fM zusammen abmaschen (= 22 M).
14. Rd: 4 fM, 2 fM zusammen abmaschen, 3 fM, 2 fM zusammen abmaschen, 4 fM, 2 fM zusammen abmaschen, 3 fM, 2 fM zusammen abmaschen (= 18 M).
Den Faden lang lassen und abschneiden. Den Körper fest mit Füllwatte ausstopfen.

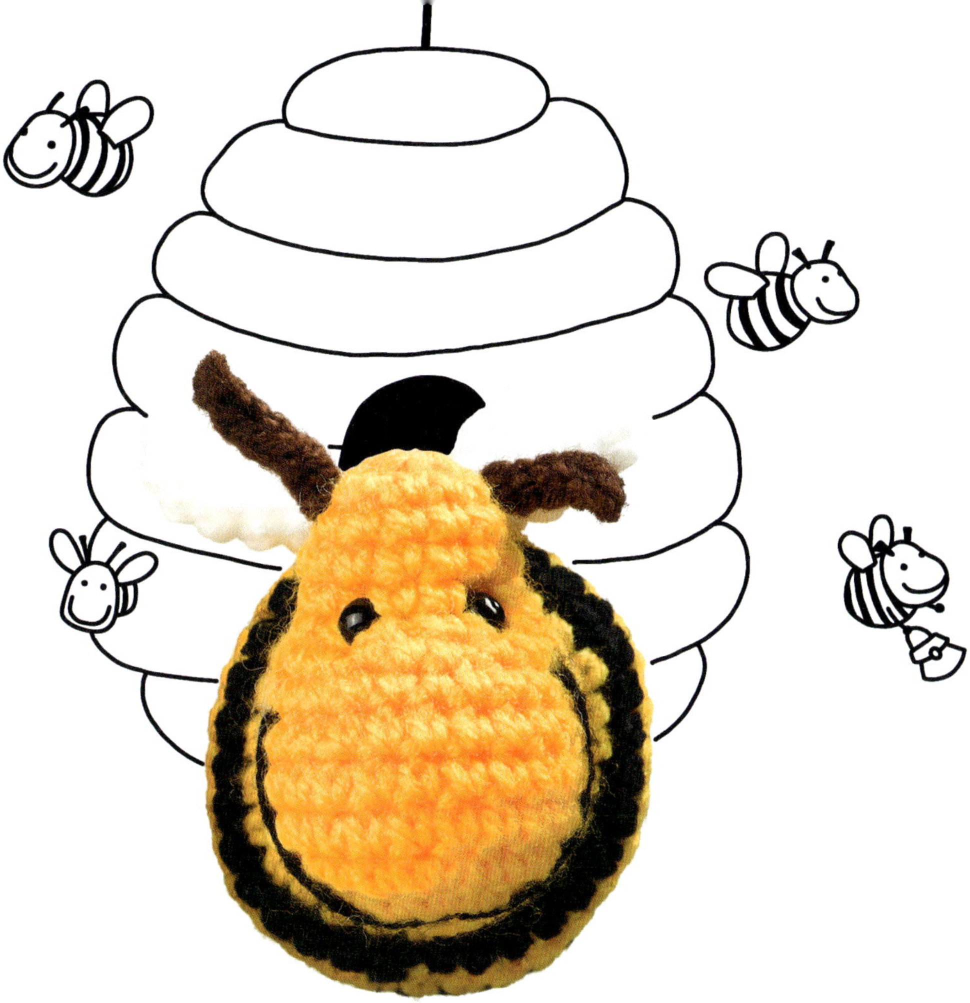

FÜHLER (2x)

In Braun 6 Lm anschl und weiter in R häkeln.
1. R: Ab der 2. Lm ab Nd 5 Km häkeln.
Den Faden lang lassen und abschneiden. Den 2. Fühler ebenso häkeln.

FLÜGEL (2x)

In Weiß einen Magic Ring anfertigen.
1. Rd: 6 fM in den Ring häkeln (= 6 M).
2. Rd: Jede fM verdoppeln (= 12 M).
3. Rd: 2 fM zusammen abmaschen, 10 fM (= 11 M).
4. Rd: 2 fM zusammen abmaschen, 9 fM (= 10 M).
5. Rd: 2 fM zusammen abmaschen, 8 fM (= 9 M).
6. Rd: 9 fM häkeln.
Den Faden lang lassen und abschneiden. Den 2. Flügel ebenso häkeln. Die Flügel nicht ausstopfen.

FERTIGSTELLEN

Kopf und Körper zusammennähen. Die Fühler an den Kopf nähen. Die Flügel flach drücken und auf den Rücken nähen, so dass sie zu schweben scheinen. Mit Garn in Schwarz einen Mund auf den Kopf sticken.

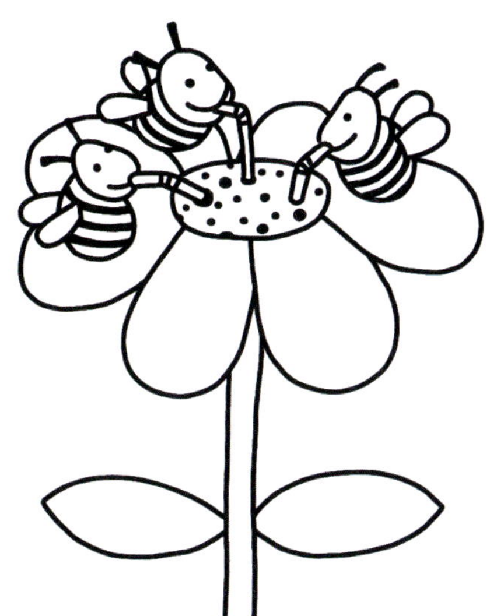

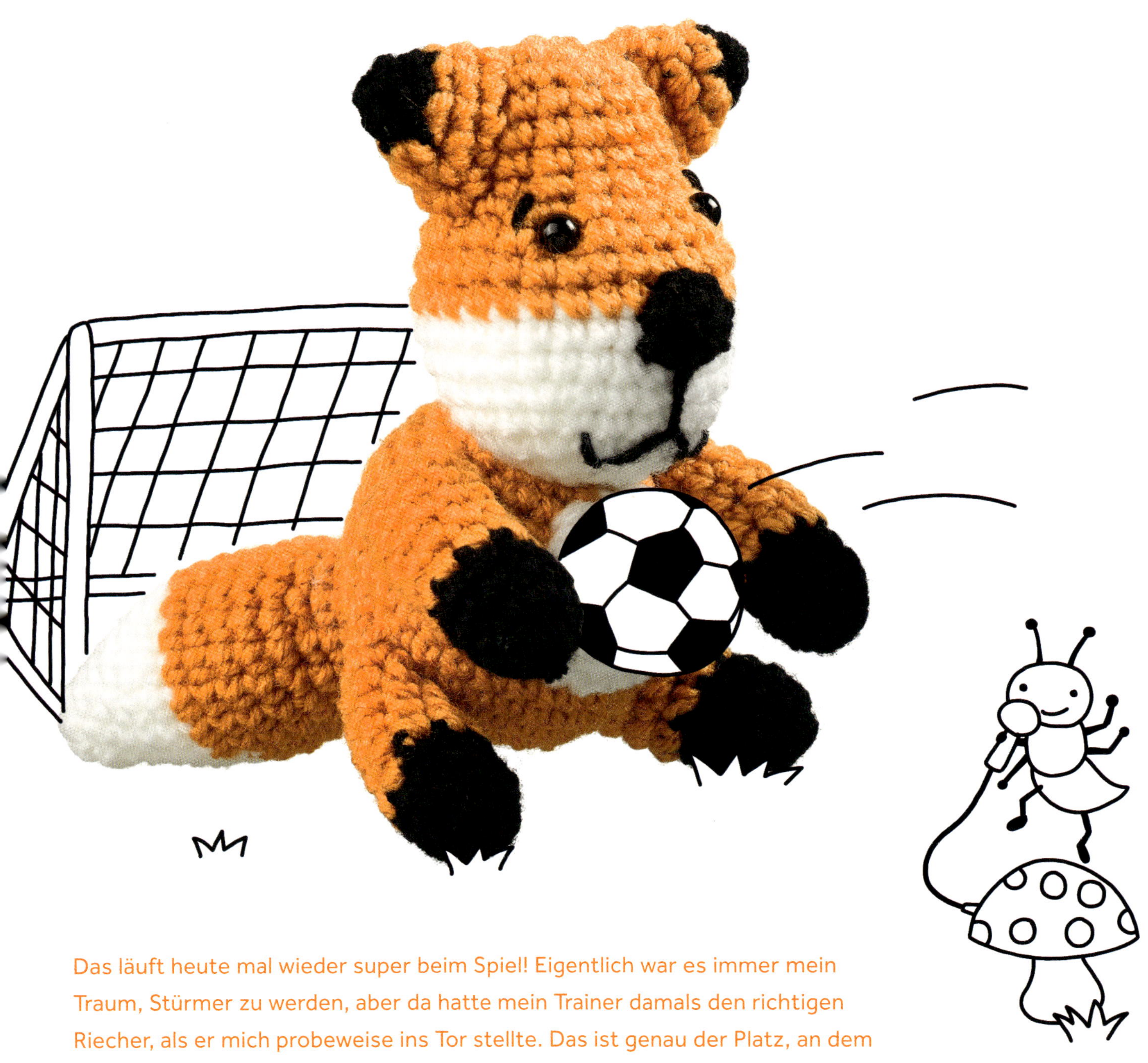

Das läuft heute mal wieder super beim Spiel! Eigentlich war es immer mein Traum, Stürmer zu werden, aber da hatte mein Trainer damals den richtigen Riecher, als er mich probeweise ins Tor stellte. Das ist genau der Platz, an dem ich meine Fähigkeiten erfolgreich ins Team einbringen kann. Nur gemeinsam sind wir stark!

Franz Fuchs

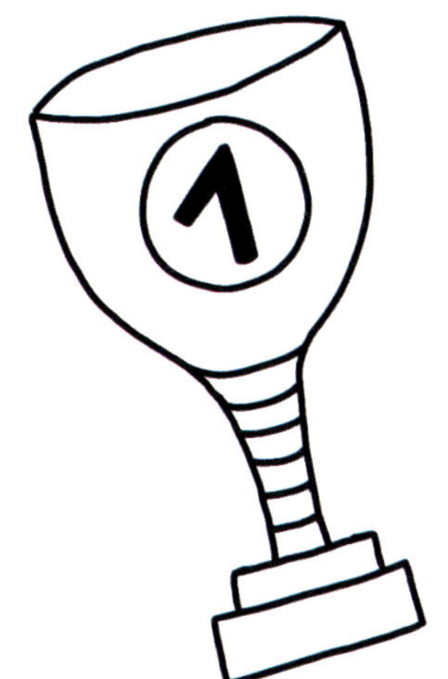

Ich wohne:
Im Mannschaftsquartier

Mein größtes Idol:
Manuel Neuer

Das kann ich gut:
Ich halte jeden Ball!

Meine Leibspeise:
5 rohe Eier zum Frühstück

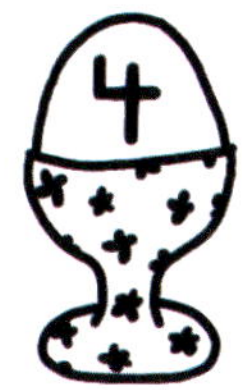

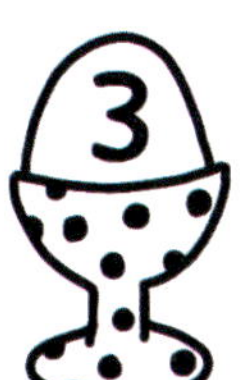

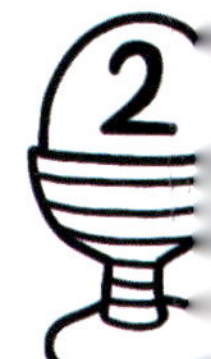

Fabelhafteste Tat:
Einen Elfmeterschuss gehalten, wodurch wir 2020 den Waldmeisterschaftspokal geholt haben!

SCHWIERIGKEITSGRAD 1

GRÖSSE

CA. 12 CM

MATERIAL

- » SCHACHENMAYR BRAVO (LL 133 M/50 G) IN SCHWARZ (FB 8226), BERNSTEIN (FB 8360) UND WEISS (FB 8224), JE 50 G
- » HÄKELNADEL 3,0 MM
- » 1 PAAR SICHERHEITSAUGEN IN SCHWARZ, Ø 6 MM
- » FÜLLWATTE, 15 G

ANLEITUNG

Alle Teile werden in Spiralrd gehäkelt. Am Rd-Anfang am besten zwischen die 1. und letzte M einen Kontrastfaden oder M-Markierer einlegen.

KOPF

In Weiß einen Magic Ring anfertigen.

1. Rd: 6 fM in den Ring häkeln (= 6 M).

2. Rd: Jede fM verdoppeln (= 12 M).

3. Rd: Jede 2. fM verdoppeln (= 18 M).

4. Rd: Jede 3. fM verdoppeln (= 24 M).

5. Rd: 24 fM häkeln.

6. Rd: Jede 4. fM verdoppeln (= 30 M).

7.+8. Rd: Jeweils 30 fM häkeln.

9.+10. Rd (Bernstein): Jeweils 30 fM häkeln.

11. Rd: Jede 4. und 5. fM zusammen abmaschen (= 24 M).

12. Rd: Jede 3. und 4. fM zusammen abmaschen (= 18 M).

13.-16. Rd: Jeweils 18 fM häkeln. Nun die Sicherheitsaugen zwischen der 11. und 12. Rd mit 6 fM Abstand zueinander anbringen.

17. Rd: Jede 2. und 3. fM zusammen abmaschen (= 12 M). Den Kopf fest mit Füllwatte ausstopfen.

18. Rd: Je 2 fM zusammen abmaschen (= 6 M). Den Faden lang abschneiden, in eine Nd fädeln und die Öffnung schließen. Den Faden nach innen ziehen und vernähen.

KÖRPER

In Bernstein einen Magic Ring anfertigen.

1. Rd: 6 fM in den Ring häkeln (= 6 M).

2. Rd: Jede fM verdoppeln (= 12 M).

3. Rd: Jede 2. fM verdoppeln (= 18 M).

4. Rd: Jede 3. fM verdoppeln (= 24 M).

5. Rd: Jede 4. fM verdoppeln (= 30 M).

6.-11. Rd: Jeweils 30 fM häkeln.

12. Rd: Jede 4. und 5. fM zusammen abmaschen (= 24 M).

13. Rd: Jede 3. und 4. fM zusammen abmaschen (= 18 M).

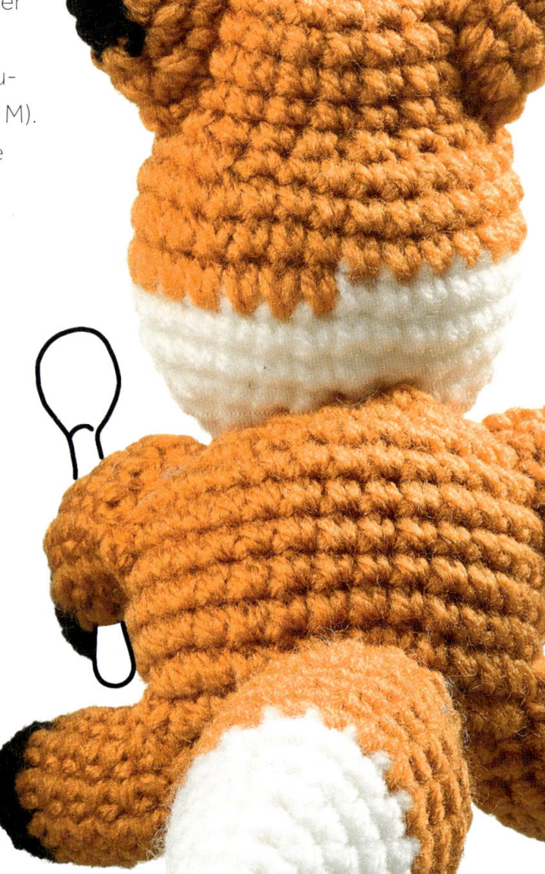

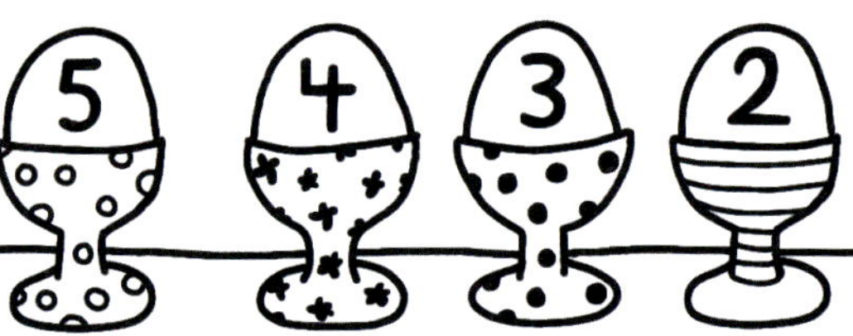

Den Faden lang lassen und abschneiden. Den Körper fest mit Füllwatte ausstopfen.

OHR (2x)

In Schwarz einen Magic Ring anfertigen.

1. Rd: 4 fM in den Ring häkeln (= 4 M).

2. Rd: Jede 2. fM verdoppeln (= 6 M).

3. Rd (Bernstein): Jede 3. fM verdoppeln (= 8 M).

4. Rd: Jede 4. fM verdoppeln (= 10 M).

5. Rd: Jede 5. fM verdoppeln (= 12 M).

Den Faden lang lassen und abschneiden. Das 2. Ohr ebenso häkeln. Die Ohren nicht ausstopfen.

BEIN (4x)

In Schwarz einen Magic Ring anfertigen.

1. Rd: 6 fM in den Ring häkeln (= 6 M).

2. Rd: Jede 2. fM verdoppeln (= 9 M).

3.+4. Rd: Jeweils 9 fM häkeln.

5.-10. Rd (Bernstein): Jeweils 9 fM häkeln.

Den Faden lang lassen und abschneiden. Noch 3 weitere Beine ebenso häkeln. Die Beine ausstopfen.

NASE

In Schwarz einen Magic Ring anfertigen.

1. Rd: 6 fM in den Ring häkeln (= 6 M).

2. Rd: 1 fM verdoppeln, 5 fM häkeln (= 7 M).

Den Faden lang lassen und abschneiden. Die Nase nicht ausstopfen.

BRUSTFELL

In Weiß einen Magic Ring anfertigen.

1. Rd: 6 fM in den Ring häkeln (= 6 M).

2. Rd: Jede fM verdoppeln (= 12 M).

3. Rd: Jede 2. fM verdoppeln (= 18 M).

Den Faden lang abschneiden.

SCHWANZ

In Weiß einen Magic Ring anfertigen.

1. Rd: 6 fM in den Ring häkeln (= 6 M).

2. Rd: Jede 3. fM verdoppeln (= 8 M).

3. Rd: Jede 4. fM verdoppeln (= 10 M).

4. Rd: Jede 5. fM verdoppeln (= 12 M).

5. Rd: Jede 6. fM verdoppeln (= 14 M).

6. Rd: Jede 7. fM verdoppeln (= 16 M).

7. Rd: Jede 8. fM verdoppeln (= 18 M).

8.-11. Rd (Bernstein): Jeweils 18 fM häkeln.

12. Rd: Jede 2. und 3. fM zusammen abmaschen (= 12 M).

13.-15. Rd: Jeweils 12 fM häkeln.

Den Faden lang lassen und abschneiden. Den Schwanz fest mit Füllwatte ausstopfen.

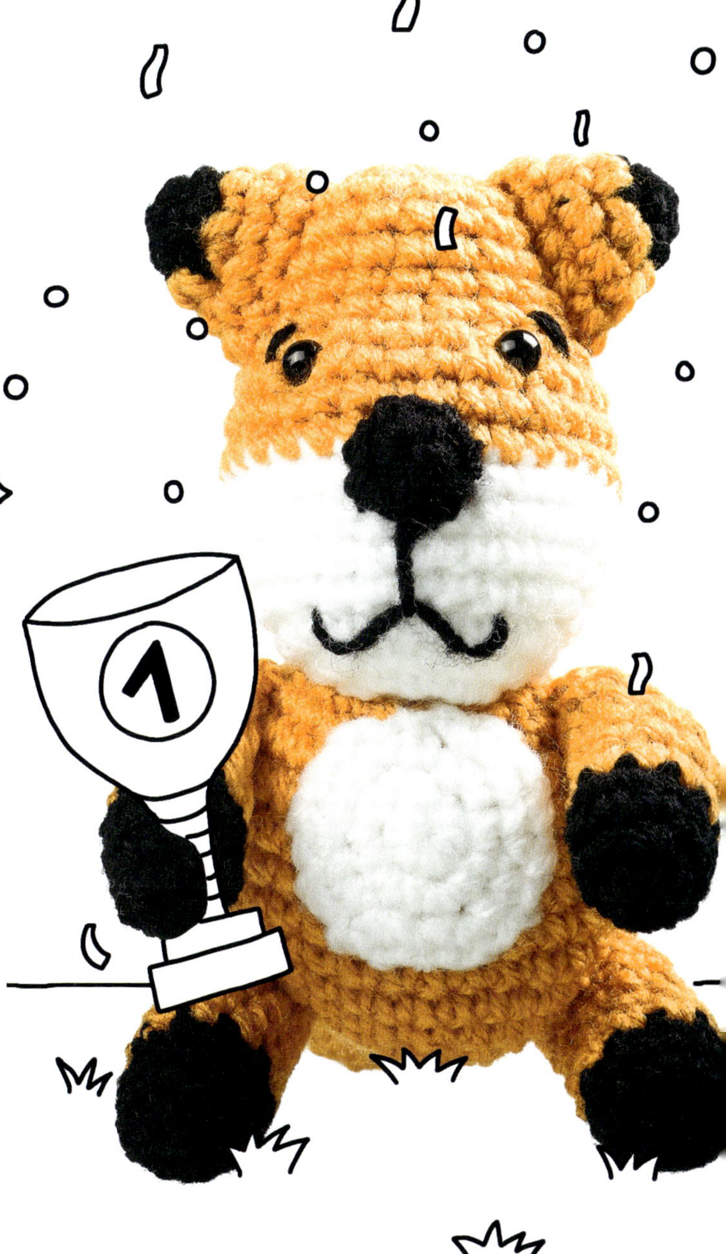

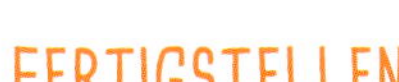

FERTIGSTELLEN

Die Ohren flach drücken und zwischen der 13. und 16. Rd auf den Kopf nähen. Die Nase zwischen der 7. und 9. Rd auf den Kopf nähen. In Schwarz Mund und Augenbrauen auf den Kopf sticken. Kopf und Körper zusammennähen. Die Beine seitlich an den Körper nähen, so dass der Fuchs selbständig sitzen kann. Den Schwanz hinten an den Körper nähen. Das Brustfell vorne auf den Körper nähen.

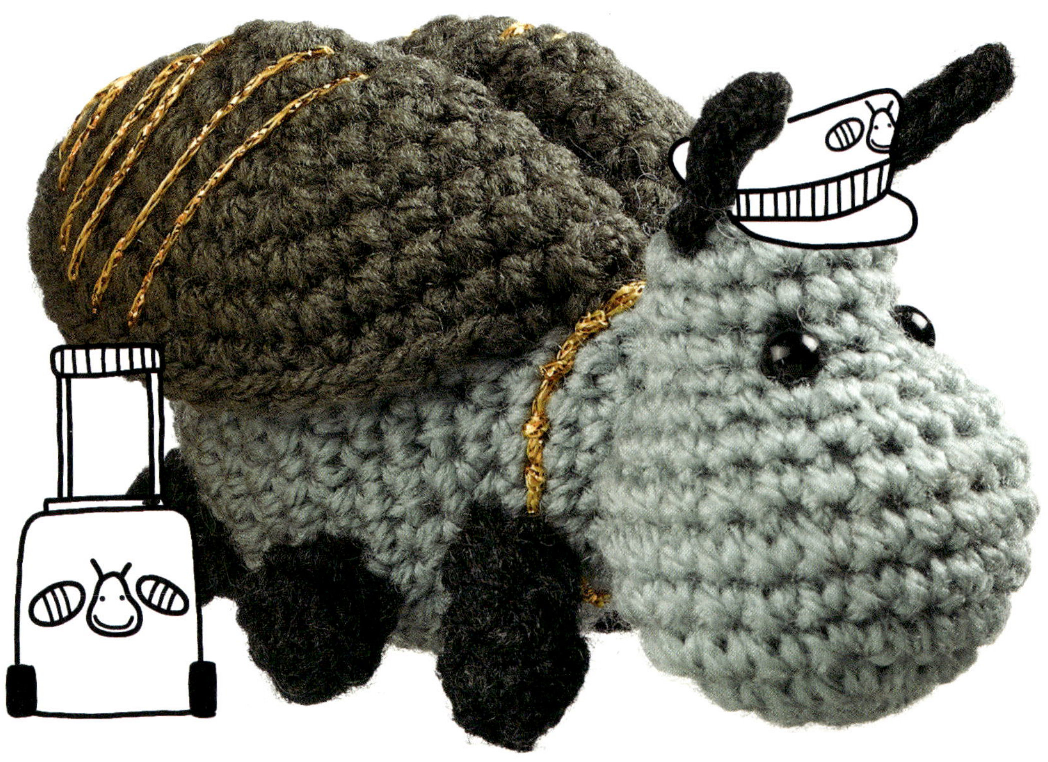

Heute geht es nach Käfer City. Das ist eine meiner Lieblingsstrecken, denn da geht die Flugstrecke über den Wald, den großen Fluss und die Berge. Auf die Übernachtungen und freien Tage an den verschiedensten Orten freue ich mich immer sehr. In jeder neuen Stadt gibt es so viel zu entdecken – und nach und nach lerne ich die ganze Welt kennen. Darauf einen Tomatensaft!

Kasimir Käfer

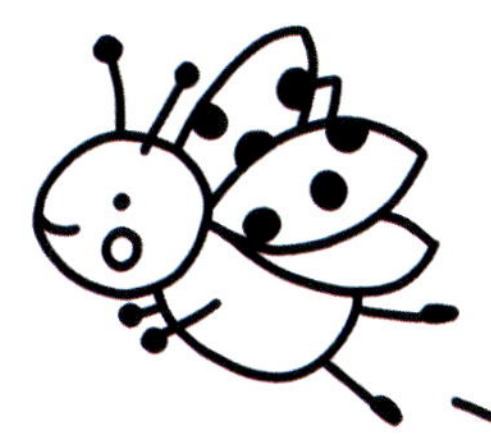

Ich wohne:
Immer in einem schicken Hotel am Flughafen

Mein größtes Idol:
Charles Lindbergh

Das kann ich gut:
Fliegen

Mein Lieblingsgetränk:
Tomatensaft mit einer feinen Prise tasmanischen Pfeffers

Fabelhafteste Tat:
Die Strecke Wiesental - Käfer City in unter 1:55 h geschafft!

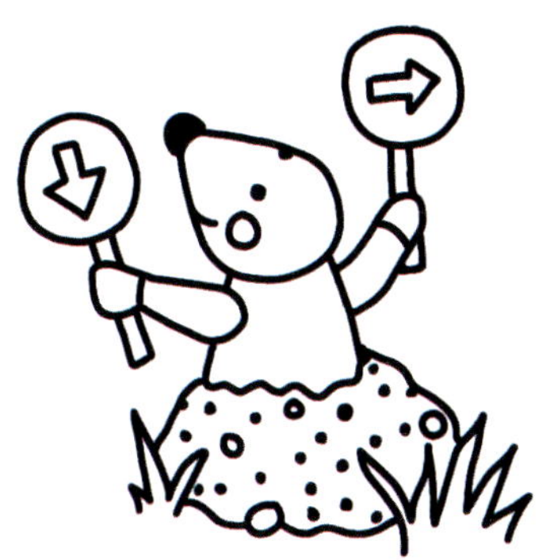

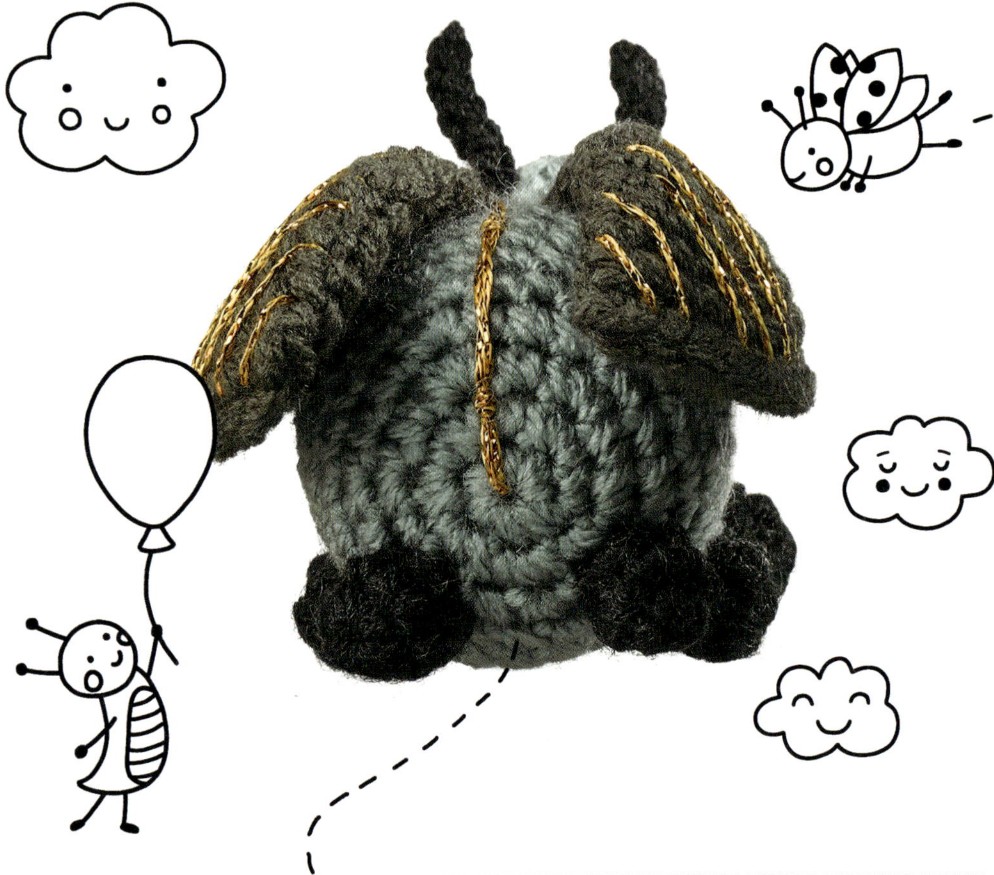

SCHWIERIGKEITSGRAD 2

GRÖSSE

CA. 12 CM

MATERIAL

» SCHACHENMAYR BRAVO (LL 133 M/50 G) IN MEERGRÜN (FB 8378), LODEN (FB 8347) UND ANTHRAZIT MELIERT (FB 8370), JE 50 G
» ANCHOR ARTISTE METALLIC (LL 100 M/25 G) IN DUNKLES GOLD (FB 313), 25 G
» HÄKELNADEL 3,0 MM
» 1 PAAR SICHERHEITSAUGEN IN SCHWARZ, Ø 6 MM
» FÜLLWATTE, 10 G

ANLEITUNG

Alle Teile mit Ausnahme der Fühler werden in Spiralrd gehäkelt. Am Rd-Anfang am besten zwischen die 1. und letzte M einen Kontrastfaden oder M-Markierer einlegen.

KOPF

In Meergrün einen Magic Ring anfertigen.
1. Rd: 6 fM in den Ring häkeln (= 6 M).
2. Rd: Jede fM verdoppeln (= 12 M).
3. Rd: Jede 2. fM verdoppeln (= 18 M).
4. Rd: Jede 3. fM verdoppeln (= 24 M).
5.-7. Rd: Jeweils 24 fM häkeln.
8. Rd: Jede 3. und 4. fM zusammen abmaschen (= 18 M).
9. Rd: Jede 2. und 3. fM zusammen abmaschen (= 12 M).
10.-13. Rd: Jeweils 12 fM häkeln.
Nun die Sicherheitsaugen zwischen der 10. und 11. Rd mit 2 fM Abstand zueinander anbringen.
Den Kopf fest mit Füllwatte ausstopfen.
14. Rd: Je 2 fM zusammen abmaschen (= 6 M).
Den Faden lang lassen und abschneiden, in eine Nd fädeln und die Öffnung schließen. Den Faden nach innen ziehen und vernähen.

KÖRPER

In Meergrün einen Magic Ring anfertigen.
1. Rd: 6 fM in den Ring häkeln (= 6 M).
2. Rd: Jede fM verdoppeln (= 12 M).
3. Rd: Jede 2. fM verdoppeln (= 18 M).
4. Rd: Jede 3. fM verdoppeln (= 24 M).
5. Rd: 24 fM häkeln.
6. Rd: Jede 4. fM verdoppeln (= 30 M).
7.-10. Rd: Jeweils 30 fM häkeln.
11. Rd: Jede 4. und 5. fM zusammen abmaschen (= 24 M).
12. Rd: Jede 3. und 4. fM zusammen abmaschen (= 18 M).
13.-16. Rd: Jeweils 18 fM häkeln.
17. Rd: Jede 2. und 3. fM zusammen abmaschen (= 12 M).
Den Körper fest mit Füllwatte ausstopfen.
18. Rd: Je 2 fM zusammen abmaschen (= 6 M).
Den Faden lang lassen und abschneiden, in eine Nd fädeln und die Öffnung schließen. Den Faden nach innen ziehen und vernähen.

FÜHLER (2X)

In Anthrazit meliert 6 Lm anschl und weiter in R häkeln.

1. R: Ab der 2. Lm ab Nd 5 Km häkeln.

Den Faden lang lassen und abschneiden.

Den 2. Fühler ebenso häkeln.

BEIN (4x)

In Anthrazit meliert einen Magic Ring anfertigen.

1. Rd: 6 fM in den Ring häkeln (= 6 M).

2.+3. Rd: Jeweils 6 fM häkeln.

Den Faden lang lassen und abschneiden.

Noch 3 weitere Beine ebenso häkeln.

Die Beine nicht ausstopfen.

ARM (2x)

In Anthrazit meliert einen Magic Ring anfertigen.

1. Rd: 6 fM in den Ring häkeln (= 6 M).

2.-5. Rd: Jeweils 6 fM häkeln.

Den Faden lang lassen und abschneiden.

Den 2. Arm ebenso häkeln.

Die Arme nicht ausstopfen.

FLÜGEL (2X)

In Loden einen Magic Ring anfertigen.

1. Rd: 6 fM in den Ring häkeln (= 6 M).

2. Rd: Jede fM verdoppeln (= 12 M).

3. Rd: Jede 2. fM verdoppeln (= 18 M).

4. Rd: Jede 3. fM verdoppeln (= 24 M).

5. Rd: Jede 4. fM verdoppeln (= 30 M).

6. Rd: Jede 5. fM verdoppeln (= 36 M).

Nun den Kreis flach drücken und die Kanten mit fM zusammenhäkeln. Den Faden lang lassen und abschneiden.

Den 2. Flügel ebenso häkeln.

FERTIGSTELLEN

Kopf und Körper zusammennähen. Beide Flügel an der 15. Rd des Körpers auf den Rücken nähen. Die Fühler auf den Kopf nähen. Die Arme zwischen der 14. und 15. Rd unter den Körper nähen. Die Beine an der 3. bis 4. und 8. bis 9. Rd unter den Körper nähen.

In Gold eine Mittellinie auf den Körper sticken, parallel zu den Flügelkanten. Um die 15. Rd des Körpers einen Ring in Gold und auf jeden Flügel Streifen in Gold sticken.

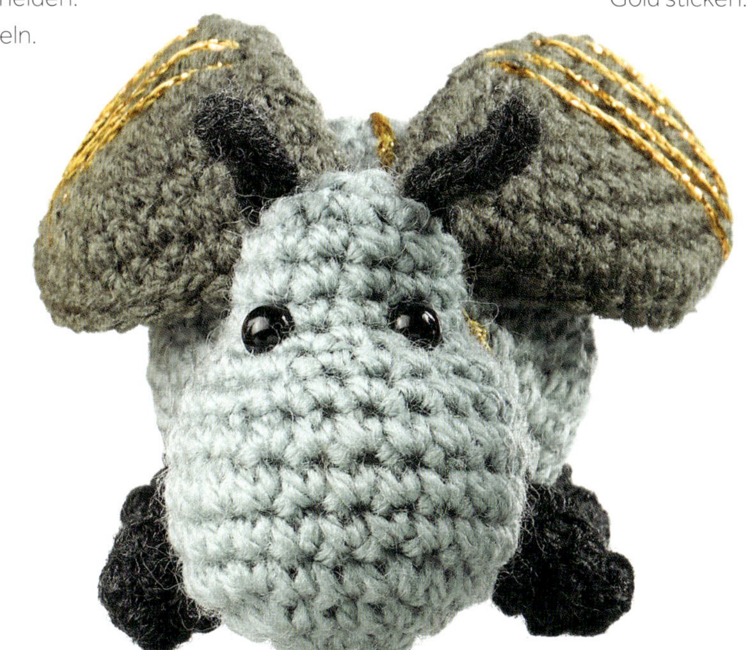

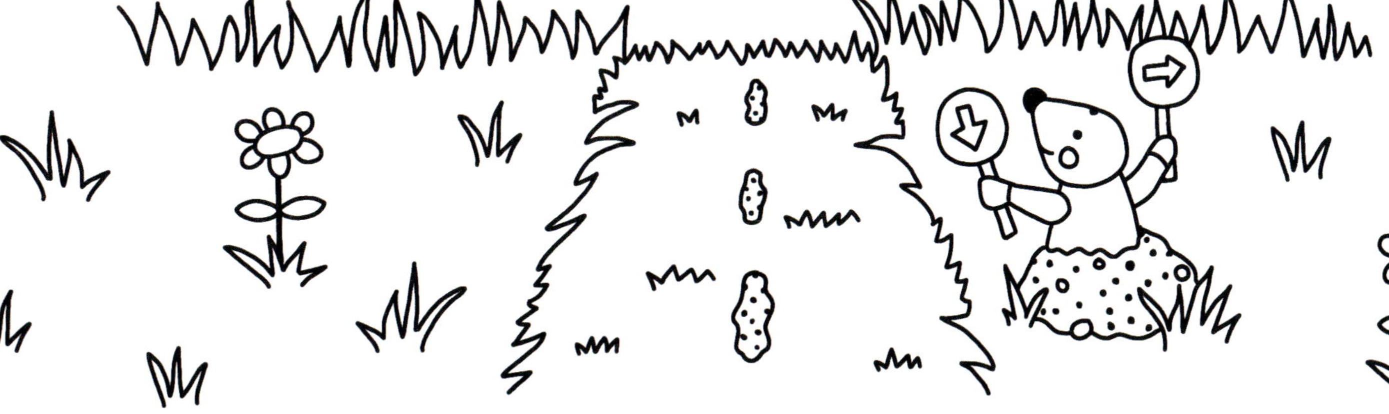

Naturschutz ist ein wichtiges Thema für mich. Schließlich kann ich direkt in meinem Lebensraum die Auswirkungen des Klimawandels spüren. Deshalb finde ich es wichtig, Ressourcen zu sparen und auf eine möglichst nachhaltige Lebensweise zu achten. Wir können alle etwas tun!

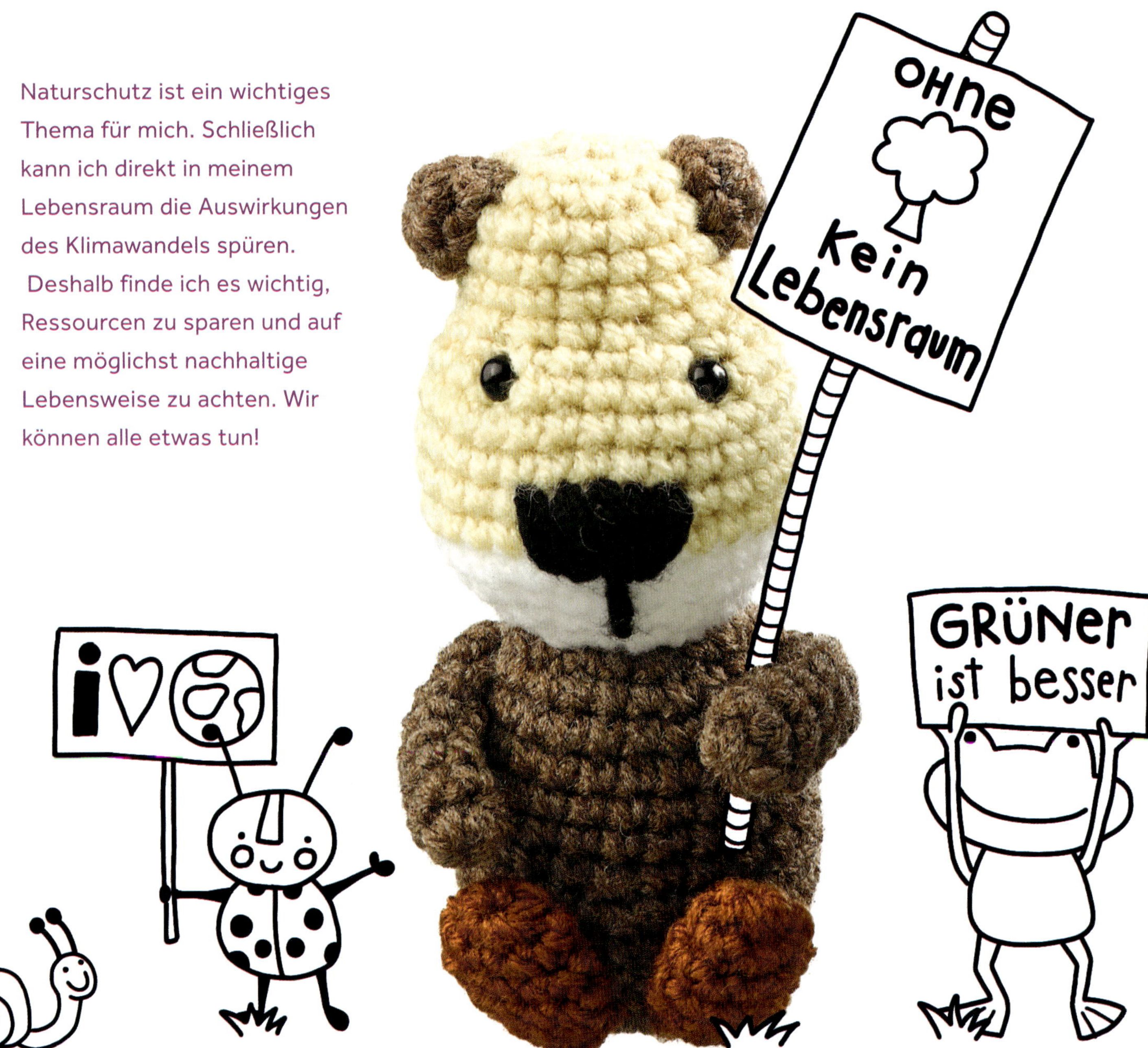

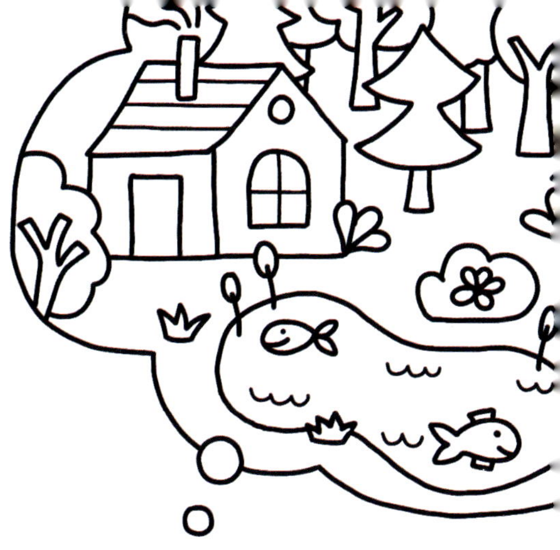

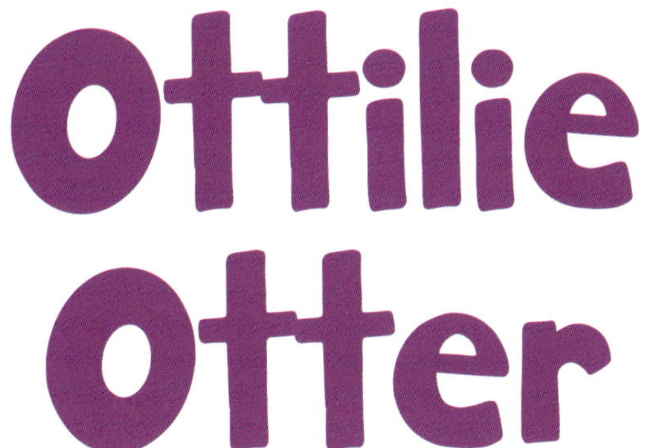

Ich wohne:
Im Haus am See

Mein größtes Idol:
Greta Thunberg

Das kann ich gut:
Mich für Naturschutz einsetzen

Meine Leibspeise:
Kichererbsenchips

Fabelhafteste Tat:
Eine große Naturschutzdemo im Wald organisiert

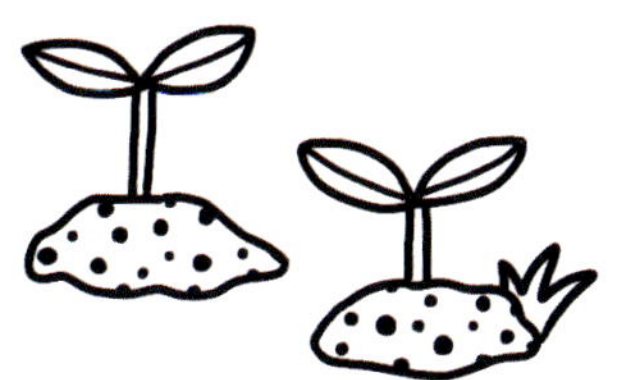

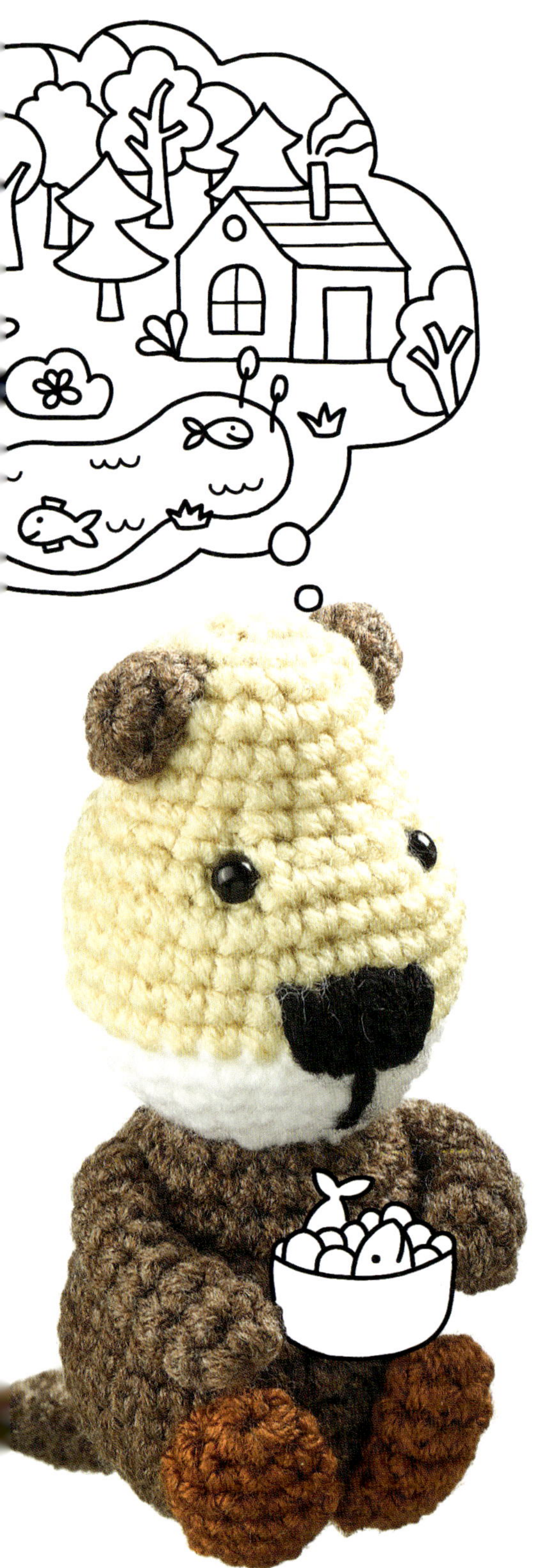

ANLEITUNG

Alle Teile werden in Spiralrd gehäkelt. Am Rd-Anfang am besten zwischen die 1. und letzte M einen Kontrastfaden oder M-Markierer einlegen.

KOPF

In Weiß einen Magic Ring anfertigen.
1. Rd: 6 fM in den Ring häkeln (= 6 M).
2. Rd: Jede fM verdoppeln (= 12 M).
3. Rd: Jede 2. fM verdoppeln (= 18 M).
4. Rd: Jede 3. fM verdoppeln (= 24 M).
5. Rd: 24 fM häkeln.
6. Rd: Jede 4. fM verdoppeln (= 30 M).
7.-10. Rd (Sand): Jeweils 30 fM häkeln.
11. Rd: Jede 4. und 5. fM zusammen abmaschen (= 24 M).
12. Rd: Jede 3. und 4. fM zusammen abmaschen (= 18 M).
13.-16. Rd: Jeweils 18 fM häkeln.
Nun die Sicherheitsaugen zwischen der 11. und 12. Rd mit 8 fM Abstand zueinander anbringen.
17. Rd: Jede 2. und 3. fM zusammen abmaschen (= 12 M).
Den Kopf fest mit Füllwatte ausstopfen.
18. Rd: Je 2 fM zusammen abmaschen (= 6 M).
Den Faden lang lassen und abschneiden, in eine Nd fädeln und die Öffnung schließen. Den Faden nach innen ziehen und vernähen.

KÖRPER

In Holz meliert einen Magic Ring anfertigen.
1. Rd: 6 fM in den Ring häkeln (= 6 M).
2. Rd: Jede fM verdoppeln (= 12 M).
3. Rd: Jede 2. fM verdoppeln (= 18 M).
4. Rd: Jede 3. fM verdoppeln (= 24 M).
5. Rd: Jede 4. fM verdoppeln (= 30 M).
6.+7. Rd: Jeweils 30 fM häkeln.
8. Rd: Jede 4. und 5. fM zusammen abmaschen (= 24 M).
9.-13. Rd: Jeweils 24 fM häkeln.
14. Rd: Jede 3. und 4. fM zusammen abmaschen (= 18 M).
15. Rd: Jede 2. und 3. fM zusammen abmaschen (= 12 M).
Den Faden lang lassen und abschneiden. Den Körper fest mit Füllwatte ausstopfen.

SCHWIERIGKEITSGRAD 1

GRÖSSE

CA. 15 CM

MATERIAL

- SCHACHENMAYR BRAVO (LL 133 M/50 G) IN HOLZ MELIERT (FB 8197), FUCHS (FB 8371), SAND (FB 8364) UND WEISS (FB 8224), JE 50 G, IN SCHWARZ (FB 8226), REST
- HÄKELNADEL 3,0 MM
- 1 PAAR SICHERHEITSAUGEN IN SCHWARZ, Ø 6 MM
- FÜLLWATTE, 10 G

OHR (2x)

In Holz meliert einen Magic Ring anfertigen.

1. Rd: 6 fM in den Ring häkeln (= 6 M).

2. Rd: 1 fM verdoppeln, 5 fM häkeln (= 7 M).

Den Faden lang lassen und abschneiden. Das 2. Ohr ebenso häkeln. Die Ohren nicht ausstopfen.

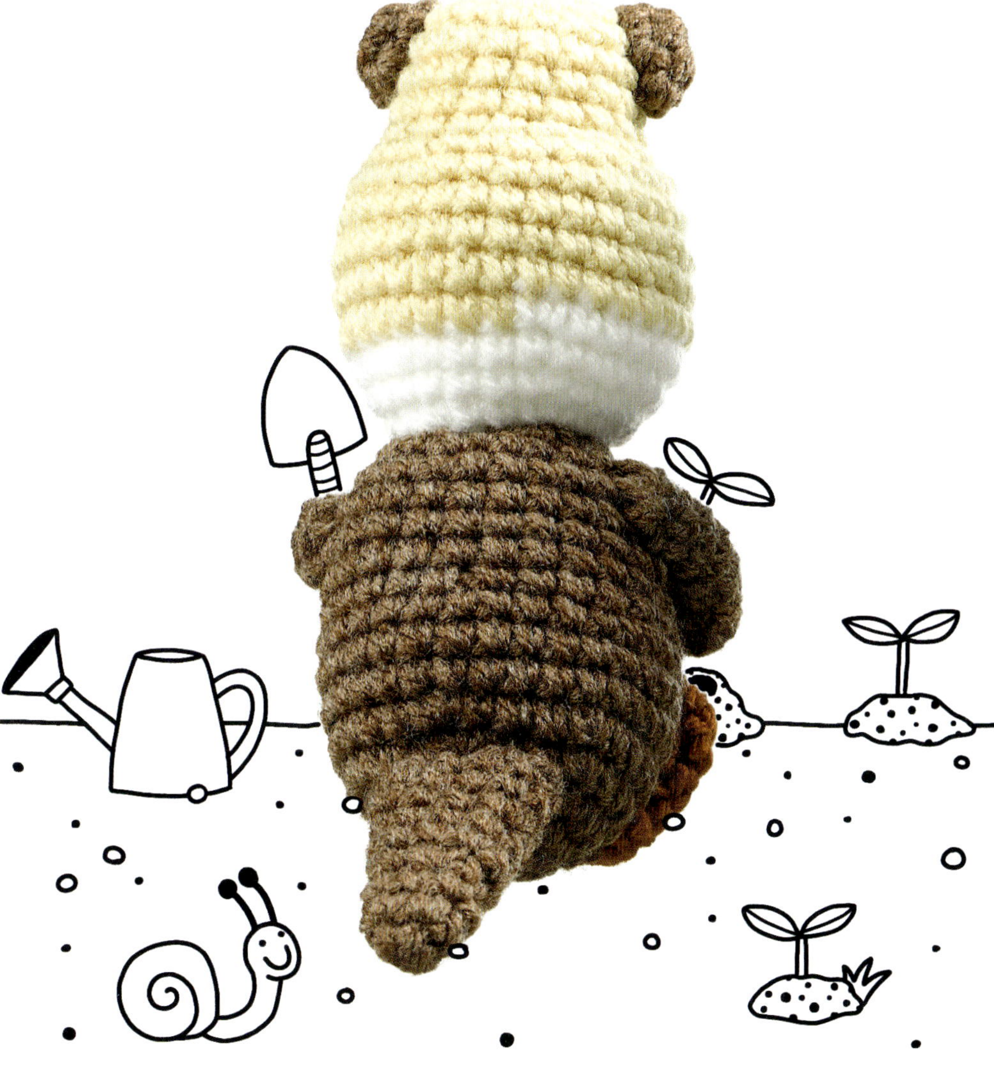

BEIN (2x)

In Fuchs einen Magic Ring anfertigen.

1. Rd: 6 fM in den Ring häkeln (= 6 M).

2. Rd: Jede 2. fM verdoppeln (= 9 M).

3.-5. Rd: Jeweils 9 fM häkeln.

6. Rd: Jede 2. und 3. fM zusammen abmaschen (= 6 M).

Den Faden lang lassen und abschneiden. Das 2. Bein ebenso häkeln. Die Beine nicht ausstopfen.

ARM (2x)

In Holz meliert einen Magic Ring anfertigen.

1. Rd: 6 fM in den Ring häkeln (= 6 M).

2.-8. Rd: Jeweils 6 fM häkeln.

Den Faden lang lassen und abschneiden. Den 2. Arm ebenso häkeln. Die Arme nicht ausstopfen.

SCHWANZ

In Holz meliert einen Magic Ring anfertigen.

1. Rd: 4 fM in den Ring häkeln (= 4 M).

2. Rd: Jede 2. fM verdoppeln (= 6 M).

3. Rd: 6 fM häkeln.

4. Rd: Jede 3. fM verdoppeln (= 8 M).

5.+6. Rd: Jeweils 8 fM häkeln.

7. Rd: Jede 4. fM verdoppeln (= 10 M).

8.+9. Rd: Jeweils 10 fM häkeln.

Den Faden lang lassen und abschneiden. Den Schwanz nicht ausstopfen.

FERTIGSTELLEN

Die Ohren seitlich zwischen der 15. und 17. Rd an den Kopf nähen. In Schwarz Nase und Mund auf den Kopf sticken. Kopf und Körper zusammennähen. Die Arme seitlich an den Körper nähen. Die Beine flach drücken und vorne flach auf den Körper nähen. Den Schwanz flach drücken und hinten an den Körper nähen.

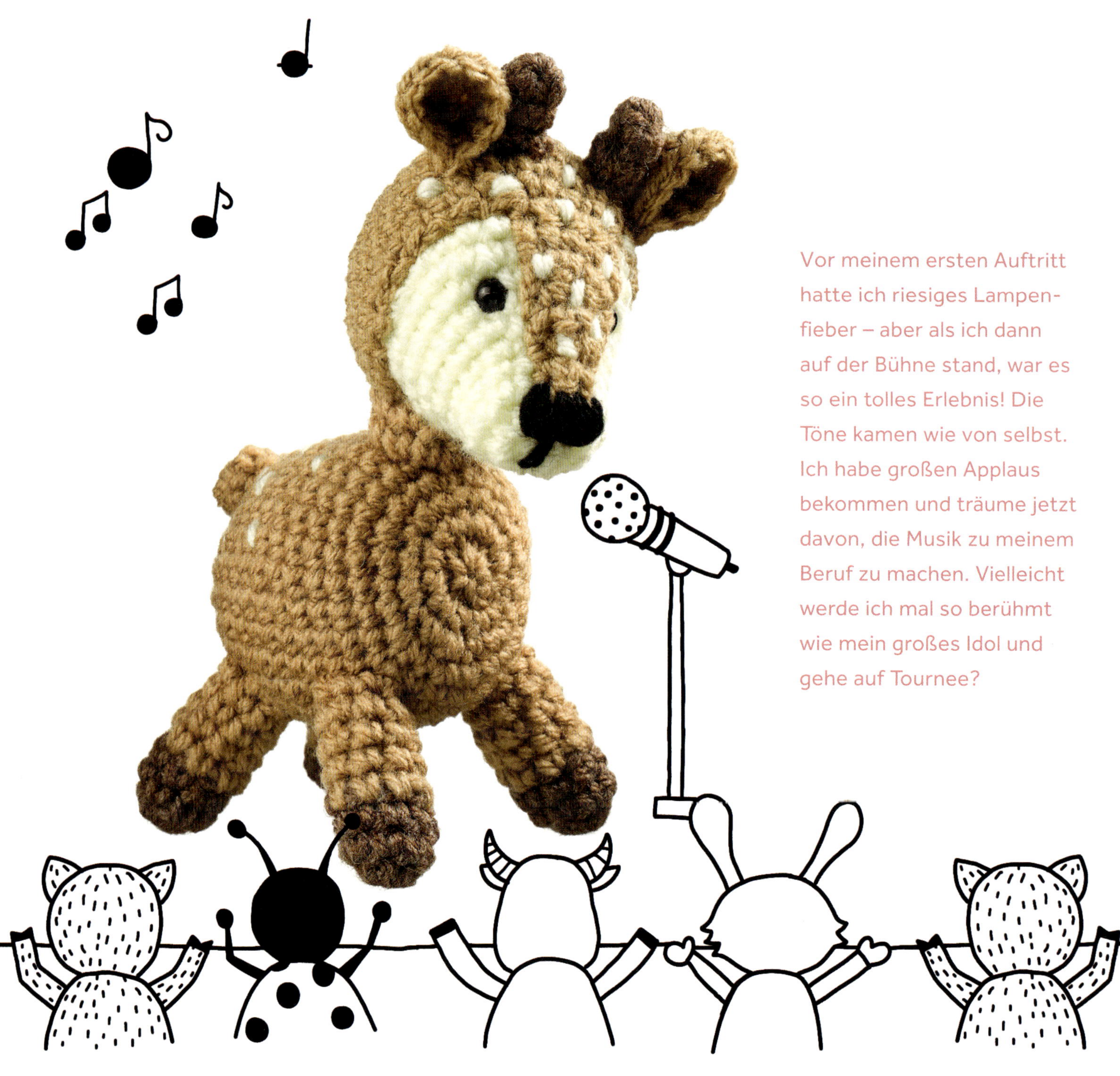

Vor meinem ersten Auftritt hatte ich riesiges Lampenfieber – aber als ich dann auf der Bühne stand, war es so ein tolles Erlebnis! Die Töne kamen wie von selbst. Ich habe großen Applaus bekommen und träume jetzt davon, die Musik zu meinem Beruf zu machen. Vielleicht werde ich mal so berühmt wie mein großes Idol und gehe auf Tournee?

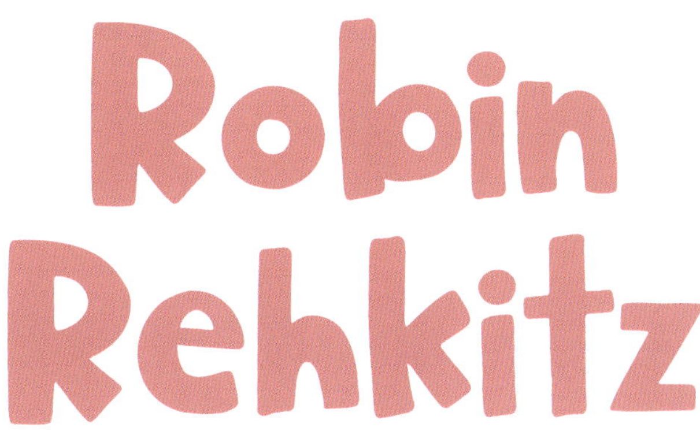

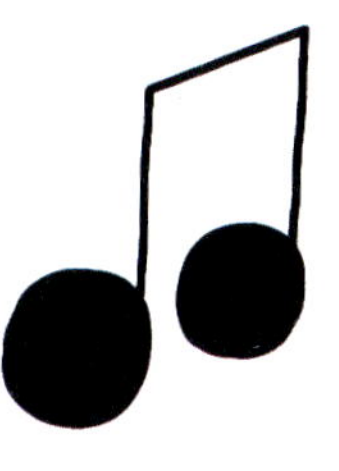

Ich wohne:
Mit meinen Eltern am Waldrand

Mein größtes Idol:
Ed Sheeran

Das kann ich gut:
Singen

Meine Leibspeise:
Waldfrüchte-Nachtisch

Fabelhafteste Tat:
Mein erster Soloauftritt beim Schulfest

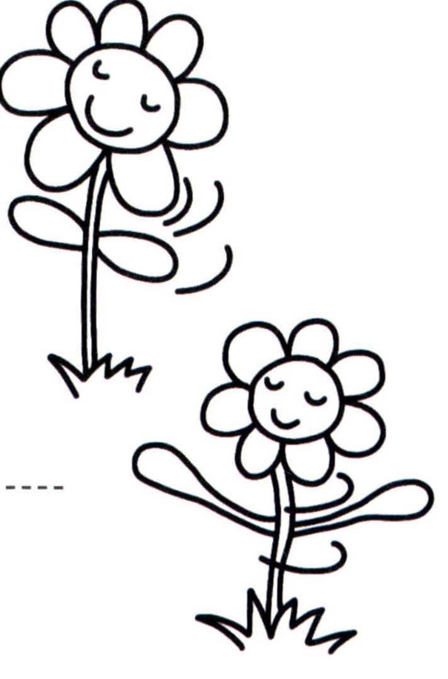

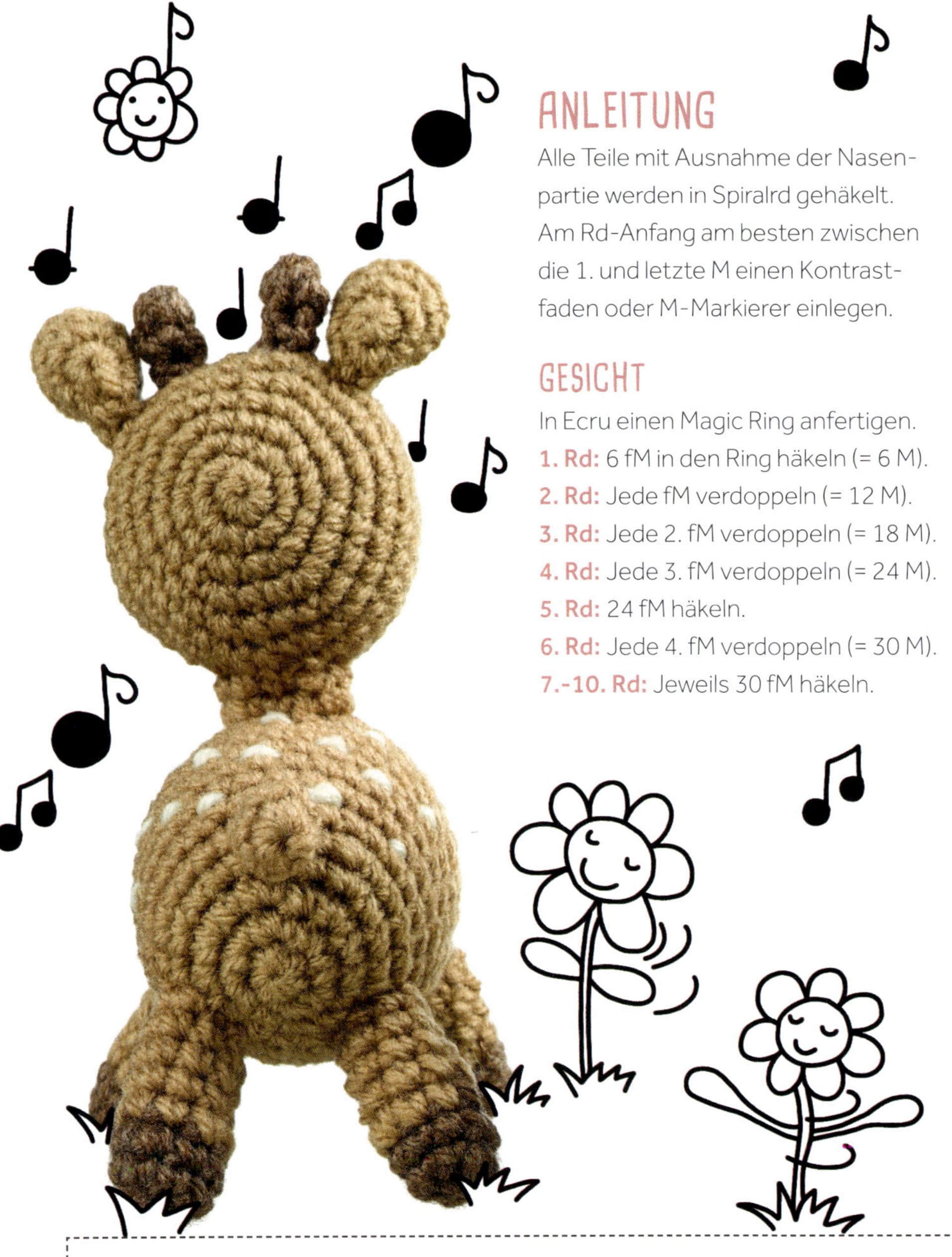

ANLEITUNG

Alle Teile mit Ausnahme der Nasenpartie werden in Spiralrd gehäkelt. Am Rd-Anfang am besten zwischen die 1. und letzte M einen Kontrastfaden oder M-Markierer einlegen.

GESICHT

In Ecru einen Magic Ring anfertigen.

1. Rd: 6 fM in den Ring häkeln (= 6 M).
2. Rd: Jede fM verdoppeln (= 12 M).
3. Rd: Jede 2. fM verdoppeln (= 18 M).
4. Rd: Jede 3. fM verdoppeln (= 24 M).
5. Rd: 24 fM häkeln.
6. Rd: Jede 4. fM verdoppeln (= 30 M).
7.-10. Rd: Jeweils 30 fM häkeln.
11. Rd: Jede 4. und 5. fM zusammen abmaschen (= 24 M).
12. Rd: Jede 3. und 4. fM zusammen abmaschen (= 18 M).
13.-16. Rd: Jeweils 18 fM häkeln.

Nun die Sicherheitsaugen zwischen der 13. und 14. Rd mit 6 fM Abstand zueinander anbringen.

17. Rd: Jede 2. und 3. fM zusammen abmaschen (= 12 M).

Den Kopf fest mit Füllwatte ausstopfen.

18. Rd: Je 2 fM zusammen abmaschen (= 6 M).

Den Faden lang lassen und abschneiden, in eine Nd fädeln und die Öffnung schließen. Den Faden nach innen ziehen und vernähen.

HINTERKOPF

In Beige einen Magic Ring anfertigen.

1. Rd: 6 fM in den Ring häkeln (= 6 M).
2. Rd: Jede fM verdoppeln (= 12 M).
3. Rd: Jede 2. fM verdoppeln (= 18 M).
4. Rd: Jede 3. fM verdoppeln (= 24 M).
5. Rd: Jede 4. fM verdoppeln (= 30 M).
6. Rd: Jede 5. fM verdoppeln (= 36 M).
7. Rd: 36 fM häkeln.
8. Rd: Jede 11. und 12. fM zusammen abmaschen (= 33 M).
9. Rd: Jede 10. und 11. fM zusammen abmaschen (= 30 M).
10. Rd: Jede 9. und 10. fM zusammen abmaschen (= 27 M).

Für die Nasenpartie weiter in R häkeln. Am Ende jeder R 1 Wende-Lm arb.

1.-3. R: Jeweils 4 fM häkeln (= 4 M).
4. R: 1 fM, 2 fM zusammen abmaschen, 1 fM (= 3 M).
5. R: 3 fM häkeln.

SCHWIERIGKEITSGRAD 2

GRÖSSE

CA. 14 CM

MATERIAL

- SCHACHENMAYR BRAVO (LL 133 M/50 G) IN ECRU (FB 8200), BEIGE (FB 8312) UND HOLZ MELIERT (FB 8197), JE 50 G, IN SCHWARZ (FB 8226), REST
- HÄKELNADEL 3,0 MM
- 1 PAAR SICHERHEITSAUGEN IN SCHWARZ, Ø 6 MM
- FÜLLWATTE, 15 G

6.R: 2 fM zusammen abmaschen, 1 fM (= 2 M).
7.+8.R: Jeweils 2 fM häkeln.
Den Faden lang lassen und abschneiden.

KÖRPER

In Beige einen Magic Ring anfertigen.
1. Rd: 6 fM in den Ring häkeln (= 6 M).
2. Rd: Jede fM verdoppeln (= 12 M).
3. Rd: Jede 2. fM verdoppeln (= 18 M).
4. Rd: Jede 3. fM verdoppeln (= 24 M).
5. Rd: Jede 4. fM verdoppeln (= 30 M).
6.-14. Rd: Jeweils 30 fM häkeln.
15. Rd: Jede 4. und 5. fM zusammen abmaschen (= 24 M).
16. Rd: Jede 3. und 4. fM zusammen abmaschen (= 18 M).
17. Rd: Jede 2. und 3. fM zusammen abmaschen (= 12 M).
Den Körper fest mit Füllwatte ausstopfen.
18. Rd: Je 2 fM zusammen abmaschen (= 6 M).
Den Faden lang lassen und abschneiden, in eine Nd fädeln und die Öffnung schließen. Den Faden nach innen ziehen und vernähen.

OHR (2x)

In Beige einen Magic Ring anfertigen.
1. Rd: 6 fM in den Ring häkeln (= 6 M).
2. Rd: Jede fM verdoppeln (= 12 M).
3. Rd: Jede 6. fM verdoppeln (= 14 M).
Den Faden lang lassen und abschneiden.
Das 2. Ohr ebenso häkeln.

BEIN (4x)

In Holz meliert einen Magic Ring anfertigen.
1. Rd: 8 fM in den Ring häkeln (= 8 M).
2.+3. Rd: Jeweils 8 fM häkeln.
4.-8. Rd (Beige): Jeweils 8 fM häkeln.
Den Faden lang lassen und abschneiden.
Noch 3 weitere Beine ebenso häkeln.
Die Beine ausstopfen.

HORN (2x)

In Holz meliert einen Magic Ring anfertigen.
1. Rd: 4 fM in den Ring häkeln (= 4 M).
2.+3. Rd: Jeweils 4 fM häkeln.
Den Faden lang lassen und abschneiden.
Das 2. Horn ebenso häkeln.

HALS

In Beige 10 Lm anschl und diese mit 1 Km zum Ring schließen. Weiter in geschlossenen Rd häkeln.
1. Rd: 1 Lm, 10 fM in den Ring häkeln, mit 1 Km zur Rd schließen (= 10 M).
2. Rd: 1 Lm, 10 fM häkeln, mit 1 Km zur Rd schließen.
Den Faden lang lassen und abschneiden.

SCHWANZ

In Beige einen Magic Ring anfertigen.
1. Rd: 6 fM in den Ring häkeln (= 6 M).
2.+3. Rd: Jeweils 6 fM häkeln.
Den Faden lang lassen und abschneiden.

FERTIGSTELLEN

Den Hinterkopf über das Gesicht ziehen, der Nasenrücken liegt hierbei zwischen den Augen. Alles rundum festnähen. Die Ohren nur über 2 bis 3 M an der offenen Kante zusammennähen und dann mit der Öffnung nach vorne zwischen der 7. und 9. Rd an den Kopf nähen. Die Hörner zwischen den Ohren annähen. In Ecru Tupfen auf die Nase und oberhalb der Augen aufsticken. Nun den Hals auf den Körper nähen und leicht ausstopfen. Den Kopf auf den Hals nähen. Die Beine so unter den Körper nähen, dass das Rehkitz selbständig stehen kann. Den Schwanz flach drücken und hinten an den Körper nähen. In Beige Tupfen auf den Rücken sticken, in Schwarz Nase und Mund aufsticken.

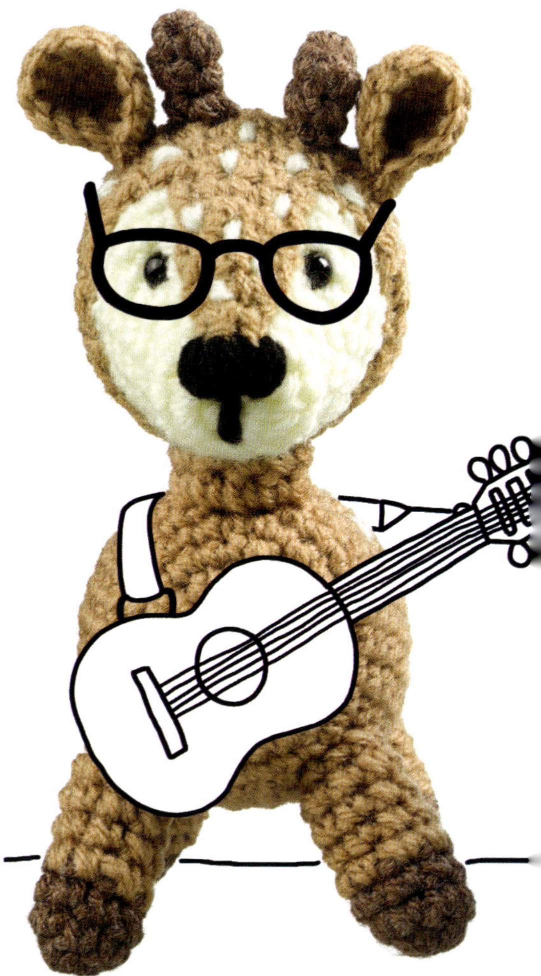

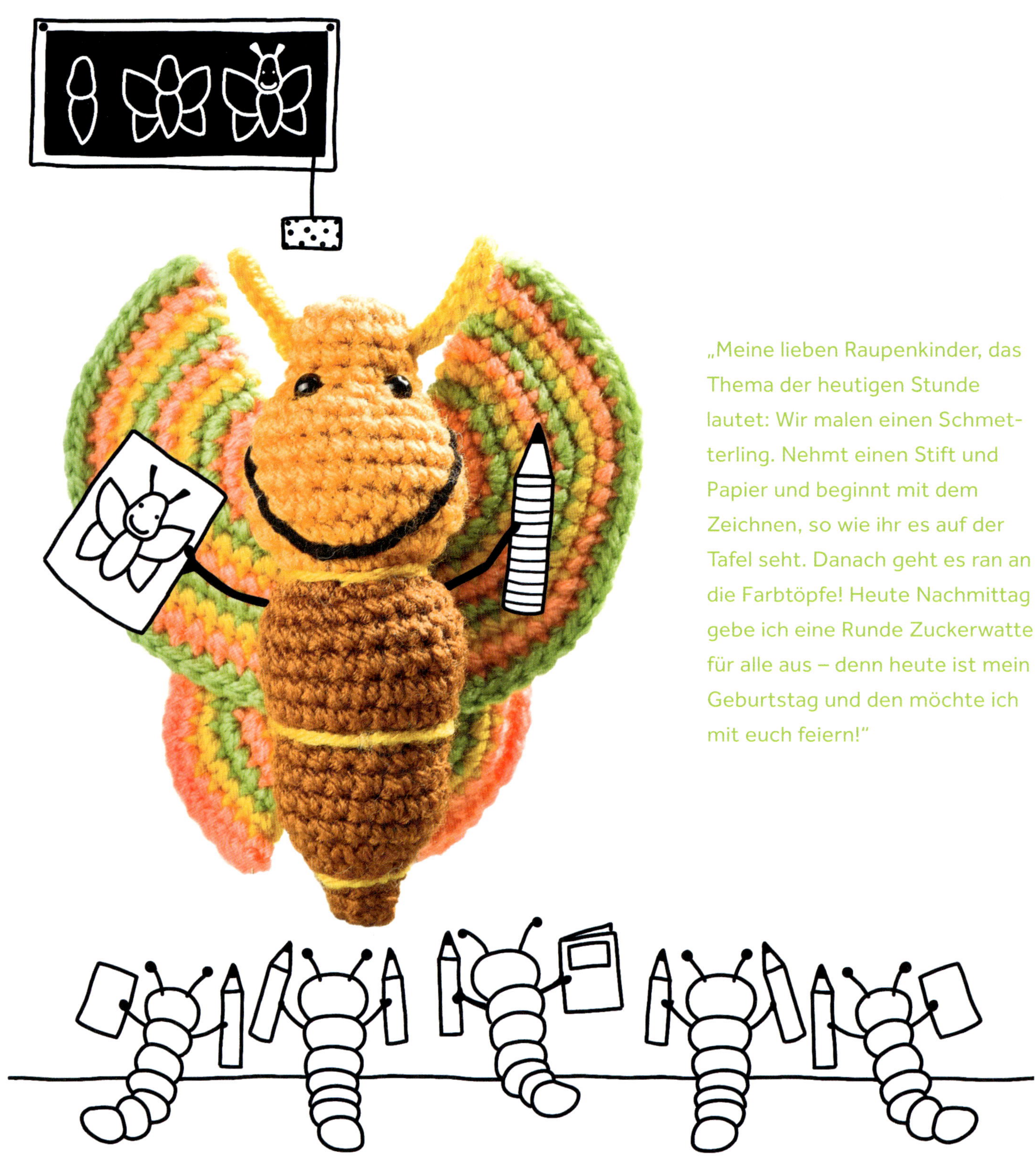

„Meine lieben Raupenkinder, das Thema der heutigen Stunde lautet: Wir malen einen Schmetterling. Nehmt einen Stift und Papier und beginnt mit dem Zeichnen, so wie ihr es auf der Tafel seht. Danach geht es ran an die Farbtöpfe! Heute Nachmittag gebe ich eine Runde Zuckerwatte für alle aus – denn heute ist mein Geburtstag und den möchte ich mit euch feiern!"

Sina Schmetterling

Ich wohne:
Über meinem Atelier

Mein größtes Idol:
Frida Kahlo

Das kann ich gut:
Kleine Raupen in Kunst unterrichten

Meine Leibspeise:
Zuckerwatte in poppigen Farben

Fabelhafteste Tat:
Da fragt ihr noch? Meine Flügel bemalen natürlich!

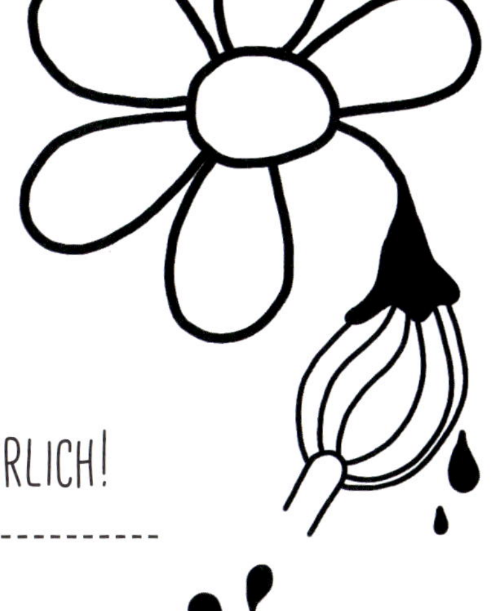

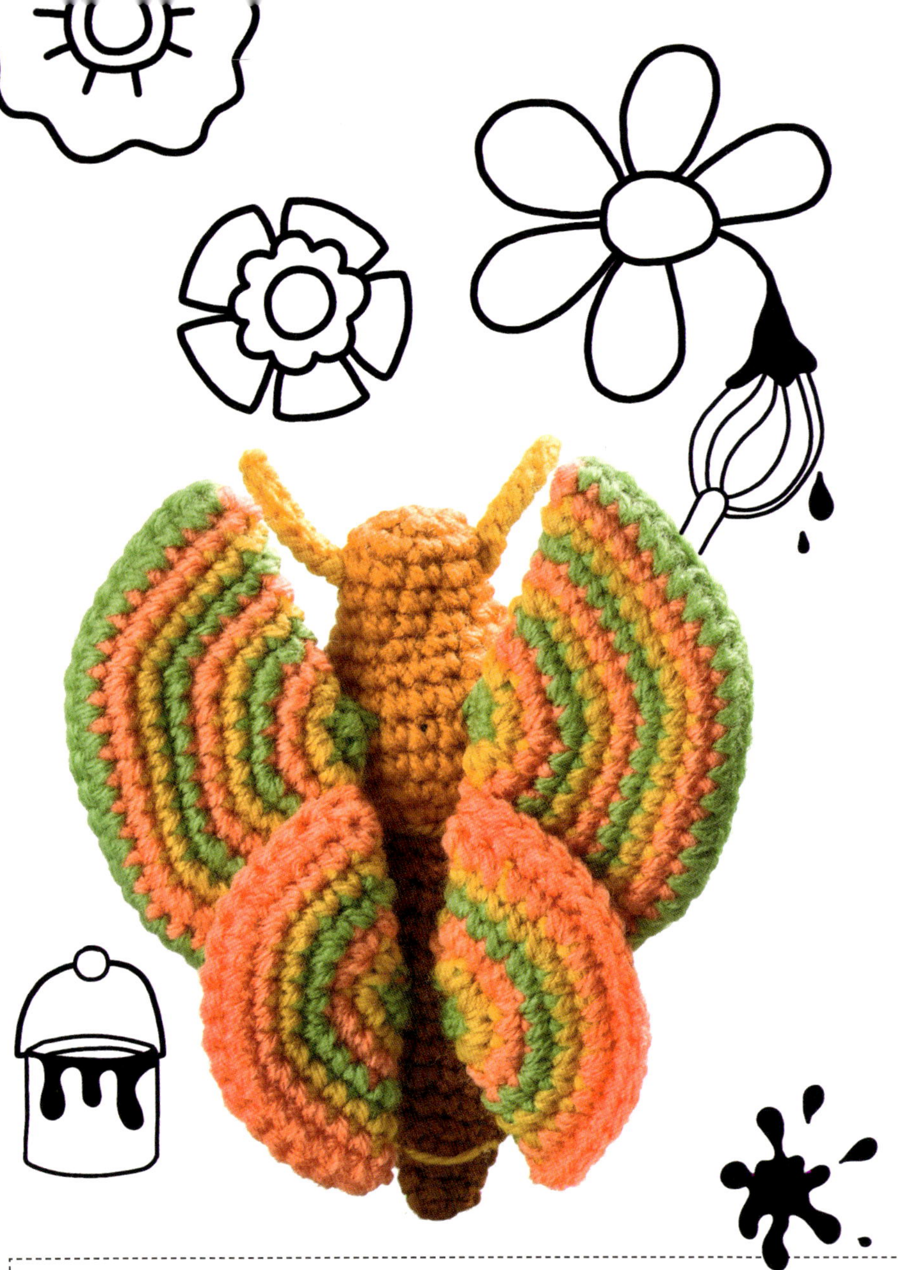

SCHWIERIGKEITSGRAD 2

GRÖSSE

CA. 13 CM

MATERIAL

- SCHACHENMAYR BRAVO (LL 133 M/50 G) IN FUCHS (FB 8371), LIMONE (FB 8194), BERNSTEIN (FB 8360), GOLDMARIE (FB 8028) UND LACHS (FB 8342), JE 50 G, IN SCHWARZ (FB 8226), REST
- HÄKELNADEL 3,0 MM
- 1 PAAR SICHERHEITSAUGEN IN SCHWARZ, Ø 6 MM
- FÜLLWATTE, 10 G

ANLEITUNG

Alle Teile mit Ausnahme der Fühler werden in Spiralrd gehäkelt. Am Rd-Anfang am besten zwischen die 1. und letzte M einen Kontrastfaden oder M-Markierer einlegen.

STREIFENFOLGE

1 Rd in Goldmarie, 1 Rd in Lachs, 1 Rd in Limone im Wechsel häkeln.

KOPF

In Bernstein einen Magic Ring anfertigen.

1. Rd: 6 fM in den Ring häkeln (= 6 M).
2. Rd: Jede fM verdoppeln (= 12 M).
3. Rd: Jede 2. fM verdoppeln (= 18 M).
4. Rd: Jede 3. fM verdoppeln (= 24 M).
5.-7. Rd: Jeweils 24 fM häkeln.
8. Rd: Jede 3. und 4. fM zusammen abmaschen (= 18 M).
9. Rd: Jede 2. und 3. fM zusammen abmaschen (= 12 M).
10.-13. Rd: Jeweils 12 fM häkeln.
Nun die Sicherheitsaugen zwischen der 10. und 11. Rd mit 2 fM Abstand zueinander anbringen.
Den Kopf fest mit Füllwatte ausstopfen.
14. Rd: Je 2 fM zusammen abmaschen (= 6 M).
Den Faden lang lassen und abschneiden, in eine Nd fädeln und die Öffnung schließen. Den Faden nach innen ziehen und vernähen.

KÖRPER

In Fuchs einen Magic Ring anfertigen.

1. Rd: 4 fM in den Ring häkeln (= 4 M).
2. Rd: Jede 2. fM verdoppeln (= 6 M).
3. Rd: Jede 3. fM verdoppeln (= 8 M).

4. Rd: Jede 4. fM verdoppeln (= 10 M).
5. Rd: Jede 5. fM verdoppeln (= 12 M).
6. Rd: Jede 2. fM verdoppeln (= 18 M).
7.-9. Rd: Jeweils 18 fM häkeln.
10. Rd: Jede 2. und 3. fM zusammen abmaschen (= 12 M).
11. Rd: Jede fM verdoppeln (= 24 M).
12.-15. Rd: Jeweils 24 fM häkeln.
16. Rd: Jede 3. und 4. fM zusammen abmaschen (= 18 M).
17. Rd: Jede 2. und 3. fM zusammen abmaschen (= 12 M).
Den Faden lang lassen und abschneiden. Den Körper fest mit Füllwatte ausstopfen.

FÜHLER (2x)

In Goldmarie 7 Lm anschl und weiter in R häkeln.
1. R: Ab der 2. Lm ab Nd 6 Km häkeln.
Den Faden lang lassen und abschneiden. Den 2. Fühler ebenso häkeln.

GROSSER FLÜGEL (2x)

In Limone einen Magic Ring anfertigen.
1. Rd: 6 fM in den Ring häkeln (= 6 M).
Weiter in der Streifenfolge häkeln.
2. Rd: Jede fM verdoppeln (= 12 M).
3. Rd: Jede 2. fM verdoppeln (= 18 M).
4. Rd: Jede 3. fM verdoppeln (= 24 M).
5. Rd: Jede 4. fM verdoppeln (= 30 M).
6. Rd: Jede 5. fM verdoppeln (= 36 M).
7. Rd: Jede 6. fM verdoppeln (= 42 M).
8. Rd: Jede 7. fM verdoppeln (= 48 M).
9. Rd: Jede 8. fM verdoppeln (= 54 M).
Nun den Kreis zur Hälfte falten und die offenen Kanten in Limone zusammenhäkeln.
Den Faden lang lassen und abschneiden. Den 2. großen Flügel ebenso häkeln.

KLEINER FLÜGEL (2x)

Wie die 1.-6. Rd des großen Flügels häkeln, zur Hälfte falten und die offenen Kanten in Lachs zusammenhäkeln.
Den Faden lang lassen und abschneiden. Den 2. kleinen Flügel ebenso häkeln.

FERTIGSTELLEN

Die Fühler in der 13. Rd seitlich an den Kopf nähen. In Schwarz den Mund auf den Kopf sticken. Kopf und Körper zusammennähen. Große und kleine Flügel zusammennähen und hinten auf den Körper nähen. Gegebenenfalls am Kopf fixieren. In Goldmarie auf der 5. und 10. Rd des Körpers sowie an der Naht zwischen Kopf und Körper eine Ziernaht aufsticken.

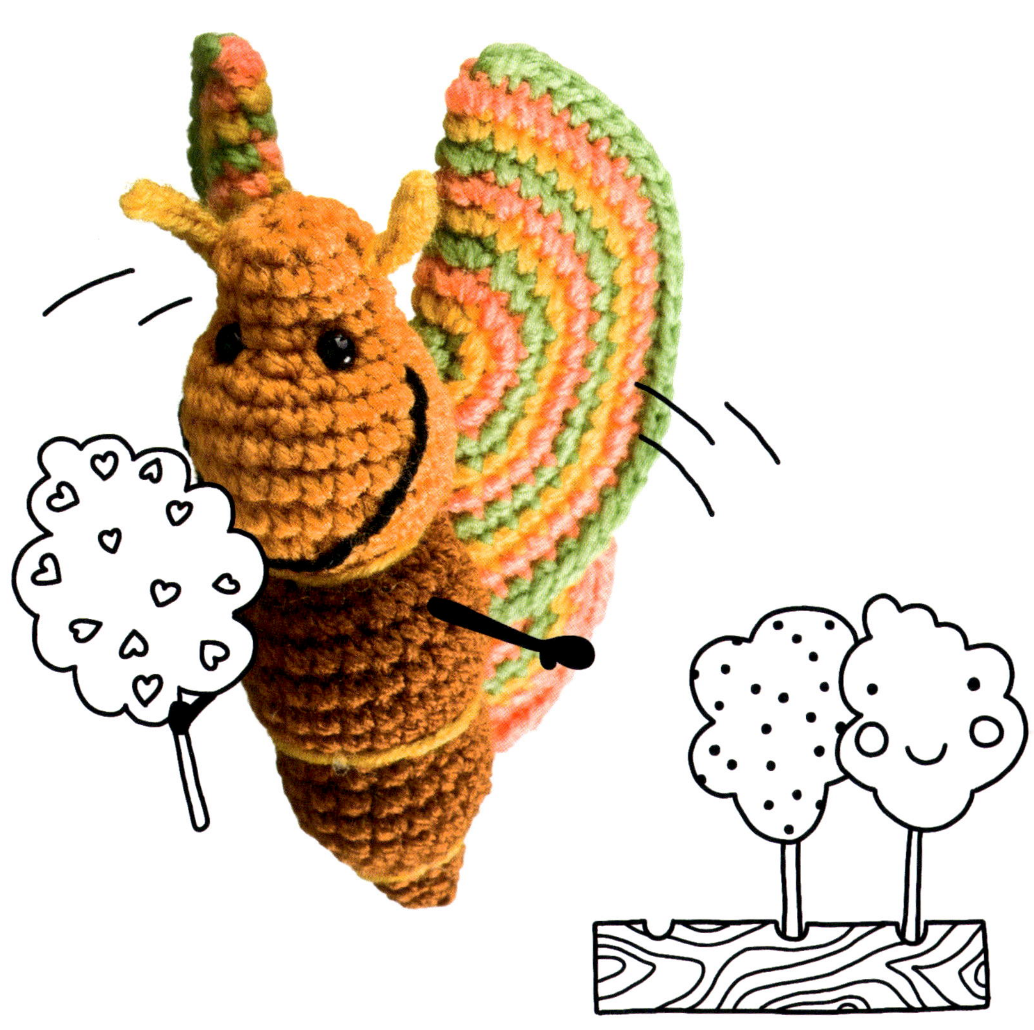

Heute gibt es viel zu tun. Franz Fuchs und seine Fußballmannschaft hatten ein Pokalspiel und da gibt es natürlich hinterher Berge von Wäsche, die wieder blitzsauber werden soll. Zum Glück braucht diese Sportfunktionswäsche nicht gebügelt zu werden. Heute Nachmittag freue ich mich dann darauf, mit meinem Sohn Tommy zur Eisdiele zu gehen – wir beide lieben Schokoladeneis. Tommy möchte übrigens später auch gerne Fußballer werden.

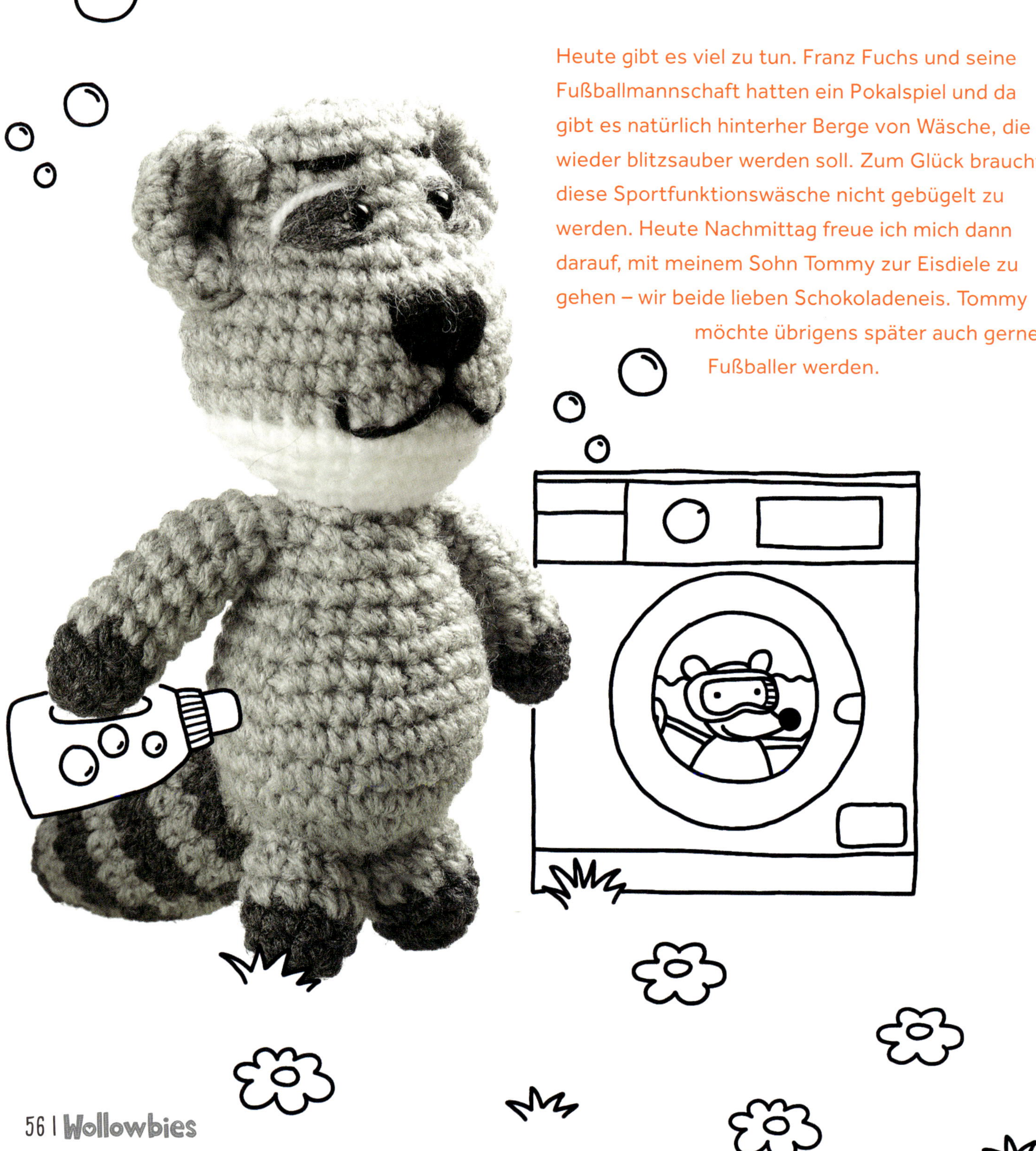

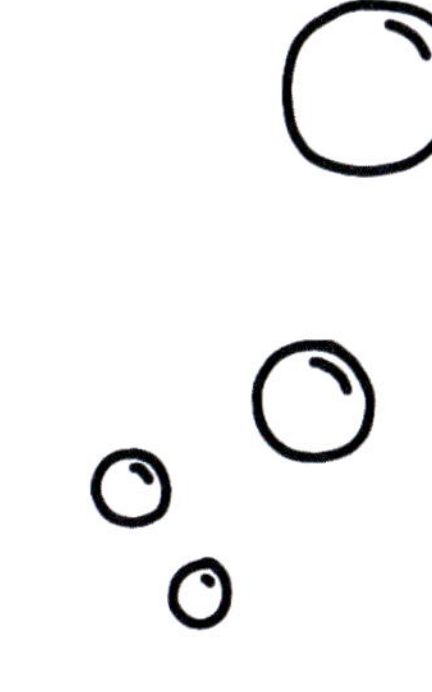

Waldemar Waschbär

Ich wohne:
Im Holzschuppen vom Förster

Mein größtes Idol:
Der weiße Riese

Das kann ich gut:
In Windeseile Hemden bügeln

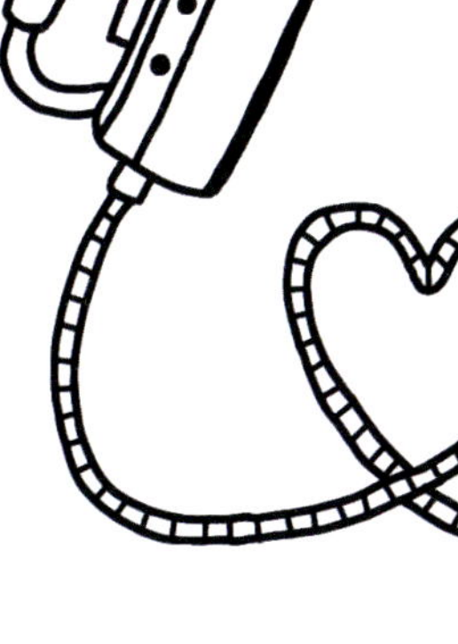

Meine Leibspeise:
Schokoladeneis

Fabelhafteste Tat:
Schokoladeneisflecken aus dem Lieblings-T-Shirt
meines Sohnes entfernt

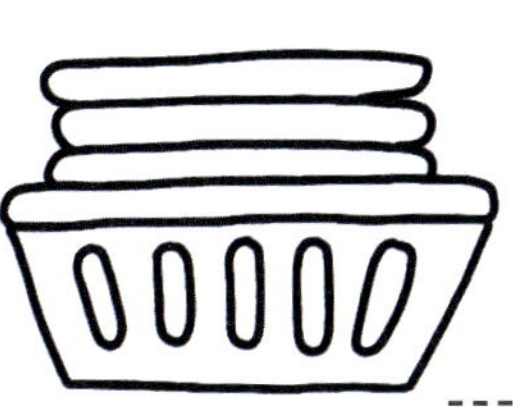

SCHWIERIGKEITSGRAD 2

GRÖSSE

CA. 13 CM

MATERIAL

- SCHACHENMAYR BRAVO (LL 133 M/ 50 G) IN WEISS (FB 8224), HELLGRAU MELIERT (FB 8295) UND MITTELGRAU MELIERT (FB 8319), JE 50 G
- HÄKELNADEL 3,0 MM
- 1 PAAR SICHERHEITSAUGEN IN SCHWARZ, Ø 6 MM
- FÜLLWATTE, 15 G

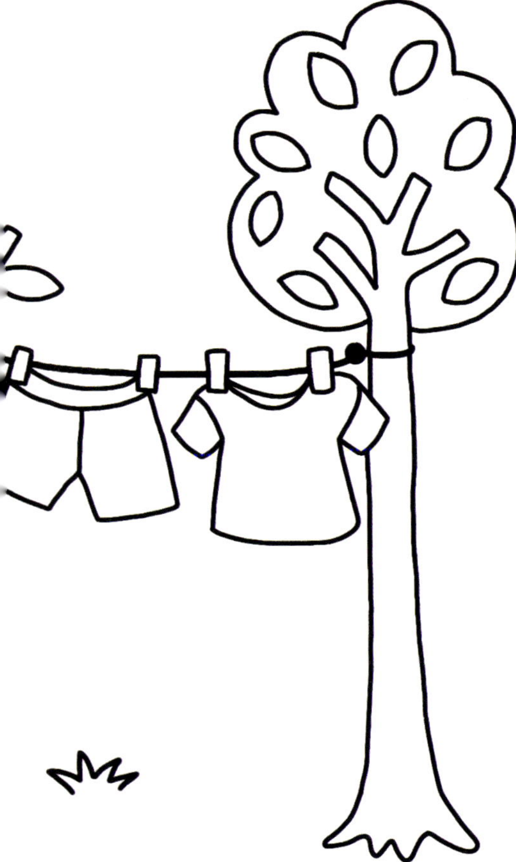

ANLEITUNG

Alle Teile werden in Spiralrd gehäkelt. Am Rd-Anfang am besten zwischen die 1. und letzte M einen Kontrastfaden oder M-Markierer einlegen.

KOPF

In Weiß einen Magic Ring anfertigen.

1. Rd: 6 fM in den Ring häkeln (= 6 M).

2. Rd: Jede fM verdoppeln (= 12 M).

3. Rd: Jede 2. fM verdoppeln (= 18 M).

4. Rd: Jede 3. fM verdoppeln (= 24 M).

5. Rd: 24 fM häkeln.

6. Rd: Jede 4. fM verdoppeln (= 30 M).

7.-10. Rd (Hellgrau meliert): Jeweils 30 fM häkeln.

11. Rd: Jede 4. und 5. fM zusammen abmaschen (= 24 M).

12. Rd: Jede 3. und 4. fM zusammen abmaschen (= 18 M).

13.-16. Rd: Jeweils 18 fM häkeln.

Nun die Sicherheitsaugen zwischen der 13. und 14. Rd mit 4 fM Abstand zueinander anbringen.

17. Rd: Jede 2. und 3. fM zusammen abmaschen (= 12 M).

Den Kopf fest mit Füllwatte ausstopfen.

18. Rd: Je 2 fM zusammen abmaschen (= 6 M).

Den Faden lang lassen und abschneiden, in eine Nd fädeln und die Öffnung schließen. Den Faden nach innen ziehen und vernähen.

KÖRPER

In Hellgrau meliert einen Magic Ring anfertigen.

1. Rd: 6 fM in den Ring häkeln (= 6 M).

2. Rd: Jede fM verdoppeln (= 12 M).

3. Rd: Jede 2. fM verdoppeln (= 18 M).

4. Rd: Jede 3. fM verdoppeln (= 24 M).

5. Rd: Jede 4. fM verdoppeln (= 30 M).

6.+7. Rd: Jeweils 30 fM häkeln.

8. Rd: Jede 4. und 5. fM zusammen abmaschen (= 24 M).

9. Rd: 24 fM häkeln.

10. Rd: Jede 3. und 4. fM zusammen abmaschen (= 18 M).

11.+12. Rd: Jeweils 18 fM häkeln.

13. Rd: Jede 2. und 3. fM zusammen abmaschen (= 12 M).

14.+15. Rd: Jeweils 12 fM häkeln.

Den Faden lang lassen und abschneiden. Den Körper fest mit Füllwatte ausstopfen.

OHR (2x)

In Hellgrau meliert einen Magic Ring anfertigen.

1. Rd: 6 fM in den Ring häkeln (= 6 M).

2. Rd: Jede fM verdoppeln (= 12 M).

3. Rd: Jede 2. fM verdoppeln (= 18 M).

4. Rd: Jede 3. fM verdoppeln (= 24 M).

Den Faden lang lassen und abschneiden. Das 2. Ohr ebenso häkeln. Die Ohren nicht ausstopfen.

BEIN (2x)

In Mittelgrau meliert einen Magic Ring anfertigen.

1. Rd: 6 fM in den Ring häkeln (= 6 M).

2. Rd: Jede 2. fM verdoppeln (= 9 M).

3. Rd: 9 fM häkeln.

4.-6. Rd (Hellgrau meliert): Jeweils 9 fM häkeln.

Den Faden lang lassen und abschneiden. Das 2. Bein ebenso häkeln. Die Beine ausstopfen.

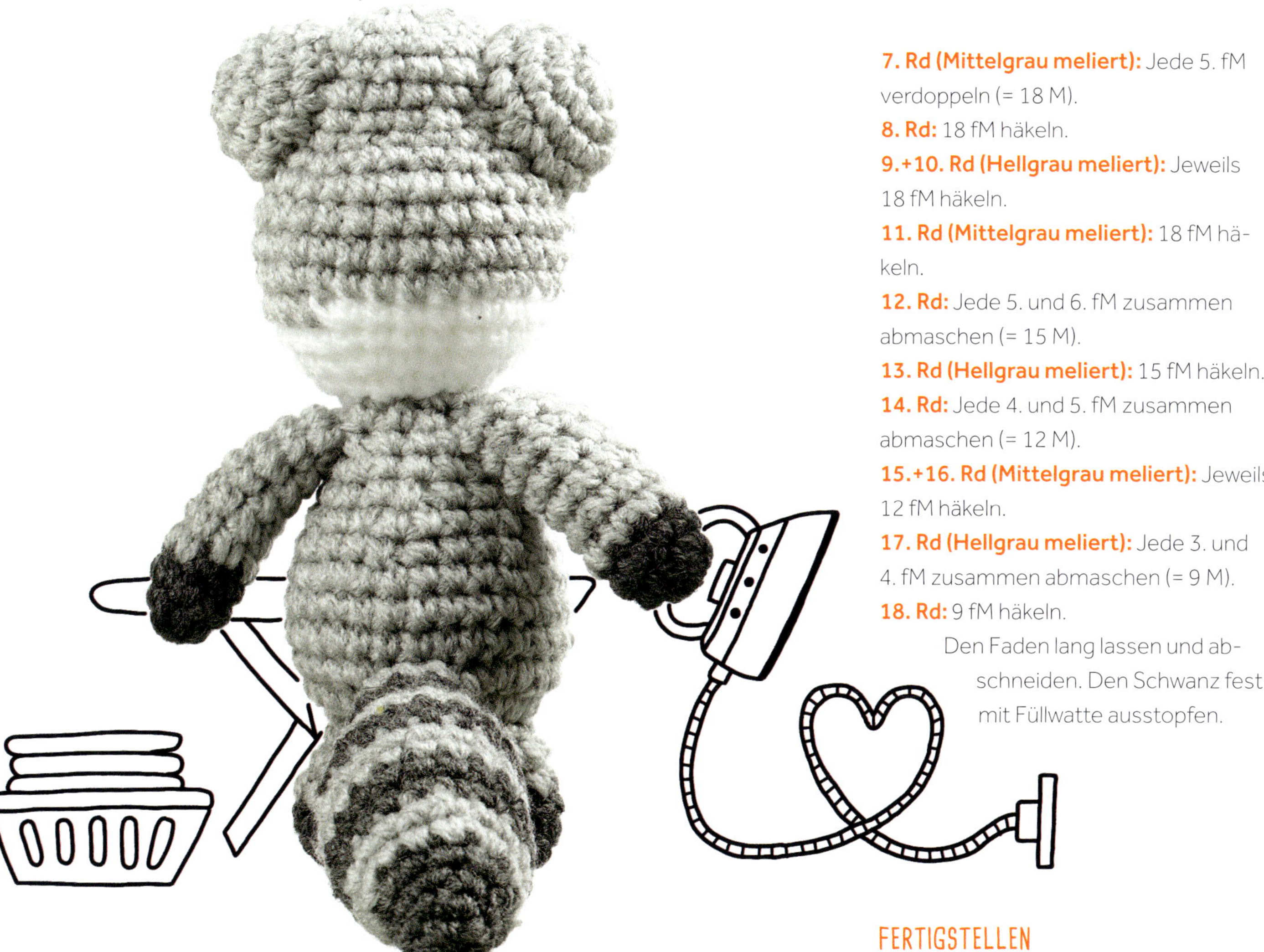

7. Rd (Mittelgrau meliert): Jede 5. fM verdoppeln (= 18 M).
8. Rd: 18 fM häkeln.
9.+10. Rd (Hellgrau meliert): Jeweils 18 fM häkeln.
11. Rd (Mittelgrau meliert): 18 fM häkeln.
12. Rd: Jede 5. und 6. fM zusammen abmaschen (= 15 M).
13. Rd (Hellgrau meliert): 15 fM häkeln.
14. Rd: Jede 4. und 5. fM zusammen abmaschen (= 12 M).
15.+16. Rd (Mittelgrau meliert): Jeweils 12 fM häkeln.
17. Rd (Hellgrau meliert): Jede 3. und 4. fM zusammen abmaschen (= 9 M).
18. Rd: 9 fM häkeln.
Den Faden lang lassen und abschneiden. Den Schwanz fest mit Füllwatte ausstopfen.

ARM (2x)

In Mittelgrau meliert einen Magic Ring anfertigen.
1. Rd: 6 fM in den Ring häkeln (= 6 M).
2. Rd: Jede 2. fM verdoppeln (= 9 M).
3. Rd: 9 fM häkeln.
4.-9. Rd (Hellgrau meliert): Jeweils 9 fM häkeln.
Den Faden lang lassen und abschneiden. Den 2. Arm ebenso häkeln. Die Arme ausstopfen.

SCHWANZ

In Mittellgrau meliert einen Magic Ring anfertigen.
1. Rd: 5 fM in den Ring häkeln (= 5 M).
2. Rd: 1 fM verdoppeln, 4 fM häkeln (= 6 M).
3. Rd: Jede 2. fM verdoppeln (= 9 M).
4. Rd: Jede 3. fM verdoppeln (= 12 M).
5. Rd (Hellgrau meliert): Jede 4. fM verdoppeln (= 15 M).
6. Rd: 15 fM häkeln.

FERTIGSTELLEN

Die Ohren flach drücken und an die Seiten des Kopfes nähen. In Mittelgrau um jedes Auge einen Schatten aufsticken. In Weiß oberhalb der mittelgrauen Schatten einen weißen Strich sticken. In Schwarz Nase, Mund und Augenbrauen aufsticken. Kopf und Körper zusammennähen. Die Beine unter den Körper nähen. Die Arme seitlich an den Körper nähen. Den Schwanz hinten an den Körper nähen.

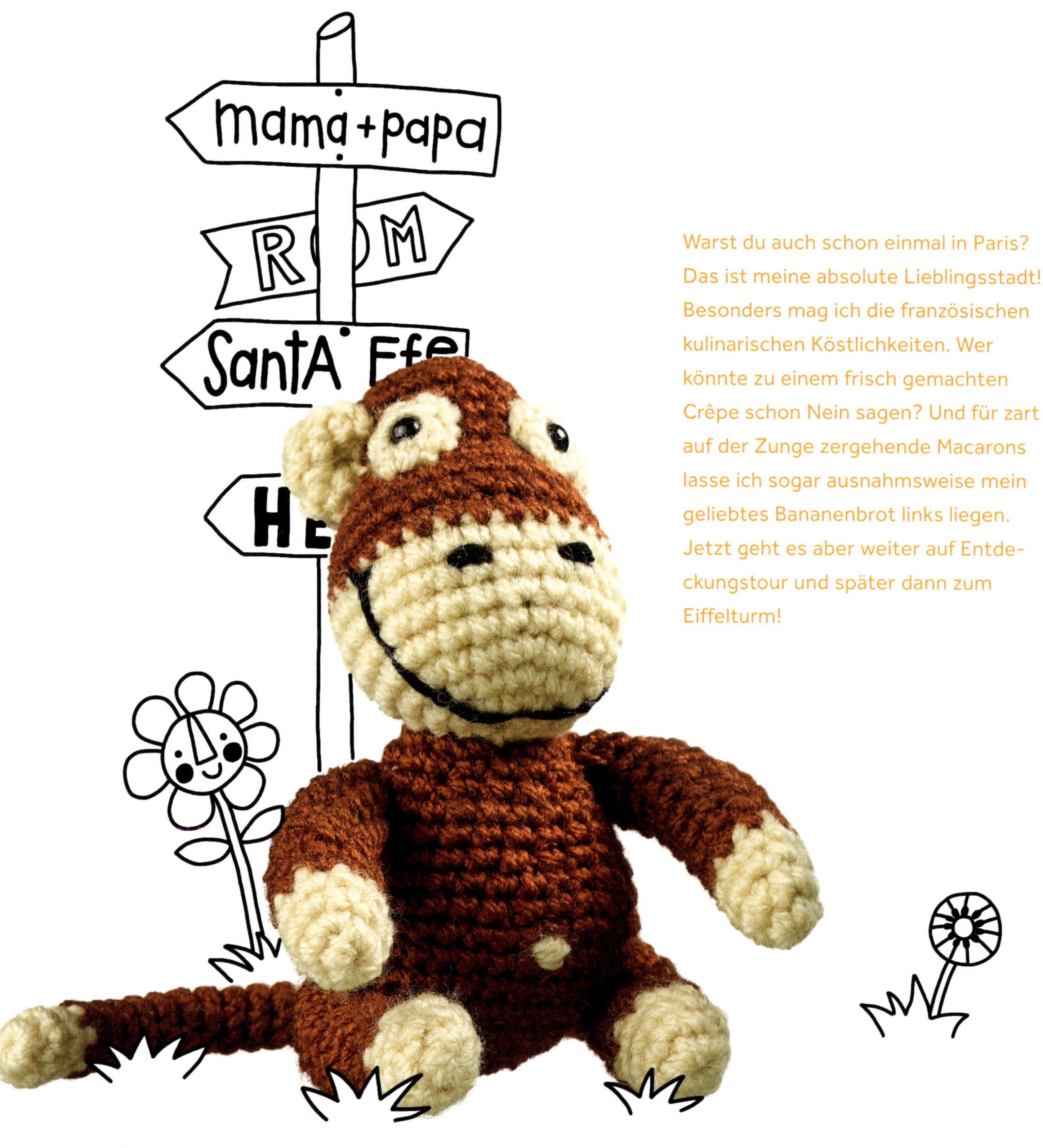

Warst du auch schon einmal in Paris? Das ist meine absolute Lieblingsstadt! Besonders mag ich die französischen kulinarischen Köstlichkeiten. Wer könnte zu einem frisch gemachten Crêpe schon Nein sagen? Und für zart auf der Zunge zergehende Macarons lasse ich sogar ausnahmsweise mein geliebtes Bananenbrot links liegen. Jetzt geht es aber weiter auf Entdeckungstour und später dann zum Eiffelturm!

Antonio Affe

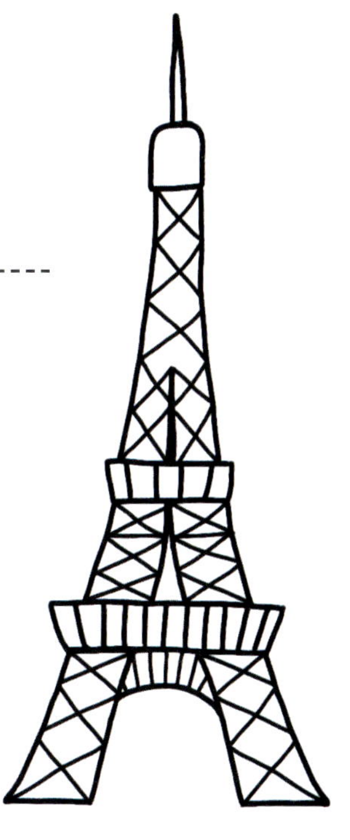

Ich wohne:

Noch bei meinen Eltern – wenn ich nicht gerade in der ganzen Welt unterwegs bin

Mein größtes Idol:

Indiana Jones

Das kann ich gut:

Schnell ein paar wichtige Wörter in einer fremden Sprache lernen

Meine Leibspeise:

Bananenbrot

Fabelhafteste Tat:

Bungee-Jumping in Neuseeland

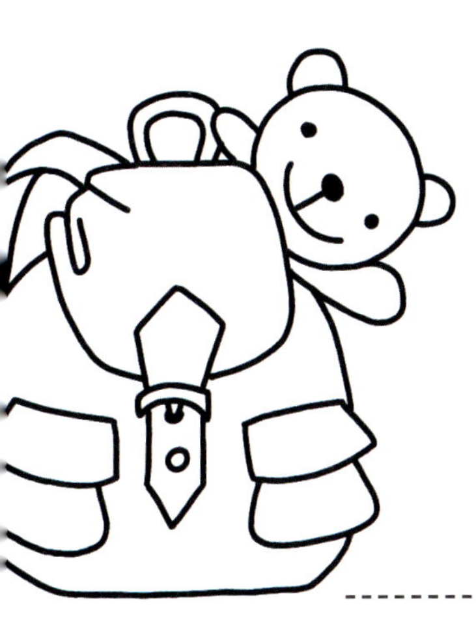

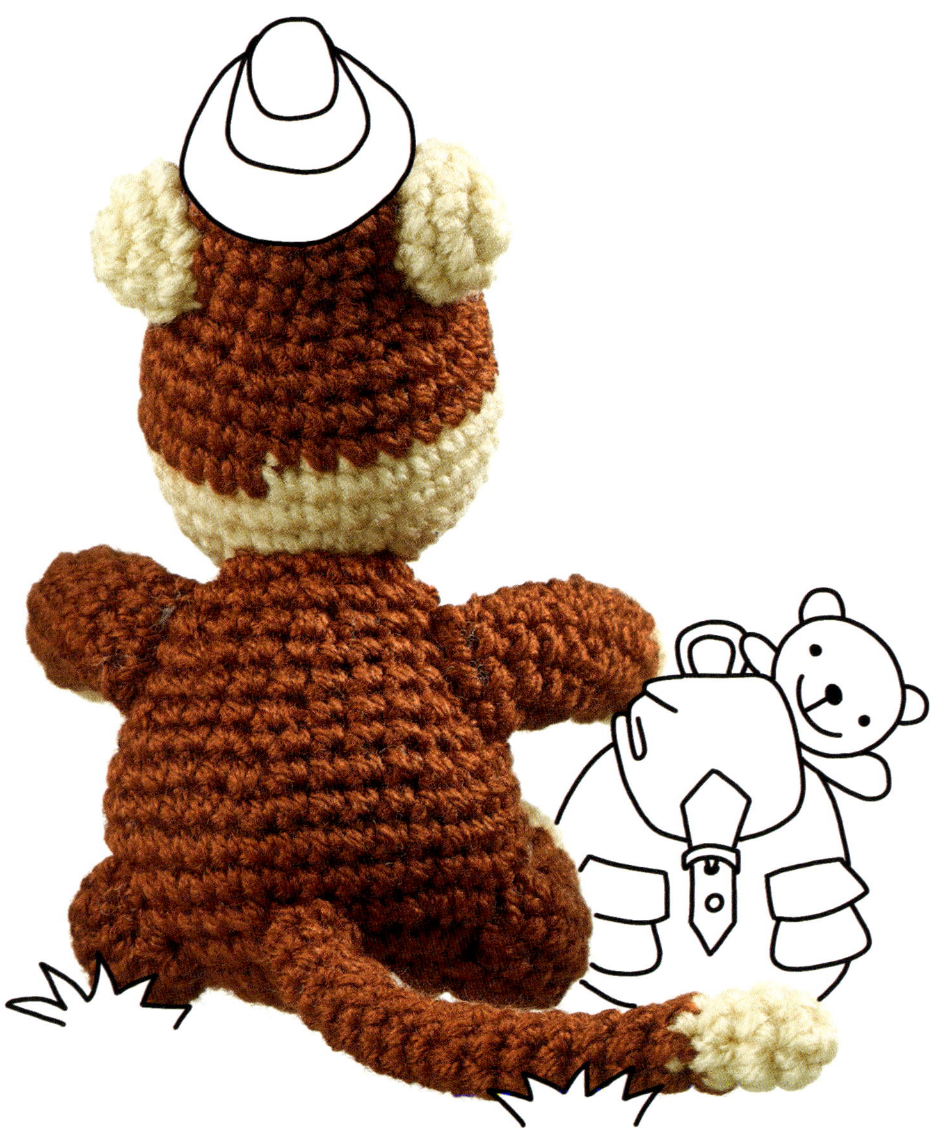

SCHWIERIGKEITSGRAD 1

GRÖSSE

CA. 12 CM

MATERIAL

» SCHACHENMAYR BRAVO (LL 133 M/50 G) IN MARSALA (FB 8358) UND SAND (FB 8364), JE 50 G, IN SCHWARZ (FB 8226), REST
» HÄKELNADEL 3,0 MM
» 1 PAAR SICHERHEITSAUGEN IN SCHWARZ, Ø 6 MM
» FÜLLWATTE, 15 G

ANLEITUNG

Alle Teile werden in Spiralrd gehäkelt. Am Rd-Anfang am besten zwischen die 1. und letzte M einen Kontrastfaden oder M-Markierer einlegen.

KOPF

In Sand einen Magic Ring anfertigen.
1. Rd: 6 fM in den Ring häkeln (= 6 M).
2. Rd: Jede fM verdoppeln (= 12 M).
3. Rd: Jede 2. fM verdoppeln (= 18 M).
4. Rd: Jede 3. fM verdoppeln (= 24 M).
5. Rd: 24 fM häkeln.
6. Rd: Jede 4. fM verdoppeln (= 30 M).
7.+8. Rd: Jeweils 30 fM häkeln.
9.+10. Rd (Marsala): Jeweils 30 fM häkeln.
11. Rd: Jede 4. und 5. fM zusammen abmaschen (= 24 M).
12. Rd: Jede 3. und 4. fM zusammen abmaschen (= 18 M).
13.-16. Rd: Jeweils 18 fM häkeln.
17. Rd: Jede 2. und 3. fM zusammen abmaschen (= 12 M).
Den Kopf fest mit Füllwatte ausstopfen.
18. Rd: Je 2 fM zusammen abmaschen (= 6 M).
Den Faden lang lassen und abschneiden, in eine Nd fädeln und die Öffnung schließen. Den Faden nach innen ziehen und vernähen.

KÖRPER

In Marsala einen Magic Ring anfertigen.
1. Rd: 6 fM in den Ring häkeln (= 6 M).
2. Rd: Jede fM verdoppeln (= 12 M).
3. Rd: Jede 2. fM verdoppeln (= 18 M).
4. Rd: Jede 3. fM verdoppeln (= 24 M).
5. Rd: Jede 4. fM verdoppeln (= 30 M).

6. Rd: Jede 5. fM verdoppeln (= 36 M).
7.+8. Rd: Jeweils 36 fM häkeln.
9. Rd: Jede 5. und 6. fM zusammen abmaschen (= 30 M).
10. Rd: Jeweils 30 fM häkeln.
11. Rd: Jede 4. und 5. fM zusammen abmaschen (= 24 M).
12.+13. Rd: Jeweils 24 fM häkeln.
14. Rd: Jede 3. und 4. fM zusammen abmaschen (= 18 M).
15.+16. Rd: Jeweils 18 fM häkeln.
17. Rd: Jede 2. und 3. fM zusammen abmaschen (= 12 M).
Den Faden lang lassen und abschneiden. Den Körper fest mit Füllwatte ausstopfen.

OHR (2x)

In Sand einen Magic Ring anfertigen.
1. Rd: 6 fM in den Ring häkeln (= 6 M).
2. Rd: Jede fM verdoppeln (= 12 M).
3. Rd: 12 fM häkeln.
Den Faden lang lassen und abschneiden. Das 2. Ohr ebenso häkeln. Die Ohren nicht ausstopfen.

ARM BZW. BEIN (4x)

In Sand einen Magic Ring anfertigen.
1. Rd: 6 fM in den Ring häkeln (= 6 M).
2. Rd: Jede 3. fM verdoppeln (= 8 M).
3.+4. Rd: Jeweils 8 fM häkeln.
5.-14. Rd (Marsala): Jeweils 8 fM häkeln.
Den Faden lang lassen und abschneiden. Noch 3 weitere Arme bzw. Beine ebenso häkeln. Die Arme bzw. Beine ausstopfen.

AUGENFLECK (2x)

In Sand einen Magic Ring anfertigen.
1. Rd: 6 fM in den Ring häkeln (= 6 M).
Den Faden lang lassen und abschneiden. Den 2. Augenfleck ebenso häkeln. Die Sicherheitsaugen jeweils in der Mitte der Flecke anbringen.

SCHWANZ

In Sand einen Magic Ring anfertigen.
1. Rd: 6 fM in den Ring häkeln (= 6 M).
2.+3. Rd: Jeweils 6 fM häkeln.
4.-15. Rd (Marsala): Jeweils 6 fM häkeln.
Den Faden lang lassen und abschneiden. Den Schwanz nicht ausstopfen.

FERTIGSTELLEN

Die Augenflecke auf den oberen Kopf nähen. In Schwarz Mund und Nase auf den Kopf sticken. Die Ohren flach drücken und halbrund seitlich an den Kopf nähen. Kopf und Körper zusammennähen. Die Arme seitlich an den oberen Körper nähen. Die Beine seitlich an den unteren Körper nähen, so dass der Affe selbständig sitzen kann. Den Schwanz hinten an den Körper nähen.

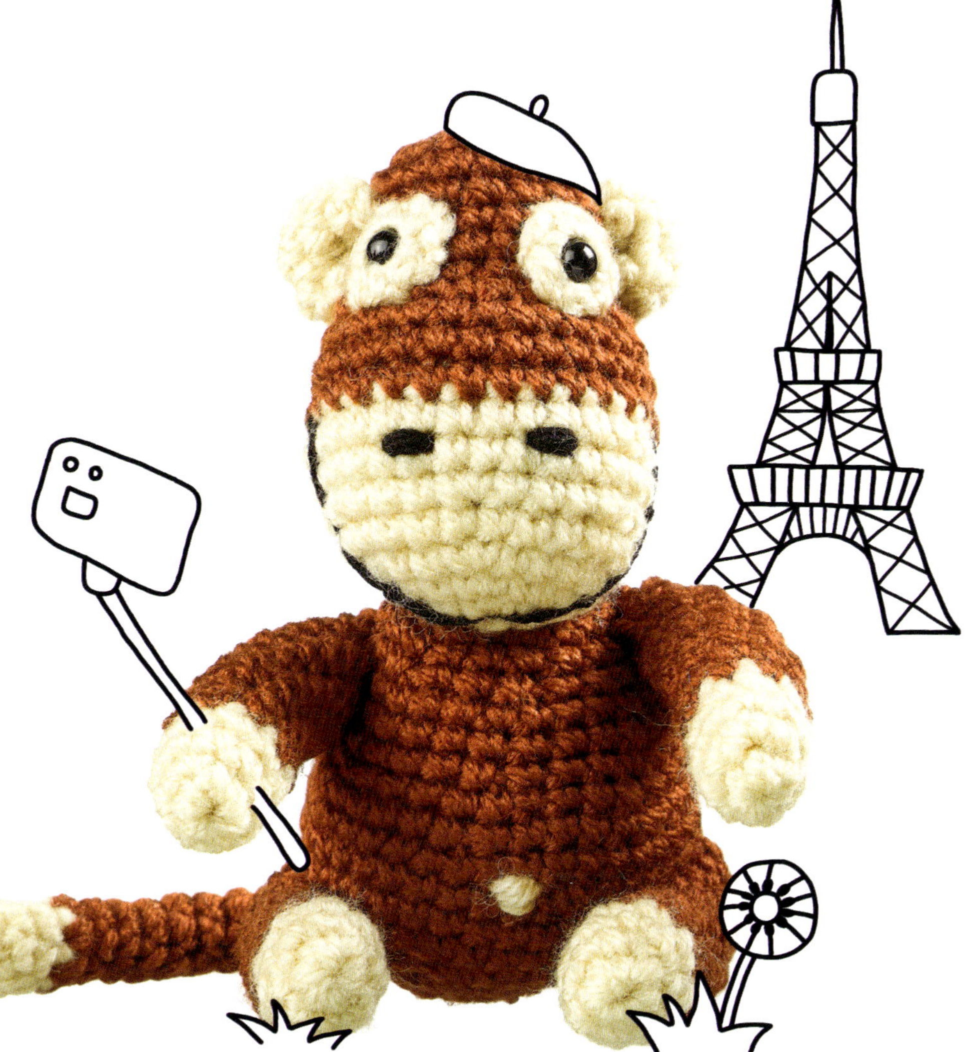

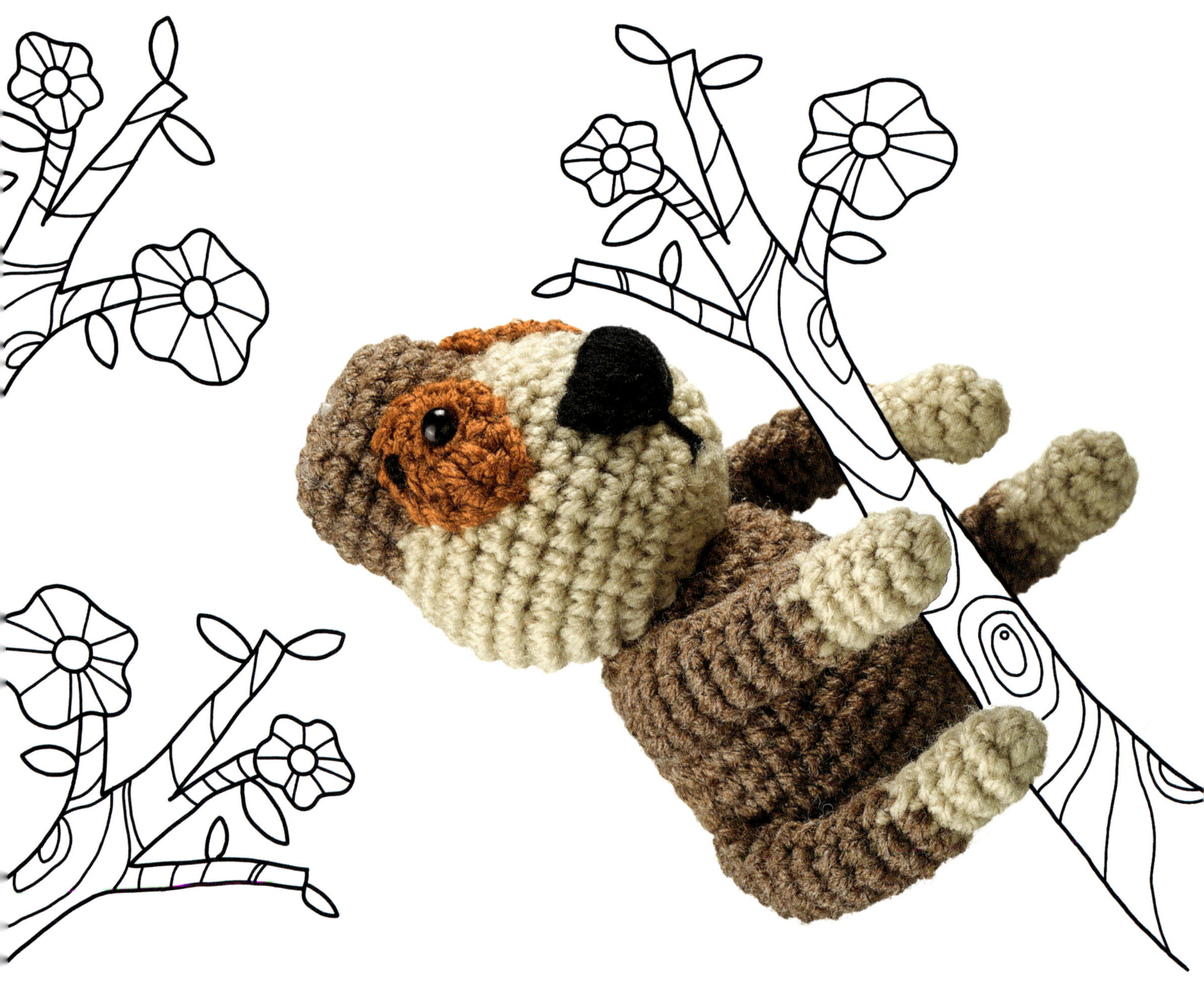

Hallo? … Wer weckt mich denn da? … Ich habe doch gerade erst einmal zwölf Stunden Schlaf hinter mir. Da stehen mir noch mindestens drei bis acht weitere Stunden zu! … Na gut, wenn ich nun schon wach bin, kann ich mich auch zu meiner Blättermeditation hinsetzen. Aber alles gaaanz langsam und immer nach meinem Wahlspruch: In der Ruhe liegt die Kraft. Om …

Frederik Faultier

Ich wohne:
Auf dem gemütlichsten Ast im Baum

Mein größtes Idol:
Dalai Lama

Das kann ich gut:
Meditieren

Meine Leibspeise:
Ein zarter Blattsalat

Fabelhafteste Tat:
Ich habe es an einem Tag vom Baum runter und wieder hoch geschafft!

SCHWIERIGKEITSGRAD 1

GRÖSSE

CA. 11 CM

MATERIAL

» SCHACHENMAYR BRAVO (LL 133 M/50 G) IN HOLZ MELIERT (FB 8197), SISAL MELIERT (FB 8267) UND FUCHS (FB 8371), JE 50 G, IN SCHWARZ (FB 8226), REST
» HÄKELNADEL 3,0 MM
» 1 PAAR SICHERHEITSAUGEN IN SCHWARZ, Ø 6 MM
» FÜLLWATTE, 15 G

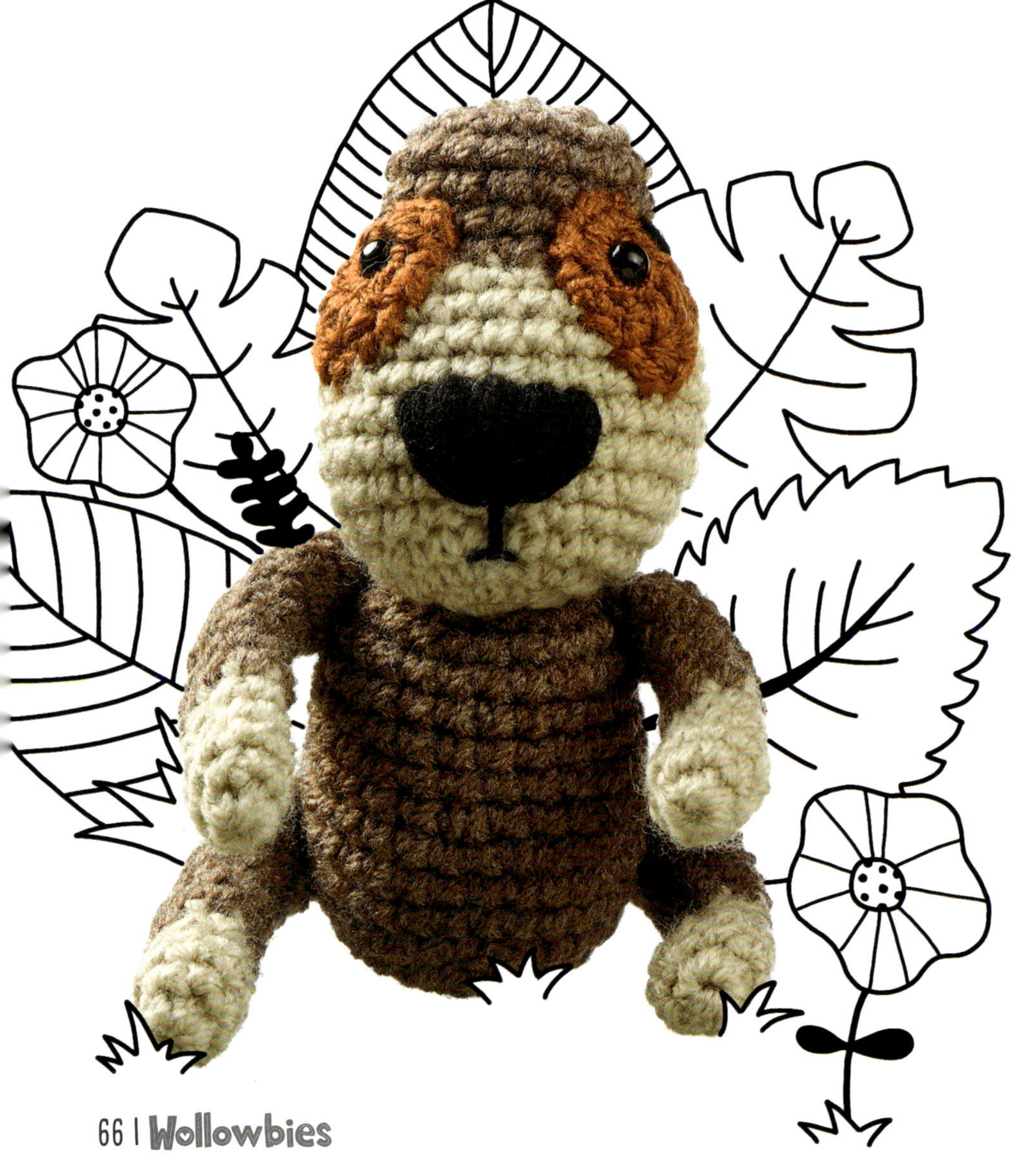

ANLEITUNG

Alle Teile werden in Spiralrd gehäkelt. Am Rd-Anfang am besten zwischen die 1. und letzte M einen Kontrastfaden oder M-Markierer einlegen.

KOPF

In Sisal meliert einen Magic Ring anfertigen.

1. Rd: 6 fM in den Ring häkeln (= 6 M).
2. Rd: Jede fM verdoppeln (= 12 M).
3. Rd: Jede 2. fM verdoppeln (= 18 M).
4. Rd: Jede 3. fM verdoppeln (= 24 M).
5. Rd: 24 fM häkeln.
6. Rd: Jede 4. fM verdoppeln (= 30 M).
7.-10. Rd: Jeweils 30 fM häkeln.
11. Rd: Jede 4. und 5. fM zusammen abmaschen (= 24 M).
12. Rd: Jede 3. und 4. fM zusammen abmaschen (= 18 M).
13.-16. Rd (Holz meliert): Jeweils 18 fM häkeln.
17. Rd: Jede 2. und 3. fM zusammen abmaschen (= 12 M).
Den Kopf fest mit Füllwatte ausstopfen.
18. Rd: Je 2 fM zusammen abmaschen (= 6 M).
Den Faden lang lassen und abschneiden, in eine Nd fädeln und die Öffnung schließen. Den Faden nach innen ziehen und vernähen.

KÖRPER

In Holz meliert einen Magic Ring anfertigen.

1. Rd: 6 fM in den Ring häkeln (= 6 M).
2. Rd: Jede fM verdoppeln (= 12 M).
3. Rd: Jede 2. fM verdoppeln (= 18 M).
4. Rd: Jede 3. fM verdoppeln (= 24 M).

5. Rd: Jede 4. fM verdoppeln (= 30 M).
6.+7. Rd: Jeweils 30 fM häkeln.
8. Rd: Jede 4. und 5. fM zusammen abmaschen (= 24 M).
9.-13. Rd: Jeweils 24 fM
14. Rd: Jede 3. und 4. fM zusammen abmaschen (= 18 M).
15. Rd: Jede 2. und 3. fM zusammen abmaschen (= 12 M).
Den Faden lang lassen und abschneiden. Den Körper fest mit Füllwatte ausstopfen.

ARM BZW. BEIN (4x)

In Sisal meliert einen Magic Ring anfertigen.
1. Rd: 6 fM in den Ring häkeln (= 6 M).
2. Rd: Jede 3. fM verdoppeln (= 8 M).
3.-5. Rd: Jeweils 8 fM häkeln.
6.-14. Rd (Holz meliert): Jeweils 8 fM häkeln.
Den Faden lang lassen und abschneiden. Noch 3 weitere Arme bzw. Beine ebenso häkeln. Die Arme bzw. Beine nicht ausstopfen.

AUGENFLECK LINKS

In Fuchs einen Magic Ring anfertigen.
1. Rd: 6 fM in den Ring häkeln (= 6 M).
2. Rd: 2 fM verdoppeln, (1 hStb, 1 Stb) in 1 M, (1 Stb, 1 hStb) in 1 M, 2 Km (= 10 M).
Den Faden lang lassen und abschneiden. Das Sicherheitsauge in der Mitte anbringen.

AUGENFLECK RECHTS

In Fuchs einen Magic Ring anfertigen.
1. Rd: 6 fM in den Ring häkeln (= 6 M).
2. Rd: 2 Km, (1 hStb, 1 Stb) in 1 M, (1 Stb, 1 hStb) in 1 M, 2 fM verdoppeln (= 10 M)
Den Faden lang lassen und abschneiden. Das Sicherheitsauge in der Mitte anbringen.

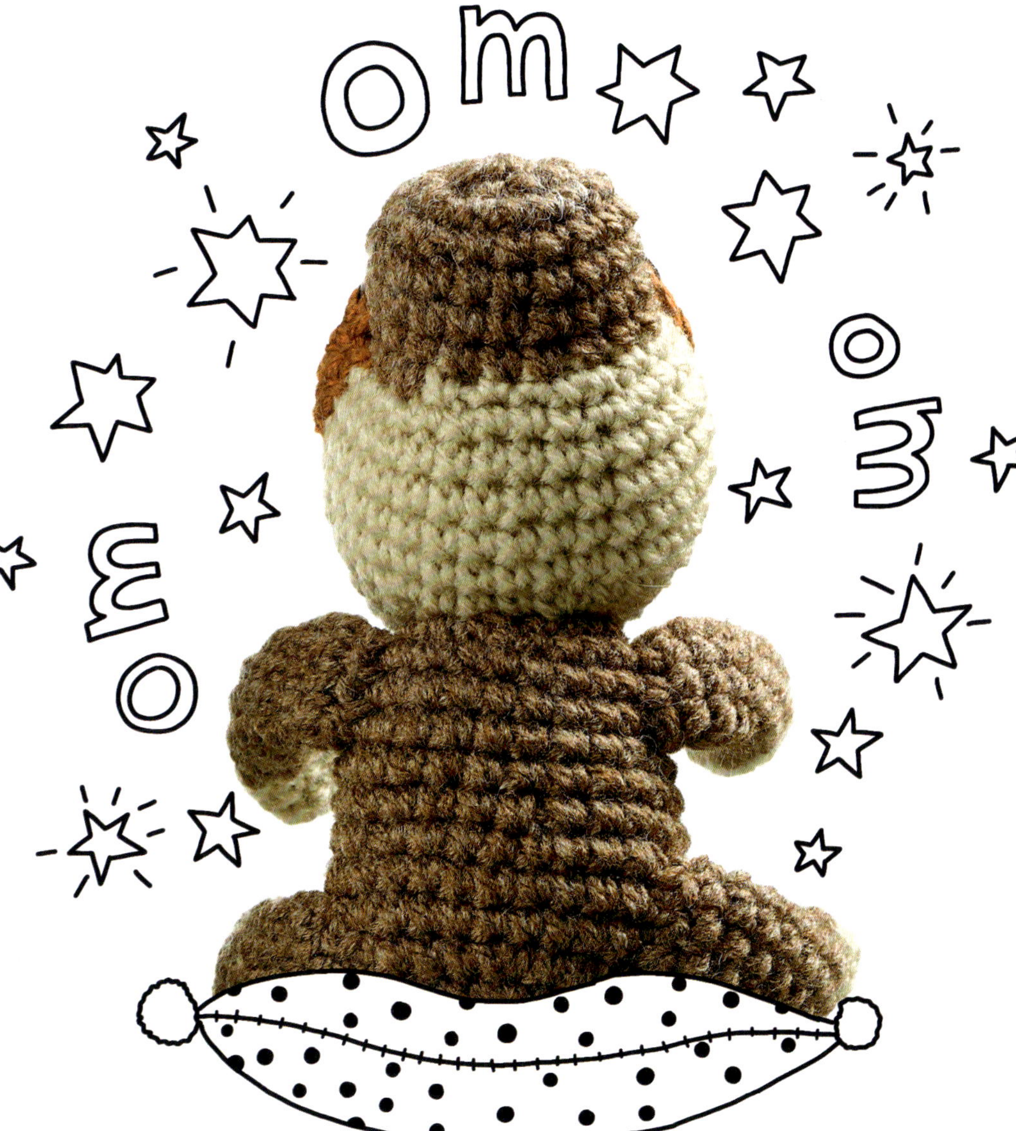

FERTIGSTELLEN

Die Augenflecke zwischen der 9. und 14. Rd auf den Kopf nähen, zwischen den Flecken 5 fM Abstand lassen. In Schwarz eine dicke Nase aufsticken. Kopf und Körper zusammennähen. Die Arme seitlich an den oberen Körper nähen. Die Beine seitlich an den unteren Körper nähen, so dass das Faultier selbständig sitzen kann.

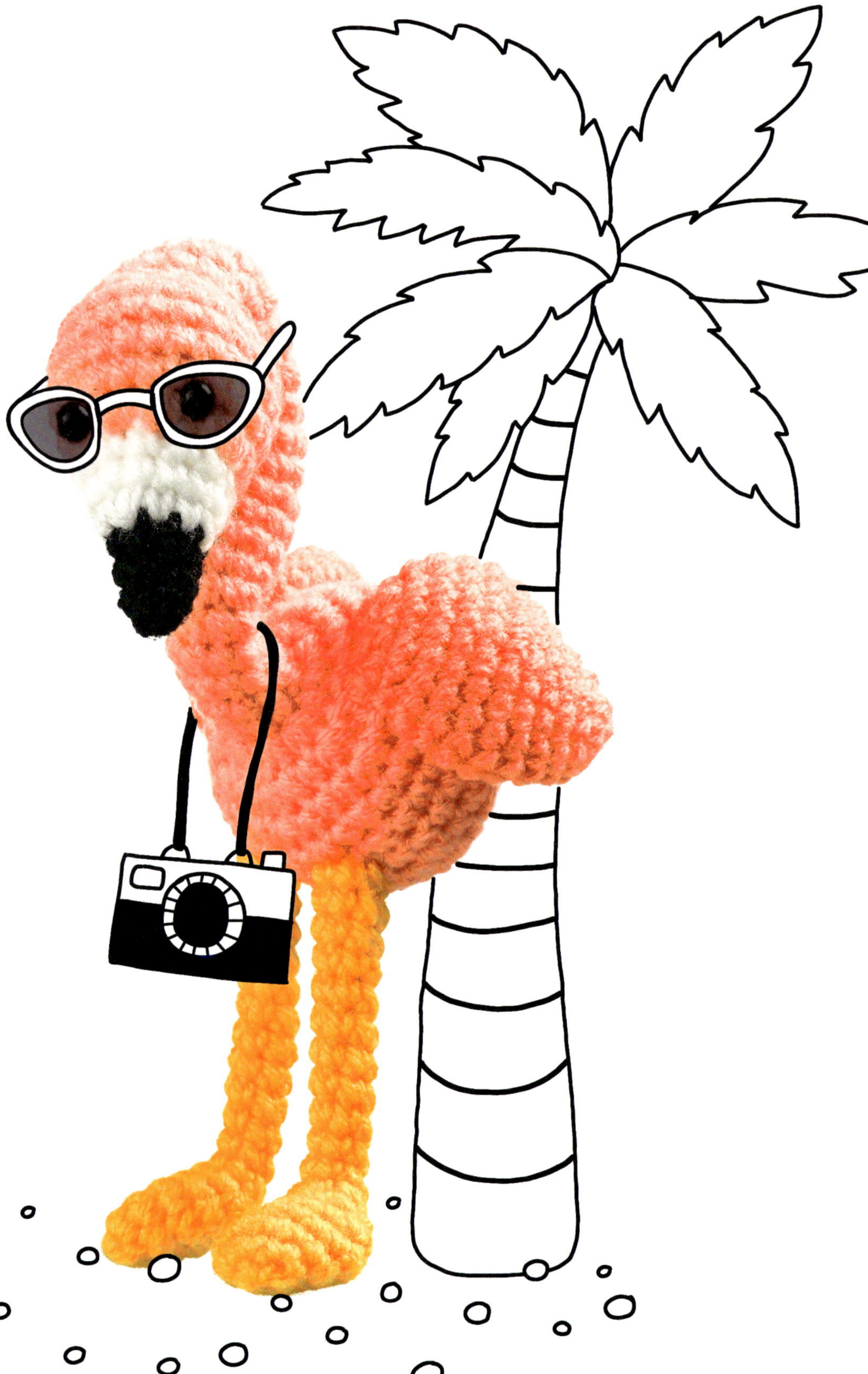

Buenos días, meine Lieben, hier lässt es sich gut leben mit Sonne, Palmen, Strand und Meer. Nach der erfolgreichen Shoppingtour mit meiner besten Freundin genieße ich meinen Lieblingscocktail an der Pool-Bar. Bevor ich heute Abend das exklusive 5-Gänge-Menü des Sternekochs genieße, wird aber erst noch eine Runde gehullert. Oh – ich muss los zur Lomi Lomi Nui Massage. Adiós!

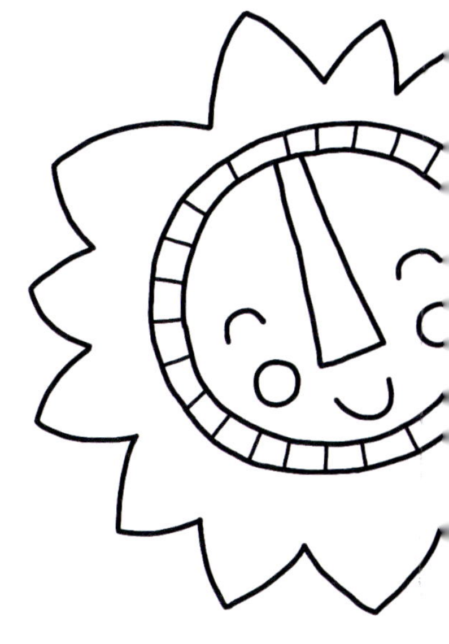

Felicitas Flamingo

Ich wohne:
Im 5-Sterne-Hotel mit großzügiger Poollandschaft

Mein größtes Idol:
P!nk

Das kann ich gut:
exklusiven Urlaub genießen

Mein Lieblingsgetränk:
Pink Lady Cocktail

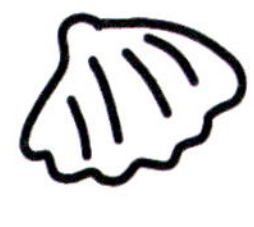

Fabelhafteste Tat:
Eine halbe Stunde Hula-Hoop auf einem Bein

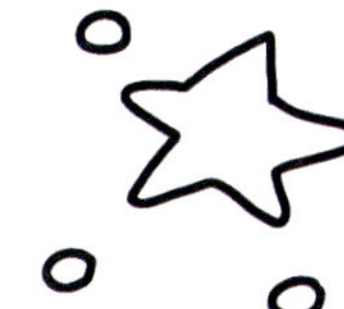

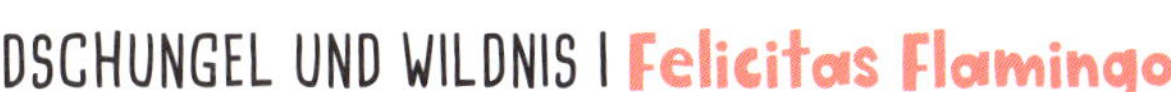

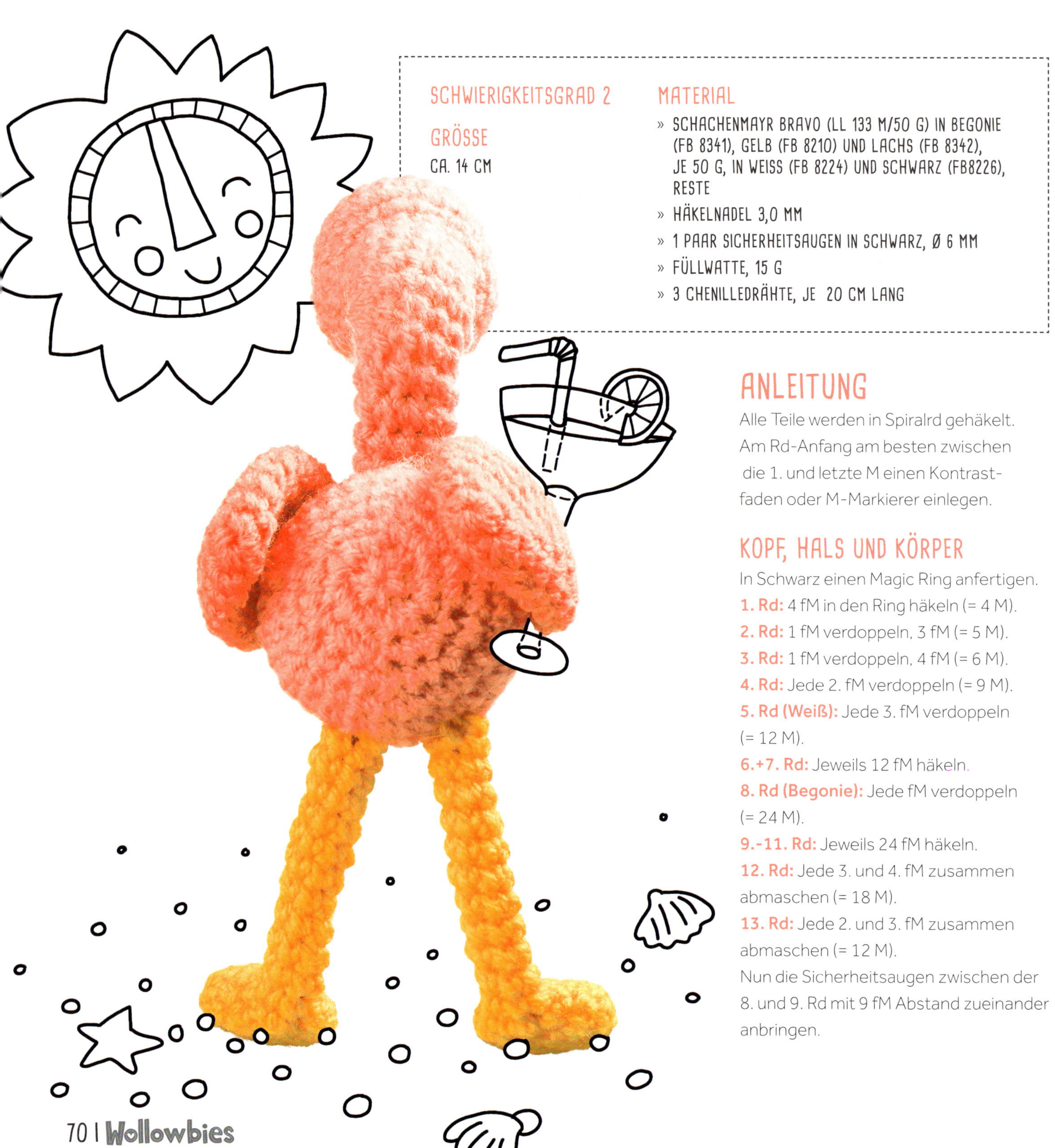

SCHWIERIGKEITSGRAD 2

GRÖSSE

CA. 14 CM

MATERIAL

- SCHACHENMAYR BRAVO (LL 133 M/50 G) IN BEGONIE (FB 8341), GELB (FB 8210) UND LACHS (FB 8342), JE 50 G, IN WEISS (FB 8224) UND SCHWARZ (FB8226), RESTE
- HÄKELNADEL 3,0 MM
- 1 PAAR SICHERHEITSAUGEN IN SCHWARZ, Ø 6 MM
- FÜLLWATTE, 15 G
- 3 CHENILLEDRÄHTE, JE 20 CM LANG

ANLEITUNG

Alle Teile werden in Spiralrd gehäkelt. Am Rd-Anfang am besten zwischen die 1. und letzte M einen Kontrastfaden oder M-Markierer einlegen.

KOPF, HALS UND KÖRPER

In Schwarz einen Magic Ring anfertigen.

1. Rd: 4 fM in den Ring häkeln (= 4 M).

2. Rd: 1 fM verdoppeln, 3 fM (= 5 M).

3. Rd: 1 fM verdoppeln, 4 fM (= 6 M).

4. Rd: Jede 2. fM verdoppeln (= 9 M).

5. Rd (Weiß): Jede 3. fM verdoppeln (= 12 M).

6.+7. Rd: Jeweils 12 fM häkeln.

8. Rd (Begonie): Jede fM verdoppeln (= 24 M).

9.-11. Rd: Jeweils 24 fM häkeln.

12. Rd: Jede 3. und 4. fM zusammen abmaschen (= 18 M).

13. Rd: Jede 2. und 3. fM zusammen abmaschen (= 12 M).

Nun die Sicherheitsaugen zwischen der 8. und 9. Rd mit 9 fM Abstand zueinander anbringen.

Den Kopf fest mit Füllwatte ausstopfen. Für den Hals 1 Pfeifenputzer mit einem Ende in den Kopf stecken. Weiter den Hals um den Pfeifenputzer herumhäkeln.

14.-18. Rd: Jeweils 12 fM häkeln.

19. Rd: Jede 3. und 4. fM zusammen abmaschen (= 9 M).

Den Hals ausstopfen.

20.-35. Rd: Jeweils 9 fM häkeln.

Den Pfeifenputzer so abschneiden, dass noch 4 cm überstehen.

Nun den Körper häkeln.

36. Rd: Jede fM verdoppeln (= 18 M).

37. Rd: Jede 3. fM verdoppeln (= 24 M).

38. Rd: Jede 4. fM verdoppeln (= 30 M).

39.-42. Rd: Jeweils 30 fM häkeln.

43. Rd: Jede 4. und 5. fM zusammen abmaschen (= 24 M).

44. Rd: Jede 3. und 4. fM zusammen abmaschen (= 18 M).

45. Rd: Jede 2. und 3. fM zusammen abmaschen (= 12 M).

Den Körper fest mit Füllwatte ausstopfen.

46. Rd: Je 2 fM zusammen abmaschen (= 6 M).

Den Faden lang lassen und abschneiden, in eine Nd fädeln und die Öffnung schließen. Den Faden nach innen ziehen und vernähen.

BEIN (2x)

In Gelb einen Magic Ring anfertigen.

1. Rd: 6 fM in den Ring häkeln (= 6 M).

2. Rd: Jede fM verdoppeln (= 12 M).

3. Rd: Jede 4. fM verdoppeln (= 15 M).

4. Rd: Jede 4. und 5. fM zusammen abmaschen (= 12 M).

5. Rd: Jede 3. und 4. fM zusammen abmaschen (= 9 M).

Einen Chenilledraht in den Fuß stecken. Weiter das Bein um den Draht herumhäkeln.

6. Rd: Jede 2. und 3. fM zusammen abmaschen (= 6 M).

7.-18. Rd: Jeweils 6 fM häkeln.

Den Faden lang lassen und abschneiden. Den überstehenden Draht abschneiden.

Das 2. Bein ebenso häkeln.

Die Beine nicht ausstopfen.

FLÜGEL (2x)

In Lachs einen Magic Ring anfertigen.

1. Rd: 6 fM in den Ring häkeln (= 6 M).

2. Rd: Jede 2. fM verdoppeln (= 9 M).

3. Rd: Jede 3. fM verdoppeln (= 12 M).

4. Rd: Jede 4. fM verdoppeln (= 15 M).

5. Rd: Jede 5. fM verdoppeln (= 18 M).

6.-10. Rd: Jeweils 18 fM häkeln.

11. Rd: Jede 2. und 3. fM zusammen abmaschen (= 12 M).

12. Rd: Je 2 fM zusammen abmaschen (= 6 M).

Den Faden lang lassen und abschneiden.

Den 2. Flügel ebenso häkeln.

Die Flügel nicht ausstopfen.

FERTIGSTELLEN

Die Flügel flach drücken und in der 38. Rd seitlich an den Körper nähen. Die Beine zwischen der 38. und 40. Rd unter den Körper nähen. Hals und Füße zurechtbiegen.

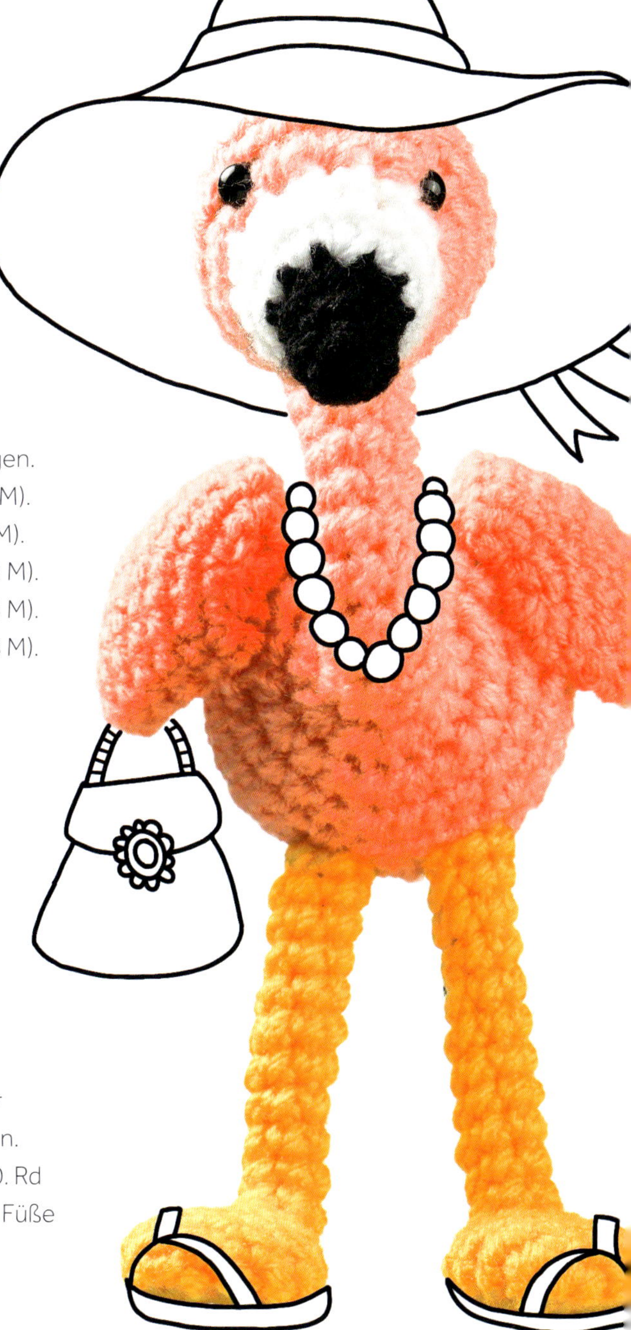

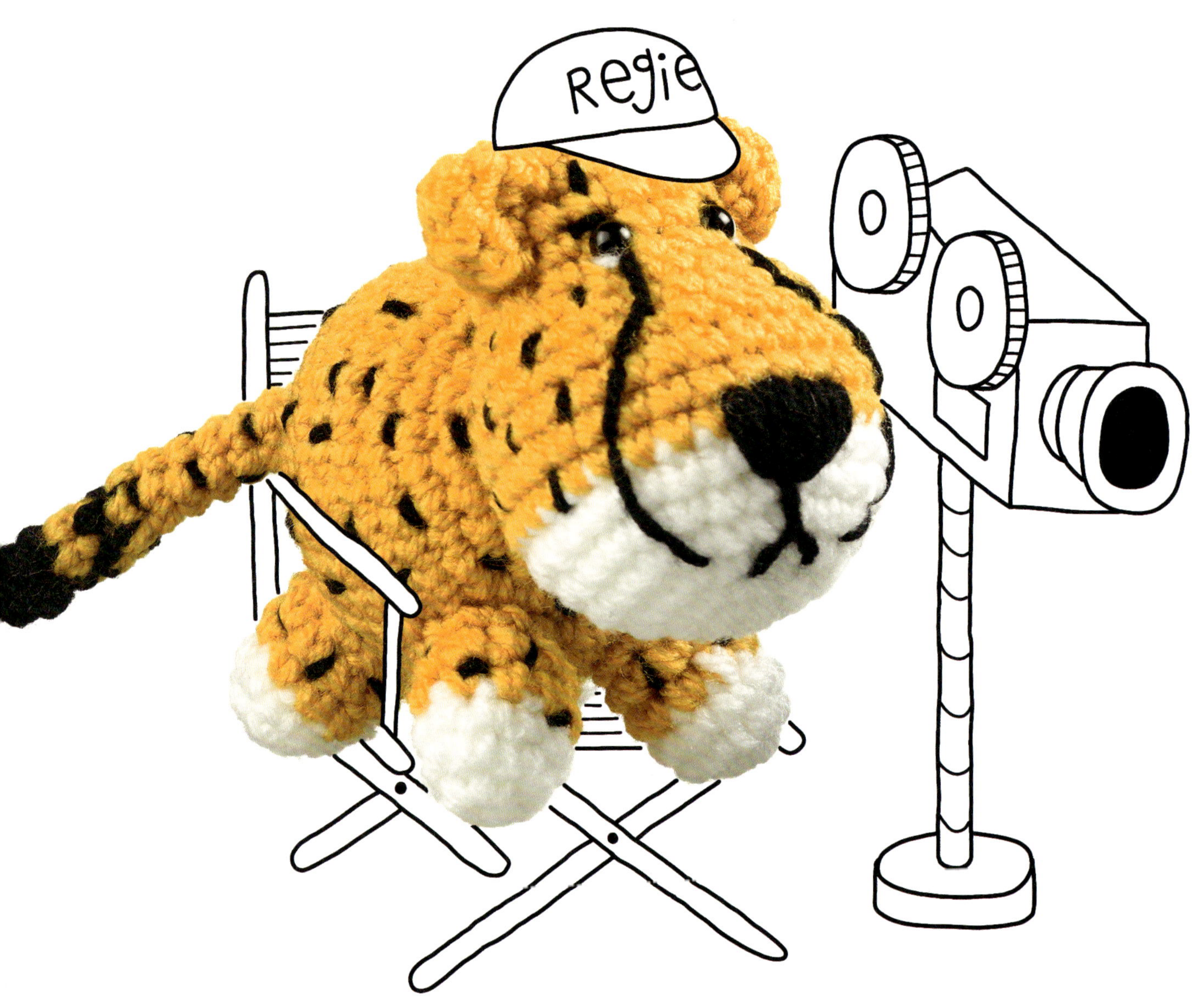

Das Kino ist meine Welt! Auf der Leinwand ist einfach alles möglich. Und nichts geht über das Gemeinschaftsgefühl in einem Kinosaal, wenn alle gleichzeitig lachen oder weinen. Und wenn es dazu noch knackiges Popcorn gibt, dann ist der Abend einfach perfekt. Achtung – Klappe, Geparden im Weltall, Szene 5.1., die Zweite!

Guido Gepard

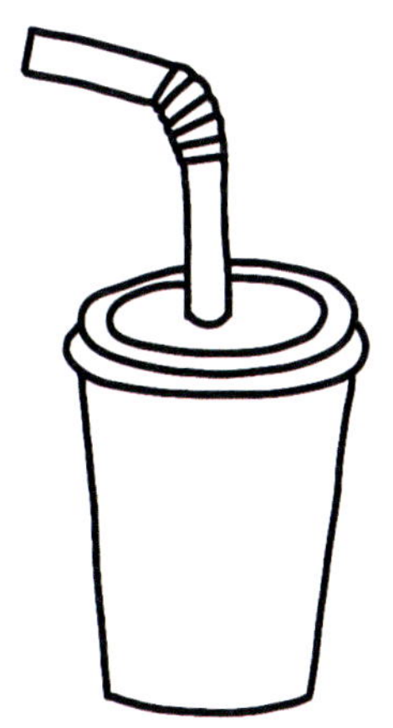

Ich wohne:
Zum Glück direkt neben dem Kino!

Mein größtes Idol:
Leonardo DiCaprio

Das kann ich gut:
Bei Filmen weinen, am meisten bei Titanic

Meine Leibspeise:
Popcorn

Fabelhafteste Tat:
Kleine Rolle im Musical „König der Löwen" gespielt

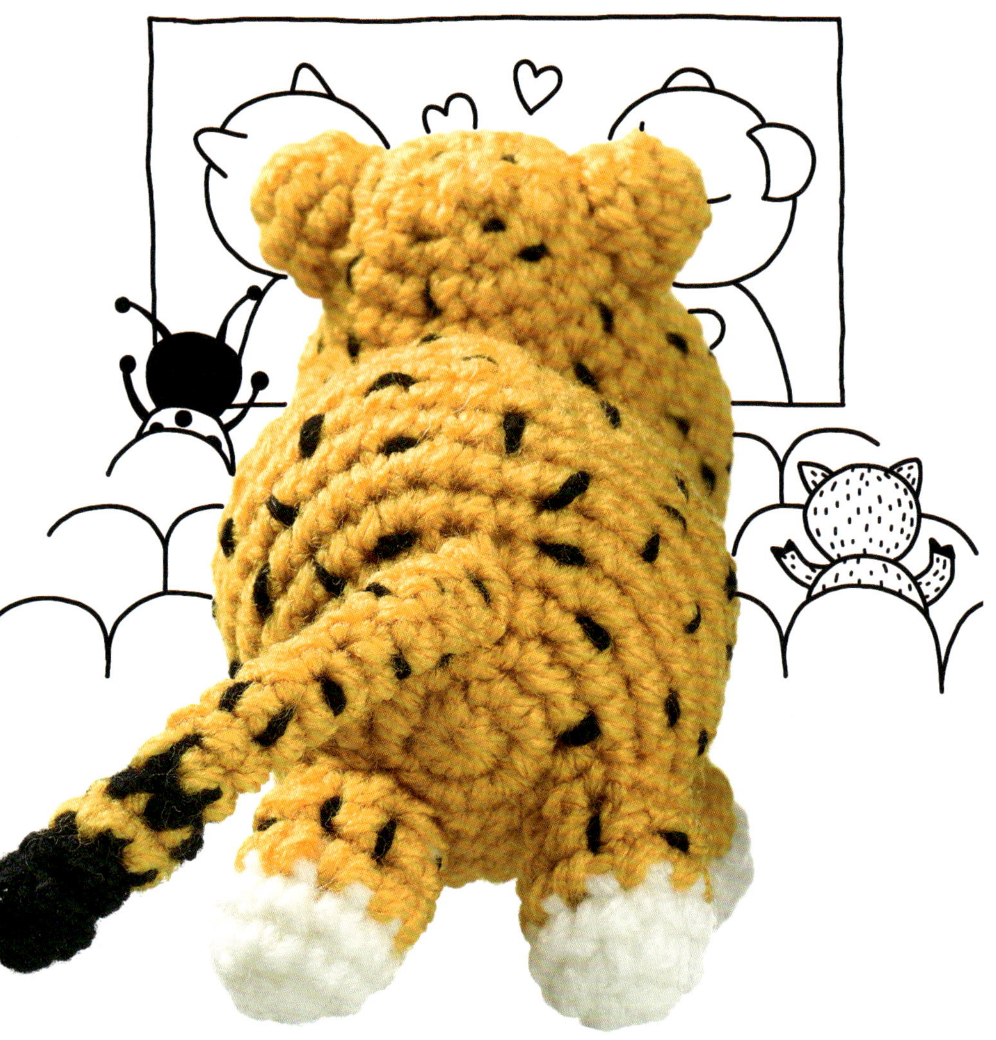

SCHWIERIGKEITSGRAD 2

GRÖSSE

CA. 9 CM

MATERIAL

» SCHACHENMAYR BRAVO (LL 133 M/50 G) IN WEISS (FB 8224), SCHWARZ (FB 8226) UND GOLDMARIE (FB 8028), JE 50 G
» HÄKELNADEL 3,0 MM
» 1 PAAR SICHERHEITSAUGEN IN SCHWARZ, Ø 6 MM
» FÜLLWATTE, 15 G

ANLEITUNG

Alle Teile werden in Spiralrd gehäkelt. Am Rd-Anfang am besten zwischen die 1. und letzte M einen Kontrastfaden oder M-Markierer einlegen.

KOPF

In Weiß einen Magic Ring anfertigen.

1. Rd: 6 fM in den Ring häkeln (= 6 M).

2. Rd: Jede fM verdoppeln (= 12 M).

3. Rd: Jede 2. fM verdoppeln (= 18 M).

4. Rd: Jede 3. fM verdoppeln (= 24 M).

5. Rd: 24 fM häkeln.

6. Rd: Jede 4. fM verdoppeln (= 30 M).

7.-10. Rd (Goldmarie): Jeweils 30 fM häkeln.

11. Rd: Jede 4. und 5. fM zusammen abmaschen (= 24 M).

12. Rd: Jede 3. und 4. fM zusammen abmaschen (= 18 M).

13.-16. Rd: Jeweils 18 fM häkeln.

Nun die Sicherheitsaugen zwischen der 13. und 14. Rd mit 4 fM Abstand zueinander anbringen.

17. Rd: Jede 2. und 3. fM zusammen abmaschen (= 12 M).

Den Kopf fest mit Füllwatte ausstopfen.

18. Rd: Je 2 fM zusammen abmaschen (= 6 M).

Den Faden lang lassen und abschneiden, in eine Nd fädeln und die Öffnung schließen. Den Faden nach innen ziehen und vernähen.

KÖRPER

In Goldmarie einen Magic Ring anfertigen.

1. Rd: 6 fM in den Ring häkeln (= 6 M).

2. Rd: Jede fM verdoppeln (= 12 M).

3. Rd: Jede 2. fM verdoppeln (= 18 M).

4. Rd: Jede 3. fM verdoppeln (= 24 M).
5. Rd: Jede 4. fM verdoppeln (= 30 M).
6. Rd: Jede 5. fM verdoppeln (= 36 M).
7.-11. Rd: Jeweils 36 fM häkeln.
12. Rd: Jede 5. und 6. fM zusammen abmaschen (= 30 M).
13. Rd: Jede 4. und 5. fM zusammen abmaschen (= 24 M).
14. Rd: Jede 3. und 4. fM zusammen abmaschen (= 18 M).
15. Rd: Jede 2. und 3. fM zusammen abmaschen (= 12 M).
Den Faden lang lassen und abschneiden. Den Körper fest mit Füllwatte ausstopfen.

OHR (2x)

In Goldmarie einen Magic Ring anfertigen.
1. Rd: 6 fM in den Ring häkeln (= 6 M).
2. Rd: Jede 2. fM verdoppeln (= 9 M).
3. Rd: Jede 3. fM verdoppeln (= 12 M).
Den Faden lang lassen und abschneiden. Das 2. Ohr ebenso häkeln. Die Ohren nicht ausstopfen.

BEIN (4x)

In Weiß einen Magic Ring anfertigen.
1. Rd: 6 fM in den Ring häkeln (= 6 M).
2. Rd: Jede 2. fM verdoppeln (= 9 M).
3. Rd: 9 fM häkeln.
4.-6. Rd (Goldmarie): Jeweils 9 fM häkeln.
Den Faden lang lassen und abschneiden. Noch 3 weitere Beine ebenso häkeln. Die Beine ausstopfen.

SCHWANZ

In Schwarz einen Magic Ring anfertigen.
1. Rd: 5 fM in den Ring häkeln (= 5 M).
2.+3. Rd: Jeweils 5 fM häkeln.
4. Rd (Goldmarie): 5 fM häkeln.
5. Rd (Schwarz): 5 fM häkeln.
Den schwarzen Faden abschneiden.
6.-15. Rd (Goldmarie): Jeweils 5 fM häkeln.
Den Faden lang lassen und abschneiden. Den Schwanz nicht ausstopfen.

FERTIGSTELLEN

In Schwarz Nase und Mund auf den Kopf sticken. Dann ebenfalls in Schwarz die Tränenstreifen vom Auge abwärts in einem leichten Bogen bis unters Kinn aufsticken. In Weiß unter jedem Auge einen kleinen Streifen aufsticken. Die Ohren flach drücken und halbrund seitlich zwischen der 15. und 17. Rd an den Kopf nähen. In Schwarz viele kleine Flecke auf den Kopf sticken. Kopf und Körper zusammennähen. Die Beine so unter den Körper nähen, dass der Gepard selbständig stehen kann. Den Schwanz hinten an den Körper nähen. In Schwarz weitere Flecke auf Körper, Beine und Schwanz sticken.

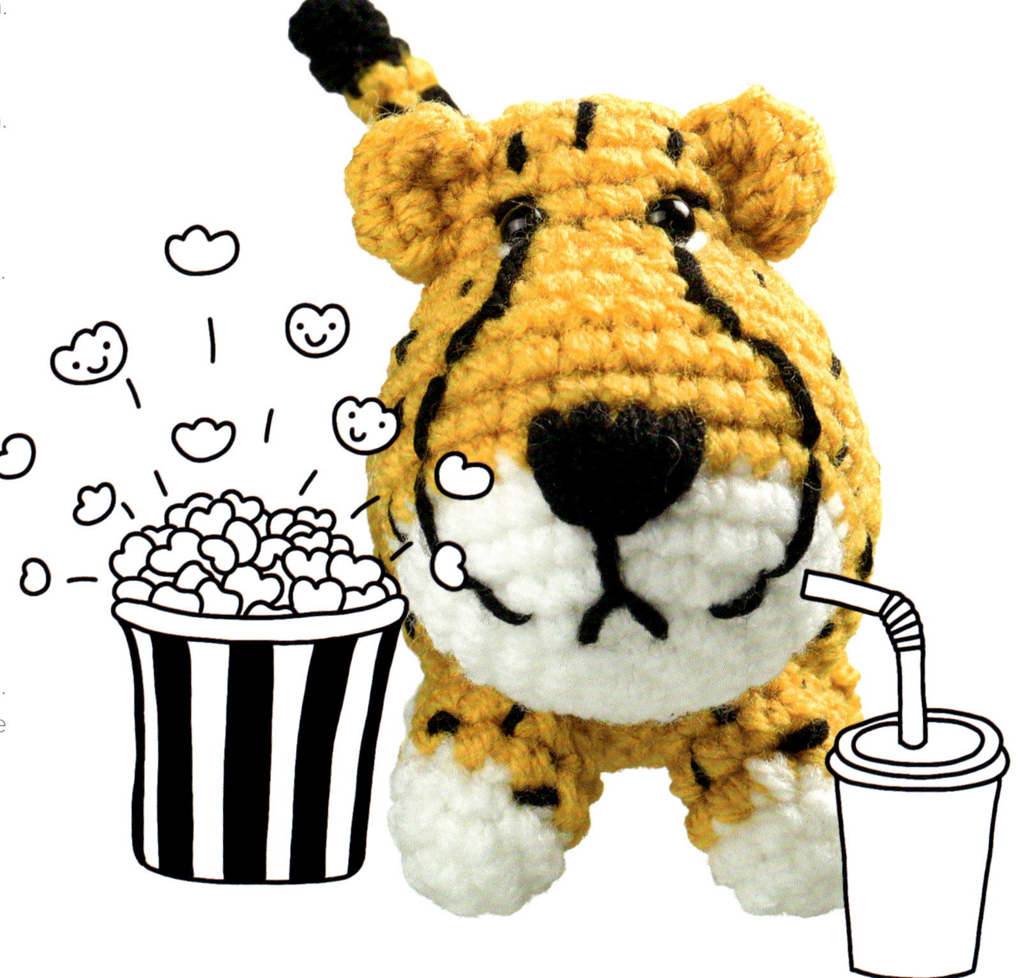

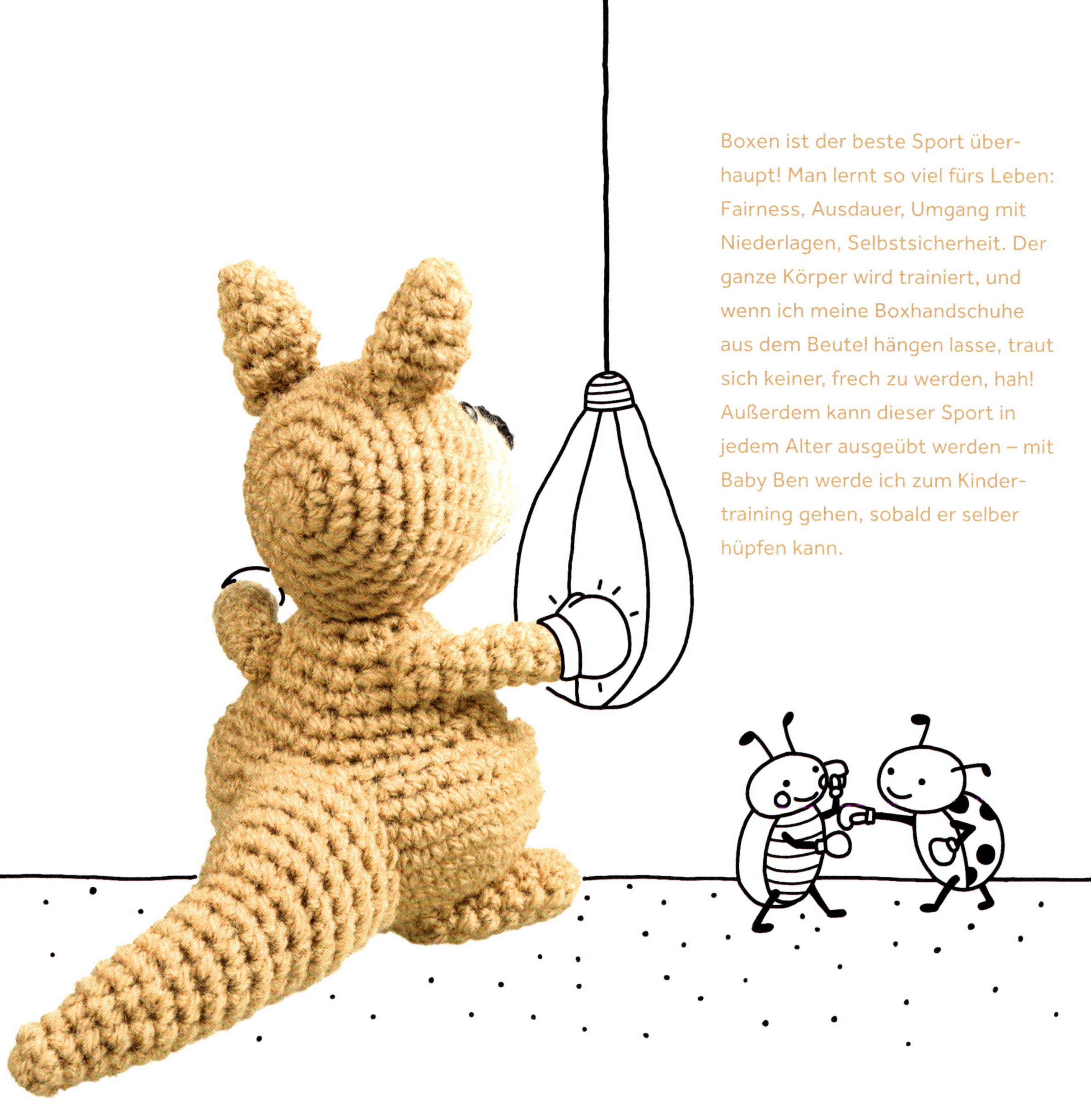

Boxen ist der beste Sport überhaupt! Man lernt so viel fürs Leben: Fairness, Ausdauer, Umgang mit Niederlagen, Selbstsicherheit. Der ganze Körper wird trainiert, und wenn ich meine Boxhandschuhe aus dem Beutel hängen lasse, traut sich keiner, frech zu werden, hah! Außerdem kann dieser Sport in jedem Alter ausgeübt werden – mit Baby Ben werde ich zum Kindertraining gehen, sobald er selber hüpfen kann.

Karla Känguru & Baby Ben

Ich wohne:
In Australien

Mein größtes Idol:
Regina Halmich

Das kann ich gut:
Boxen

Meine Leibspeise:
Lasagne

Fabelhafteste Tat:
Baby Ben zur Welt gebracht

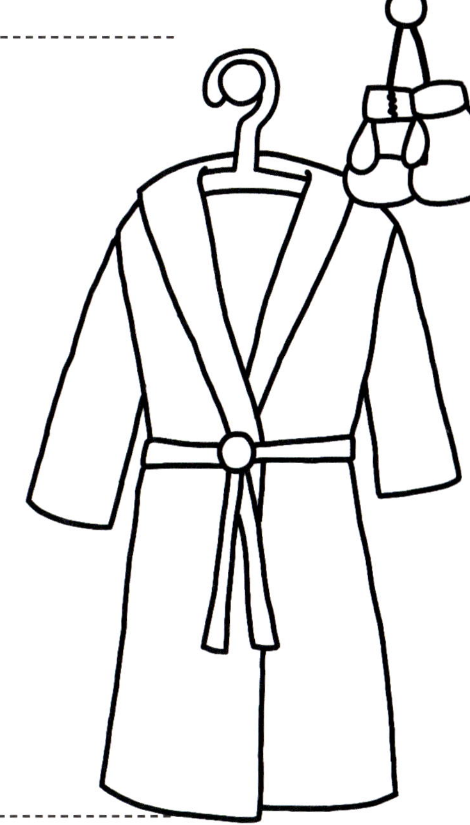

SCHWIERIGKEITSGRAD 2

GRÖSSE

CA. 15 CM

MATERIAL

» SCHACHENMAYR BRAVO (LL 133 M/ 50 G) IN BEIGE (FB 8312) UND SISAL MELIERT (FB 8267), JE 50 G, IN SCHWARZ (FB 8226), REST
» HÄKELNADEL 3,0 MM
» 1 PAAR SICHERHEITSAUGEN IN SCHWARZ, Ø 6 MM
» FÜLLWATTE, 15 G

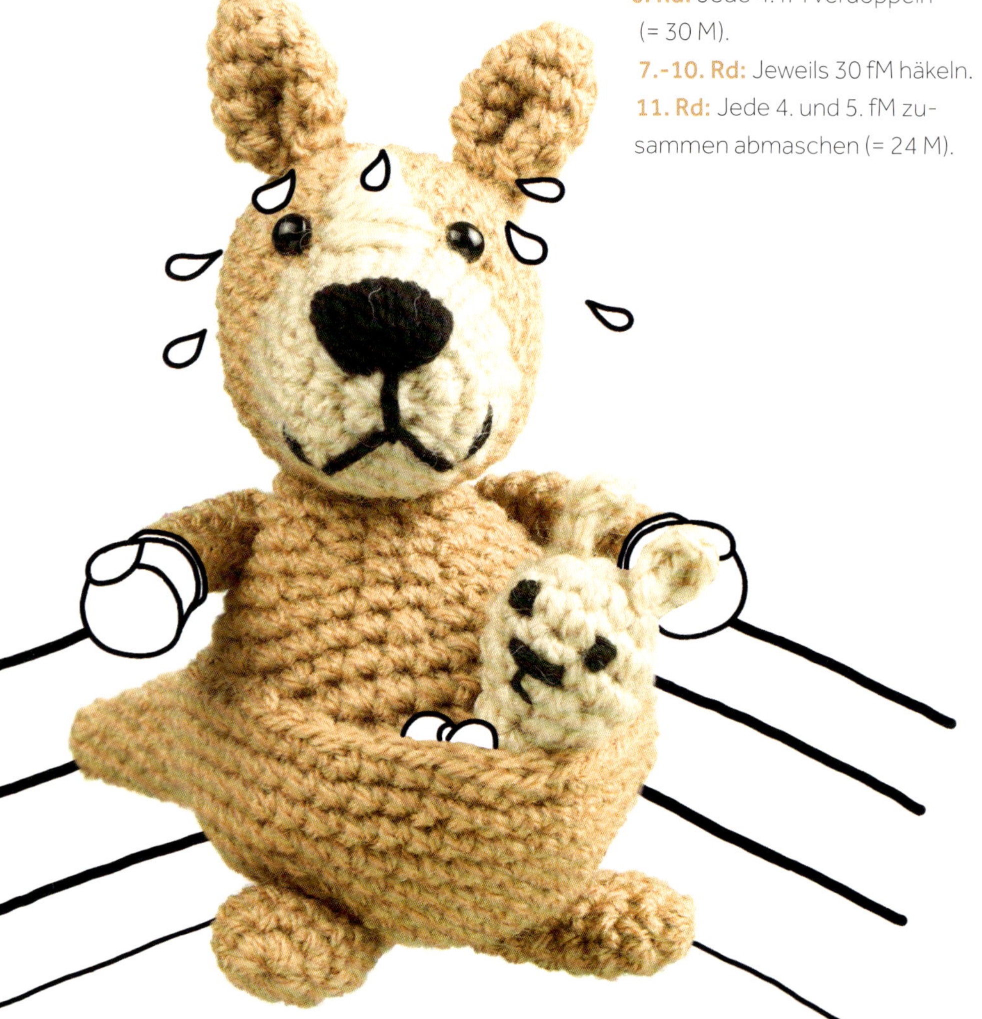

ANLEITUNG

Alle Teile mit Ausnahme der Baby-Ohren werden in Spiralrd gehäkelt. Am Rd-Anfang am besten zwischen die 1. und letzte M einen Kontrastfaden oder M-Markierer einlegen.

KOPF

In Beige einen Magic Ring anfertigen.

1. Rd: 6 fM in den Ring häkeln (= 6 M).
2. Rd: Jede fM verdoppeln (= 12 M).
3. Rd: Jede 2. fM verdoppeln (= 18 M).
4. Rd: Jede 3. fM verdoppeln (= 24 M).
5. Rd: 24 fM häkeln.
6. Rd: Jede 4. fM verdoppeln (= 30 M).
7.-10. Rd: Jeweils 30 fM häkeln.
11. Rd: Jede 4. und 5. fM zusammen abmaschen (= 24 M).
12. Rd: Jede 3. und 4. fM zusammen abmaschen (= 18 M).
13.-16. Rd (Sisal meliert): Jeweils 18 fM häkeln.

Nun die Sicherheitsaugen zwischen der 11. und 12. Rd mit 2 fM Abstand zueinander anbringen.

17. Rd: Jede 2. und 3. fM zusammen abmaschen (= 12 M).

Den Kopf fest mit Füllwatte ausstopfen.

18. Rd: Je 2 fM zusammen abmaschen (= 6 M).

Den Faden lang lassen und abschneiden, in eine Nd fädeln und die Öffnung schließen. Den Faden nach innen ziehen und vernähen.

KÖRPER

In Beige einen Magic Ring anfertigen.

1. Rd: 6 fM in den Ring häkeln (= 6 M).
2. Rd: Jede fM verdoppeln (= 12 M).
3. Rd: Jede 2. fM verdoppeln (= 18 M).
4. Rd: Jede 3. fM verdoppeln (= 24 M).
5. Rd: Jede 4. fM verdoppeln (= 30 M).
6. Rd: Jede 5. fM verdoppeln (= 36 M).
7.-9. Rd: Jeweils 36 fM häkeln.
10. Rd: Jede 5. und 6. fM zusammen abmaschen (= 30 M).
11. Rd: 30 fM häkeln.
12. Rd: Jede 4. und 5. fM zusammen abmaschen (= 24 M).
13. Rd: 24 fM häkeln.
14. Rd: Jede 3. und 4. fM zusammen abmaschen (= 18 M).
15. Rd: 18 fM häkeln.
16. Rd: Jede 2. und 3. fM zusammen abmaschen (= 12 M).
17. Rd: 12 fM häkeln.

Den Faden lang lassen und abschneiden. Den Körper fest mit Füllwatte ausstopfen.

OHR (2x)

In Beige einen Magic Ring anfertigen.
1. Rd: 4 fM in den Ring häkeln (= 4 M).
2. Rd: Jede 2. fM verdoppeln (= 6 M).
3. Rd: Jede 2. fM verdoppeln (= 9 M).
4. Rd: Jede 3. fM verdoppeln (= 12 M).
5. Rd: 12 fM häkeln.
6. Rd: Je 2 fM zusammen abmaschen (= 6 M).
Den Faden lang lassen und abschneiden. Das 2. Ohr ebenso häkeln. Die Ohren nicht ausstopfen.

BEIN (2x)

In Beige einen Magic Ring anfertigen.
1. Rd: 6 fM in den Ring häkeln (= 6 M).
2. Rd: Jede 2. fM verdoppeln (= 9 M).
3.-8. Rd: Jeweils 9 fM häkeln.
Den Faden lang lassen und abschneiden. Das 2. Bein ebenso häkeln. Die Beine nicht ausstopfen.

ARM (2x)

In Beige einen Magic Ring anfertigen.
1. Rd: 6 fM in den Ring häkeln (= 6 M).
2. Rd: Jede 2. fM verdoppeln (= 9 M).
3.-10. Rd: Jeweils 9 fM häkeln.
Den Faden lang lassen und abschneiden. Den 2. Arm ebenso häkeln. Die Arme nicht ausstopfen.

BEUTEL

In Beige einen Magic Ring anfertigen.
1. Rd: 6 fM in den Ring häkeln (= 6 M).
2. Rd: Jede fM verdoppeln (= 12 M).
3. Rd: Jede 2. fM verdoppeln (= 18 M).
4. Rd: Jede 3. fM verdoppeln (= 24 M).
5. Rd: Jede 4. fM verdoppeln (= 30 M).
6. Rd: Jede 5. fM verdoppeln (= 36 M).
7. Rd: Jede 6. fM verdoppeln (= 42 M).
8. Rd: Jede 7. fM verdoppeln (= 48 M).
9.-12. Rd: Jeweils 48 fM häkeln.
13. Rd: Jede 7. und 8. fM zusammen abmaschen (= 42 M).
Den Faden lang lassen und abschneiden.

SCHWANZ

In Beige einen Magic Ring anfertigen.
1. Rd: 6 fM in den Ring häkeln (= 6 M).
2.+3. Rd: Jeweils 6 fM häkeln.
4. Rd: Jede 3. fM verdoppeln (= 8 M).
5.+6. Rd: Jeweils 8 fM häkeln.
7. Rd: Jede 4. fM verdoppeln (= 10 M).
8. Rd: 10 fM häkeln.
9. Rd: Jede 5. fM verdoppeln (= 12 M).
10.-12. Rd: Jeweils 12 fM häkeln.
13. Rd: Jede 2. fM verdoppeln (= 18 M).
14.-16. Rd: Jeweils 18 fM häkeln.
17. Rd: Jede 3. fM verdoppeln (= 24 M).
18. Rd: 24 fM häkeln.
Den Faden lang lassen und abschneiden. Den Schwanz fest mit Füllwatte ausstopfen.

BABY-KOPF

In Sisal meliert einen Magic Ring anfertigen.
1. Rd: 6 fM in den Ring häkeln (= 6 M).
2. Rd: Jede fM verdoppeln (= 12 M).
3.+4. Rd: Jeweils 12 fM häkeln.
5. Rd: Je 2 fM zusammen abmaschen (= 6 M).
Den Kopf ausstopfen.
6.-8. Rd: Jeweils 6 fM häkeln.
Den Faden lang lassen und abschneiden.

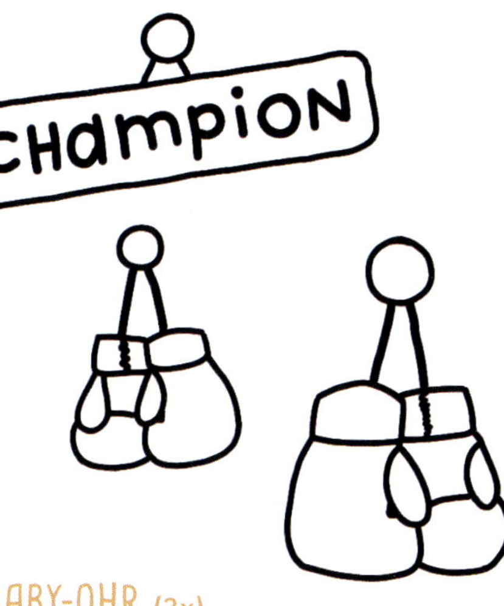

BABY-OHR (2x)

In Sisal meliert 5 Lm anschl und weiter in R häkeln.
1. R: Ab der 3. Lm ab Nd 1 hStb, 1 fM, 1 Km häkeln.
Den Faden lang lassen und abschneiden. Das 2. Ohr ebenso häkeln.

FERTIGSTELLEN

In Schwarz Nase und Mund auf den Kopf sticken. In Sisal eine Blesse beginnend an der Nase, sich nach oben verjüngend, zwischen die Augen sticken. Die Ohren flach drücken, an der offenen Kante zusammennähen und oberhalb der Augen mit einer Falte auf den Kopf nähen. Kopf und Körper zusammennähen. Den Körper in den Beutel stecken und so zusammennähen, dass der Beutel vorne am Bauch über 14 M offen bleibt. Die Arme seitlich an den Körper nähen. Die Beine flachgedrückt leicht auseinanderstehend unter den Körper nähen. Den Schwanz hinten an den Körper nähen, so dass das Känguru selbständig stehen kann. Die Baby-Ohren auf den Baby-Kopf nähen, in Schwarz ein Gesicht auf den Baby-Kopf sticken und das Baby in den Beutel stecken und festnähen.

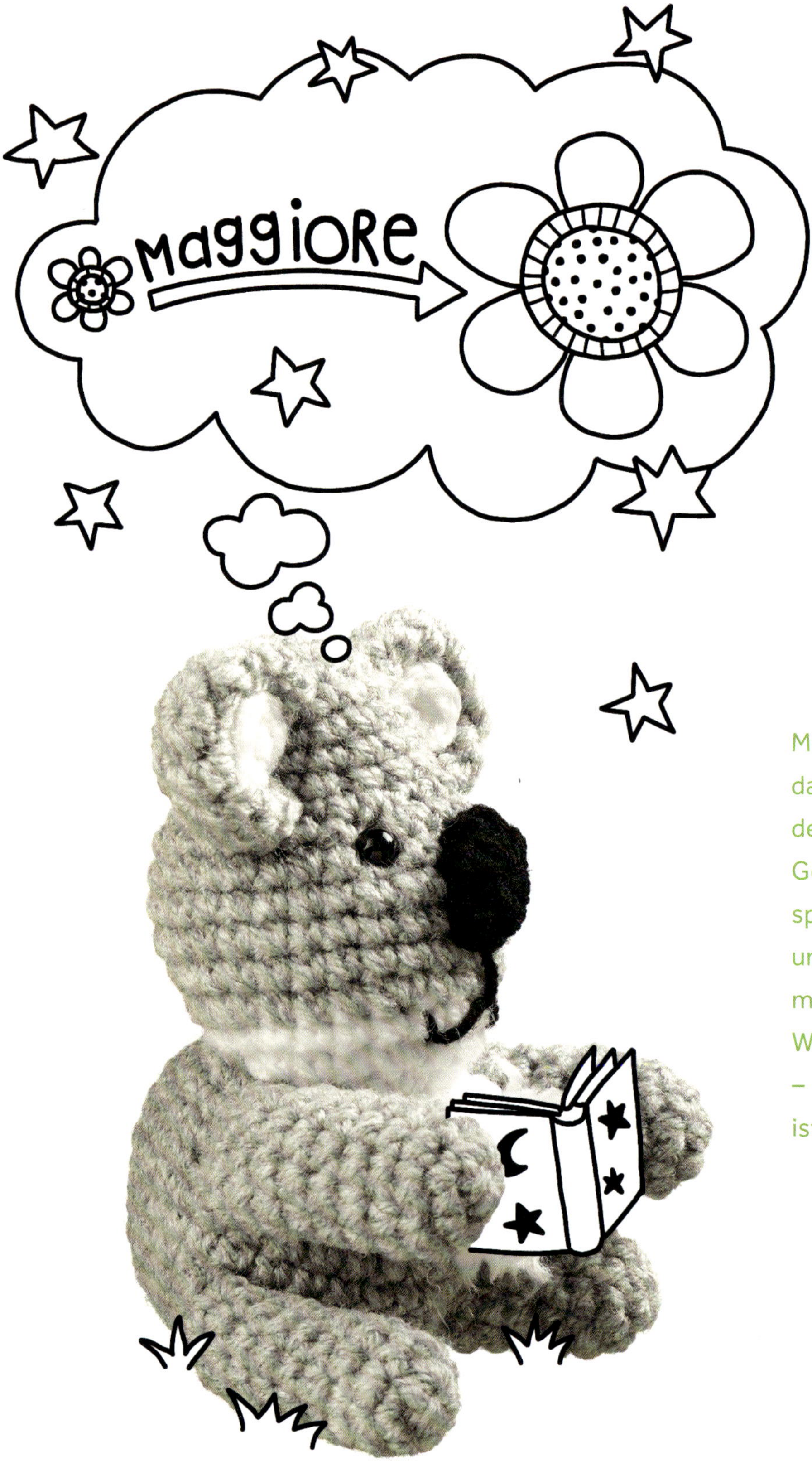

Maggiore …. Maggiore … Maggiore. Gut, das kann ich. Hmh, wie heißt noch mal der Schwebezauber – ich hab's gleich … Genau, Ascendio! Mein Lieblingszauberspruch ist sowieso Reparo, der ist so ungemein praktisch, wenn mir mal wieder mein Teller heruntergefallen ist.
Weiter geht es mit „Abrakadabra 1, 2, 3 – Blumenstrauß komm sofort herbei", das ist ja wirklich ganz einfach zu merken!

Klea Koala

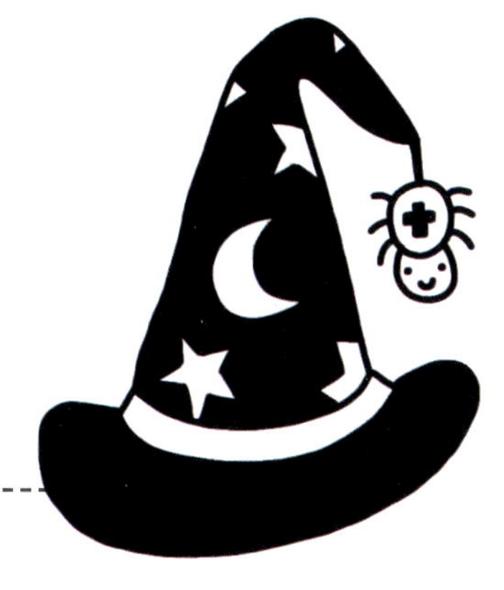

Ich wohne:
Auf dem Eukalyptusbaum

Mein größtes Idol:
Hermine Granger

Das kann ich gut:
Zaubersprüche auswendig lernen

Meine Leibspeise:
Bei mir kommen ausschließlich Eukalyptusblätter auf den Teller!

Fabelhafteste Tat:
Ein Kaninchen aus dem Hut gezaubert

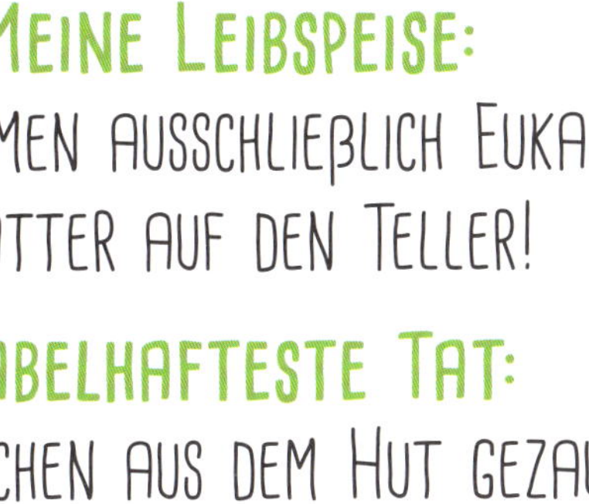

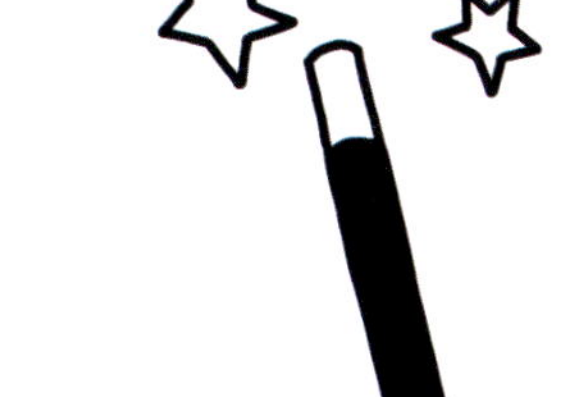

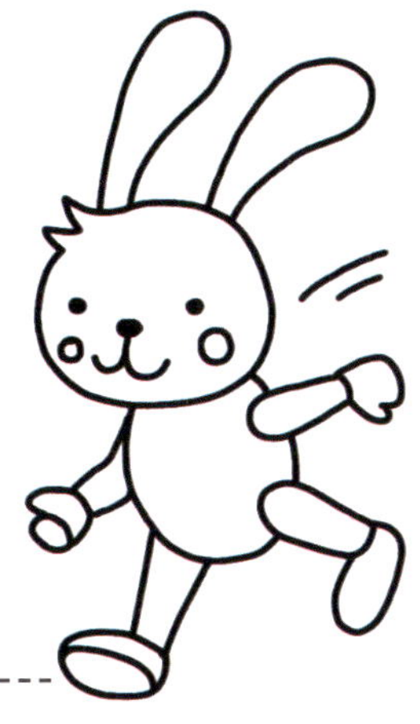

SCHWIERIGKEITSGRAD 2

GRÖSSE

CA. 11 CM

MATERIAL

- SCHACHENMAYR BRAVO (LL 133 M/ 50 G) IN HELLGRAU MELIERT (FB 8295) UND WEISS (FB 8224), JE 50 G, IN SCHWARZ (FB 8226), REST
- HÄKELNADEL 3,0 MM
- 1 PAAR SICHERHEITSAUGEN IN SCHWARZ, Ø 6 MM
- FÜLLWATTE, 15 G

ANLEITUNG

Alle Teile mit Ausnahme des Brustfells werden in Spiralrd gehäkelt. Am Rd-Anfang am besten zwischen die 1. und letzte M einen Kontrastfaden oder M-Markierer einlegen.

KOPF

In Weiß einen Magic Ring anfertigen.

1. Rd: 6 fM in den Ring häkeln (= 6 M).

2. Rd: Jede fM verdoppeln (= 12 M).

3. Rd: Jede 2. fM verdoppeln (= 18 M).

4. Rd: Jede 3. fM verdoppeln (= 24 M).

5. Rd: 24 fM häkeln.

6. Rd (Hellgrau meliert): Jede 4. fM verdoppeln (= 30 M).

7.-10. Rd: Jeweils 30 fM häkeln.

11. Rd: Jede 4. und 5. fM zusammen abmaschen (= 24 M).

12. Rd: Jede 3. und 4. fM zusammen abmaschen (= 18 M).

13.-16. Rd: Jeweils 18 fM häkeln.

Nun die Sicherheitsaugen zwischen der 10. und 11. Rd mit 7 fM Abstand zueinander anbringen.

17. Rd: Jede 2. und 3. fM zusammen abmaschen (= 12 M).

Den Kopf fest mit Füllwatte ausstopfen.

18. Rd: Je 2 fM zusammen abmaschen (= 6 M).

Den Faden lang abschneiden, in eine Nd fädeln und die Öffnung schließen. Den Faden nach innen ziehen und vernähen.

KÖRPER

In Hellgrau meliert einen Magic Ring anfertigen.

1. Rd: 6 fM in den Ring häkeln (= 6 M).

2. Rd: Jede fM verdoppeln (= 12 M).

3. Rd: Jede 2. fM verdoppeln (= 18 M).

4. Rd: Jede 3. fM verdoppeln (= 24 M).

5. Rd: Jede 4. fM verdoppeln (= 30 M).

6.-11. Rd: Jeweils 30 fM häkeln.

12. Rd: Jede 4. und 5. fM zusammen abmaschen (= 24 M).

13. Rd: Jede 3. und 4. fM zusammen abmaschen (= 18 M).

Den Faden lang lassen und abschneiden. Den Körper fest mit Füllwatte ausstopfen.

AUSSENOHR (2x)

In Hellgrau meliert einen Magic Ring anfertigen.

1. Rd: 6 fM in den Ring häkeln (= 6 M).

2. Rd: Jede fM verdoppeln (= 12 M).

3. Rd: Jede 2. fM verdoppeln (= 18 M).

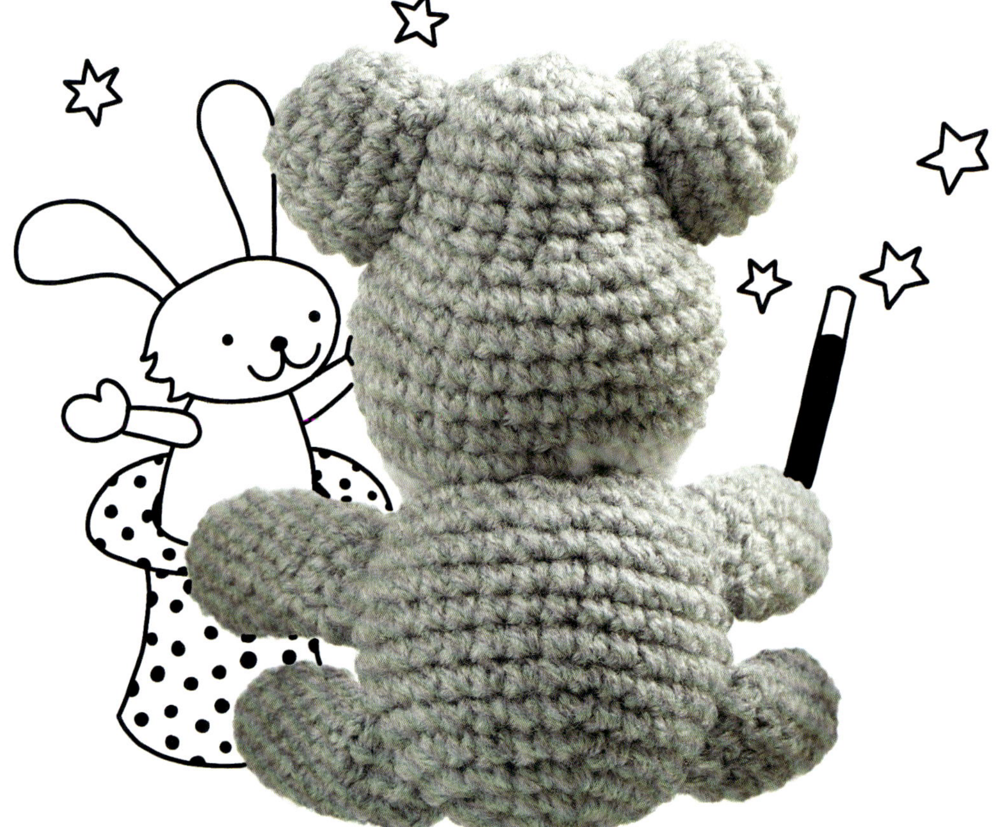

4. Rd: 18 fM häkeln.
5. Rd: Jede 2. und 3. fM zusammen abmaschen (= 12 M).
Den Faden lang lassen und abschneiden.
Das 2. Außenohr ebenso häkeln.

INNENOHR (2x)

In Weiß einen Magic Ring anfertigen.
1. Rd: 6 fM in den Ring häkeln (= 6 M).
Den Faden lang lassen und abschneiden.
Das 2. Innenohr ebenso häkeln.

ARM BZW. BEIN (4x)

In Hellgrau meliert einen Magic Ring anfertigen.
1. Rd: 6 fM in den Ring häkeln (= 6 M).
2. Rd: Jede 2. fM verdoppeln (= 9 M).
3.-10. Rd: Jeweils 9 fM häkeln.
Den Faden lang lassen und abschneiden.
Noch 3 weitere Arme bzw. Beine ebenso häkeln. Arme und Beine ausstopfen.

NASE

In Schwarz einen Magic Ring anfertigen.
1. Rd: 2 fM, 4 Stb, 2 fM in den Ring häkeln (= 8 M).
2. Rd: 8 fM häkeln.
Den Faden lang lassen und abschneiden.
Die Nase nicht ausstopfen.

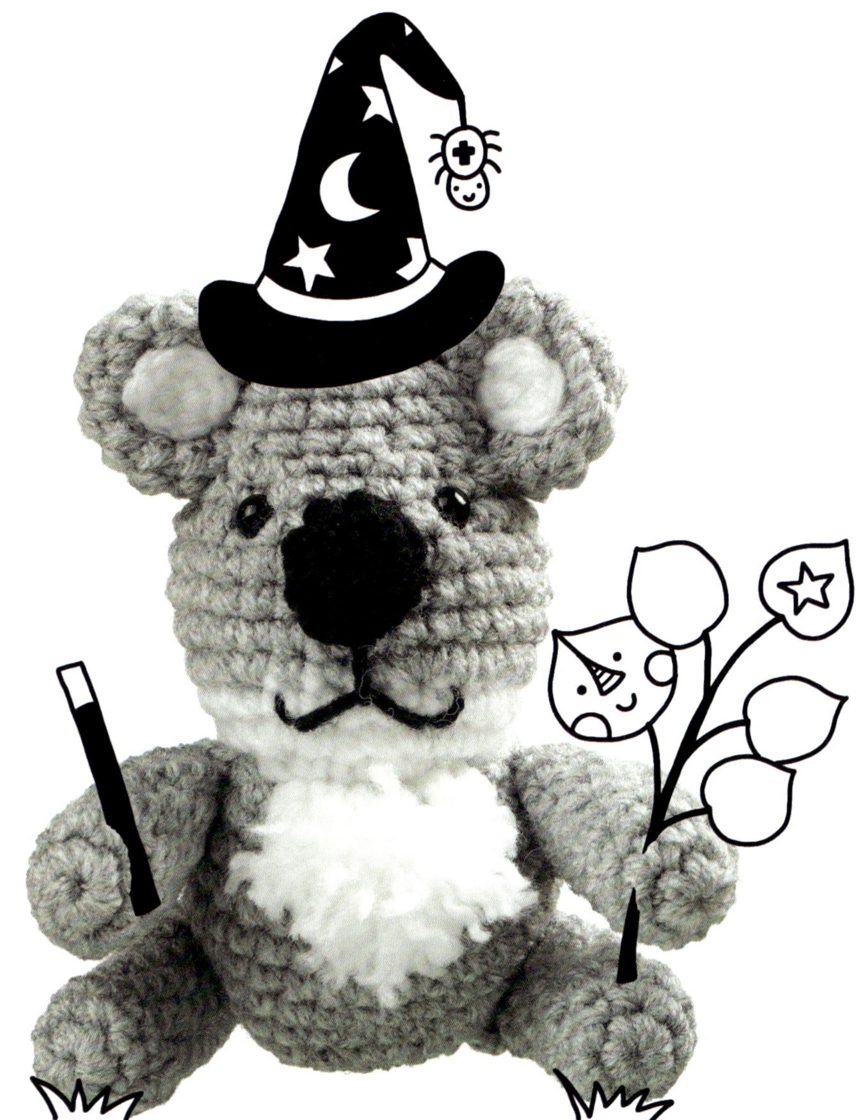

BRUSTFELL

In Weiß einen Magic Ring anfertigen.
1. R: 6 fM in den Ring häkeln, diesen aber nicht zur Rd schließen, sondern wenden und in R weiterhäkeln. Am Ende jeder R 1 Wende-Lm arb (= 6 M).
2. R: Jede 2. fM verdoppeln (= 9 M).
3. R: Jede 3. fM verdoppeln (= 12 M).
Den Faden lang lassen und abschneiden.

FERTIGSTELLEN

Zunächst die Innenohren flach drücken und die Außenohren darauf festnähen. Die Ohren halbrund auf den Kopf nähen. Die Nase zwischen den Augen auf den Kopf nähen.
In Schwarz den Mund aufsticken. Kopf und Körper zusammennähen. Die Beine seitlich an den oberen und unteren Körper nähen, so dass der Koala selbständig sitzen kann.
In Weiß 25 Fäden à 8 cm abschneiden und diese Fäden in die 1. bis 3. Rd des Brustfells einknüpfen. Das Brustfell auf den vorderen Körper nähen. Mit einer Nd die einzelnen Fäden des Brustfells aufdröseln und gegebenenfalls etwas in Form schneiden.

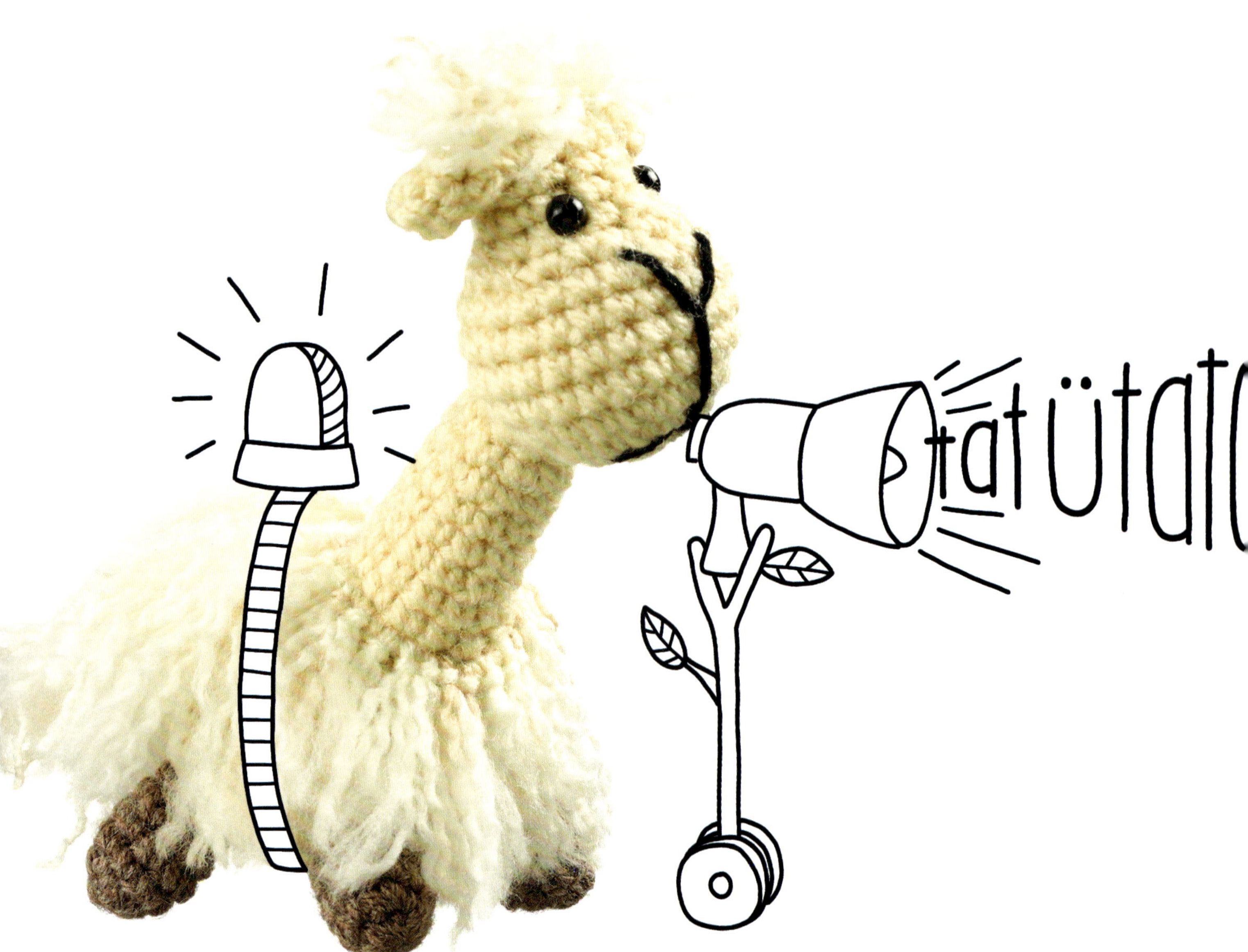

Sherlock Holmes ist einfach der Beste! Ich kenne jeden seiner Fälle und bin auch der Leiter des hiesigen Sherlock-Holmes-Fanclubs. Wir werden im nächsten Sommer eine Reise nach England machen, um all die wichtigen Schauplätze zu besuchen.
Auch wenn mein Arbeitsalltag natürlich nicht so spannend ist wie im Kriminalroman, trete ich jeden Tag gerne meinen Dienst an. Oh, da kommt ein Anruf – ich muss los!

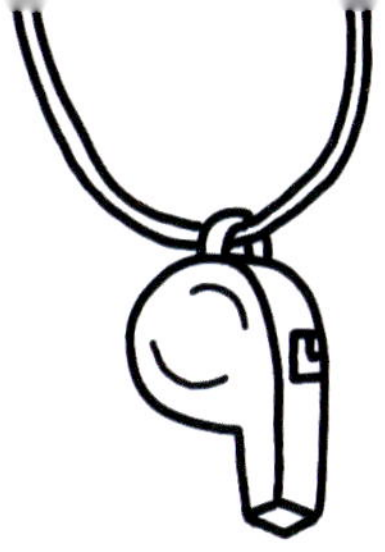

Lorenz Lama

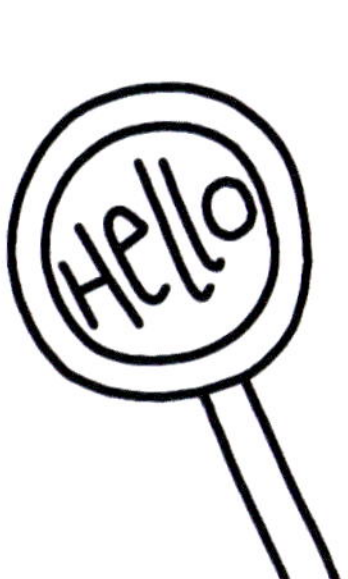

Ich wohne:
In den Anden zusammen mit meinem großen Freundeskreis

Mein größtes Idol:
Sherlock Holmes

Das kann ich gut:
Für Recht und Ordnung sorgen

Meine Leibspeise:
Blattsalat mit frischen Kräutern, danach bin ich fit für jeden Einsatz!

Fabelhafteste Tat:
Die Befreiung von fünf Geiseln

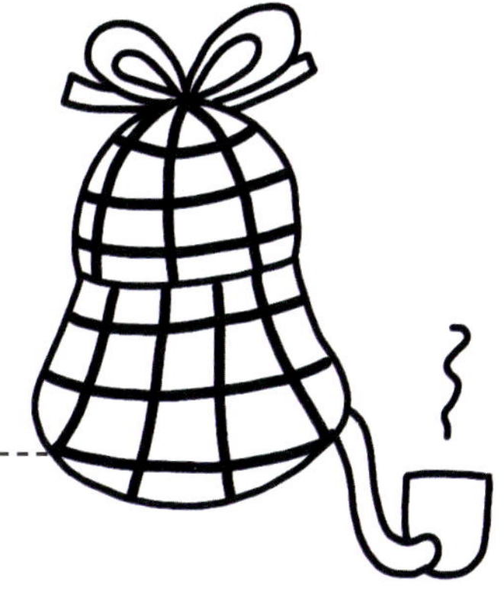

SCHWIERIGKEITSGRAD 2

GRÖSSE

CA. 13 CM

MATERIAL

- SCHACHENMAYR BRAVO (LL 133 M/50 G) IN HOLZ MELIERT (FB 8197) UND SAND (FB 8364), JE 50 G, IN SCHWARZ (FB 8226), REST
- SCHACHENMAYR BRAVO COLOR (LL 133 M/50 G) IN SAHARA COLOR (FB 103), 50 G
- HÄKELNADEL 3,0 MM
- 1 PAAR SICHERHEITSAUGEN IN SCHWARZ, Ø 6 MM
- FÜLLWATTE, 15 G

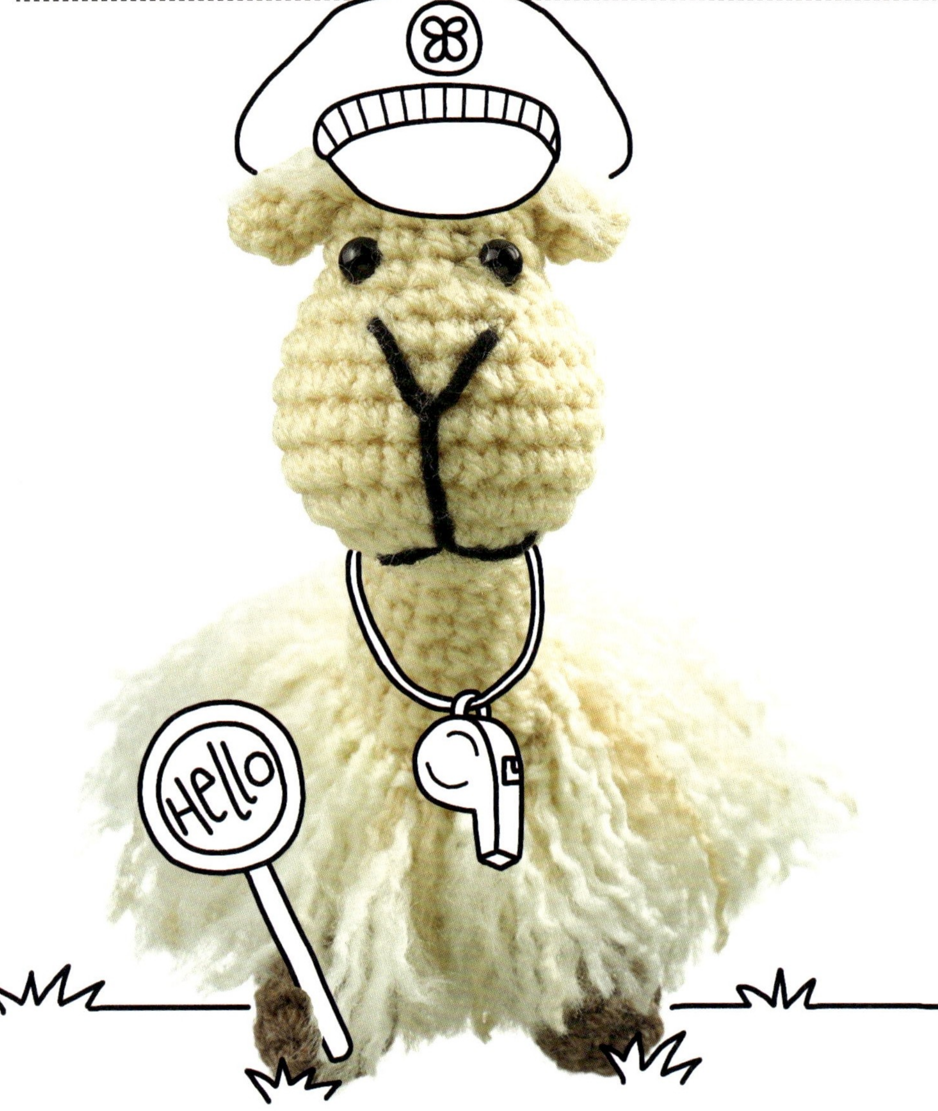

ANLEITUNG

Alle Teile werden in Spiralrd gehäkelt. Am Rd-Anfang am besten zwischen die 1. und letzte M einen Kontrastfaden oder M-Markierer einlegen.

KOPF

In Sand einen Magic Ring anfertigen.

1. Rd: 6 fM in den Ring häkeln (= 6 M).
2. Rd: Jede fM verdoppeln (= 12 M).
3. Rd: Jede 2. fM verdoppeln (= 18 M).
4. Rd: Jede 3. fM verdoppeln (= 24 M).
5.-7. Rd: Jeweils 24 fM häkeln.
8. Rd: Jede 3. und 4. fM zusammen abmaschen (= 18 M).
9. Rd: Jede 2. und 3. fM zusammen abmaschen (= 12 M).
10.-13. Rd: Jeweils 12 fM häkeln.
Nun die Sicherheitsaugen zwischen der 10. und 11. Rd mit 2 fM Abstand zueinander anbringen. Den Kopf fest mit Füllwatte ausstopfen.
14. Rd: Je 2 fM zusammen abmaschen (= 6 M).
Den Faden lang lassen und abschneiden, in eine Nd fädeln und die Öffnung schließen. Den Faden nach innen ziehen und vernähen.

KÖRPER

In Sand einen Magic Ring anfertigen.

1. Rd: 6 fM in den Ring häkeln (= 6 M).
2. Rd: Jede fM verdoppeln (= 12 M).
3. Rd: Jede 2. fM verdoppeln (= 18 M).
4. Rd: Jede 3. fM verdoppeln (= 24 M).
5. Rd: Jede 4. fM verdoppeln (= 30 M).
6.-11. Rd: Jeweils 30 fM häkeln.
12. Rd: Jede 4. und 5. fM zusammen abmaschen (= 24 M).

13. Rd: Jede 3. und 4. fM zusammen abmaschen (= 18 M).
14. Rd: Jede 2. und 3. fM zusammen abmaschen (= 12 M).
15.-20. Rd: Jeweils 12 fM häkeln.
21. Rd: Jede 3. und 4. fM zusammen abmaschen (= 9 M).
22.+23. Rd: Jeweils 9 fM häkeln.
Den Faden lang lassen und abschneiden. Den Körper fest mit Füllwatte ausstopfen.

OHR (2x)

In Sand einen Magic Ring anfertigen.
1. Rd: 6 fM in den Ring häkeln (= 6 M).
2.+3. Rd: Jeweils 6 fM häkeln.
Den Faden lang lassen und abschneiden. Das 2. Ohr ebenso häkeln. Die Ohren nicht ausstopfen.

BEIN (4x)

In Holz meliert einen Magic Ring anfertigen.
1. Rd: 6 fM in den Ring häkeln (= 6 M).
2. Rd: Jede 3. fM verdoppeln (= 8 M).
3.-6. Rd: Jeweils 8 fM häkeln.
Den Faden lang lassen und abschneiden. Noch 3 weitere Beine ebenso häkeln. Die Beine ausstopfen.

FERTIGSTELLEN

Die Ohren seitlich in der 13. Rd an den Kopf nähen. In Schwarz Nase und Mund auf den Kopf sticken. Den Kopf auf den Hals nähen. Die Beine so unter das Lama nähen, dass es selbständig stehen kann. Für das Körperfell ca. 40 Fäden à 15 cm Länge in Sahara Color abschneiden. Diese dann entlang einer imaginären Linie ab der 15. Rd in den Rücken einknüpfen, so dass die Fäden links und rechts an den Seiten herunterhängen. Für die Haare 18 weitere Fäden à 10 cm in Sahara Color abschneiden und in die 13. und 14. Rd des Kopfes einknüpfen.

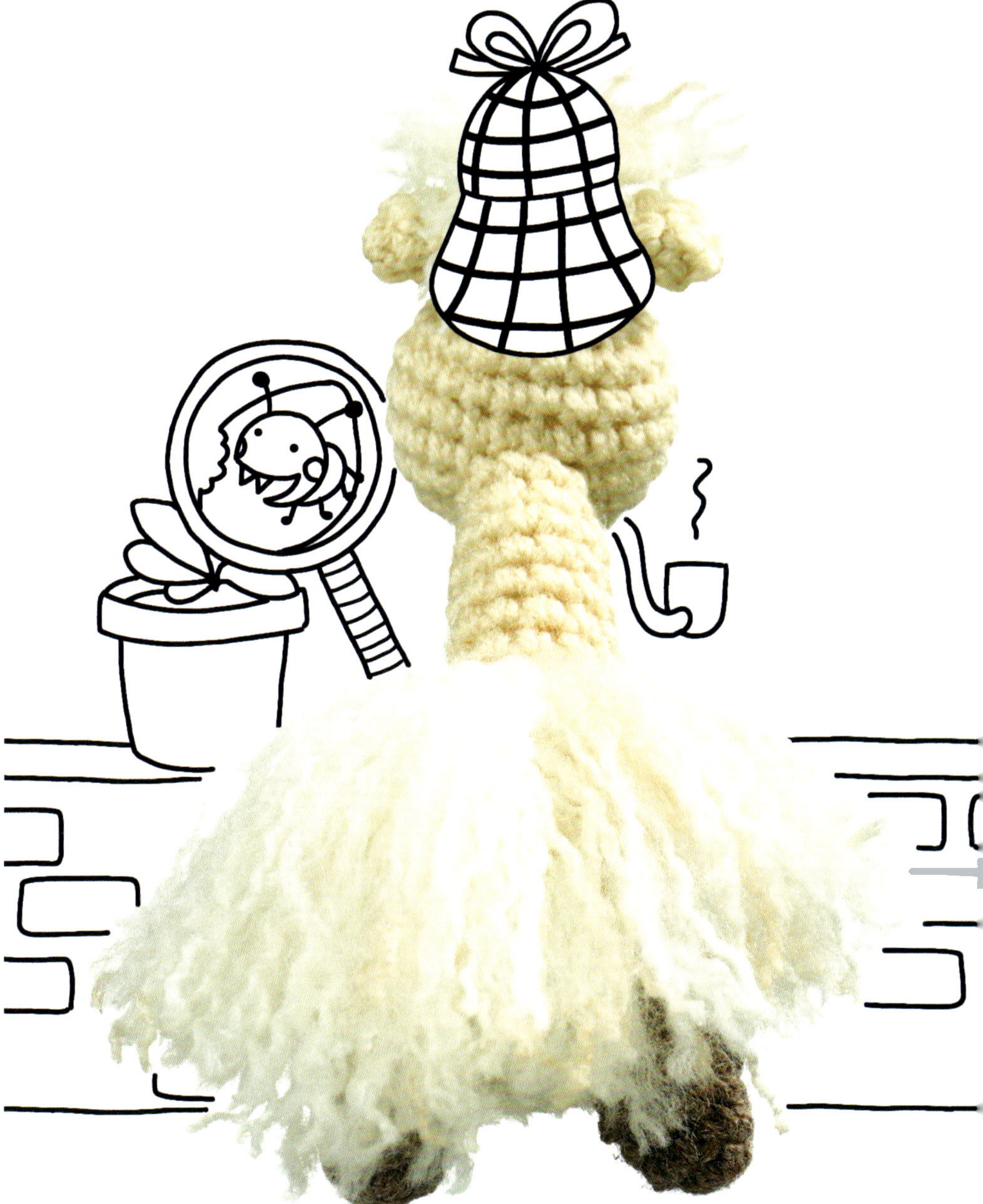

Nun mit Hilfe einer Nd alle Fädeln einzeln aufdröseln und dann mit einem Kamm auskämmen. Danach mit einer Schere auf die gewünschte Länge stutzen.

Möchtest du gerne mal an meiner neuesten Duftkreation schnuppern? Ich nenne sie „Eau d'Espace", weil sie den Duft des ganzen Weltraums in sich konzentriert. Die felsige Planetennote korrespondiert wunderbar mit den metallischen Aromen von Mineralien und Meteoriten. Das Ganze wird gekrönt vom goldenen Sternenglitzerstaub, der dem Duft ein Fünkchen extravagante Eleganz verleiht.

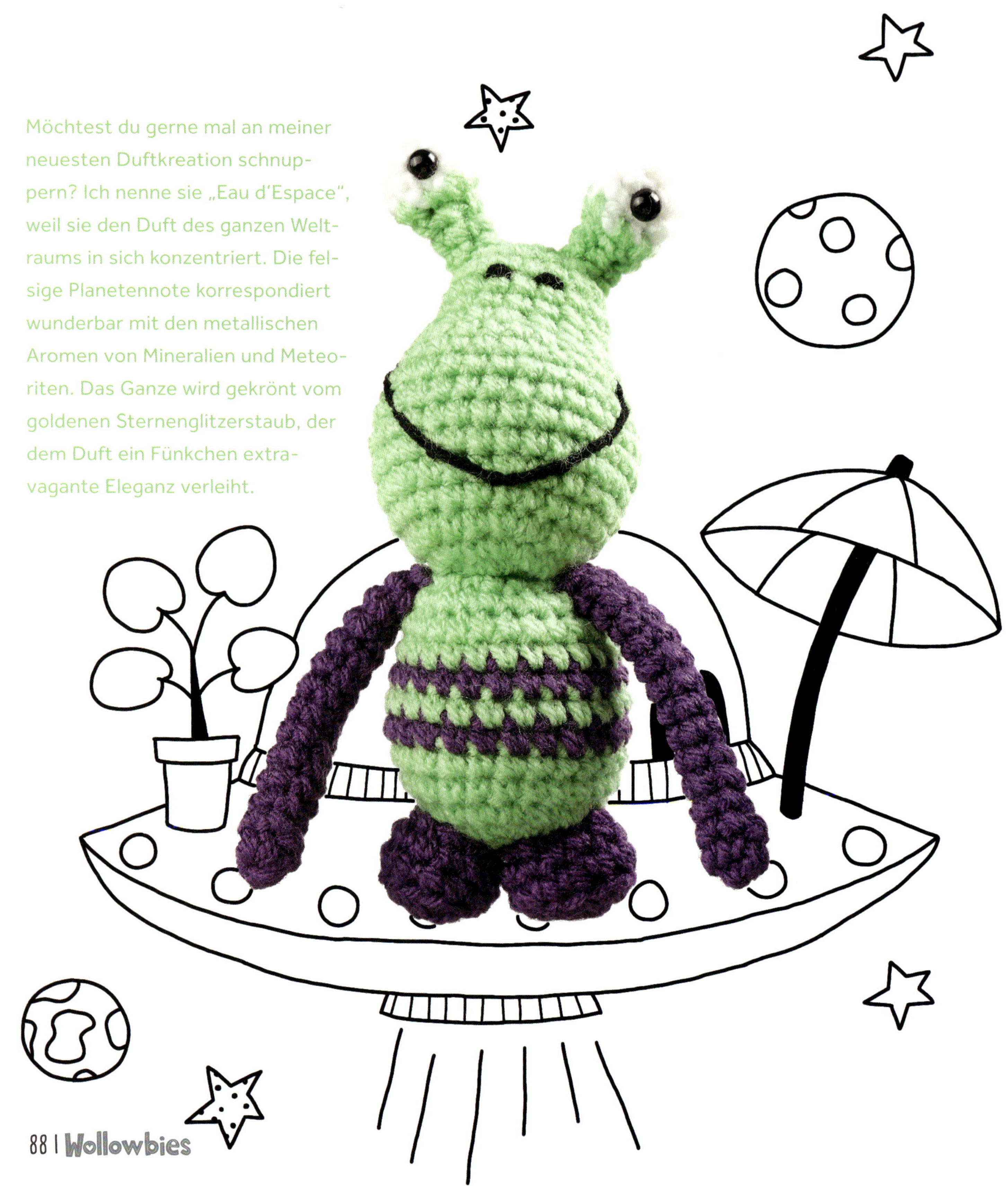

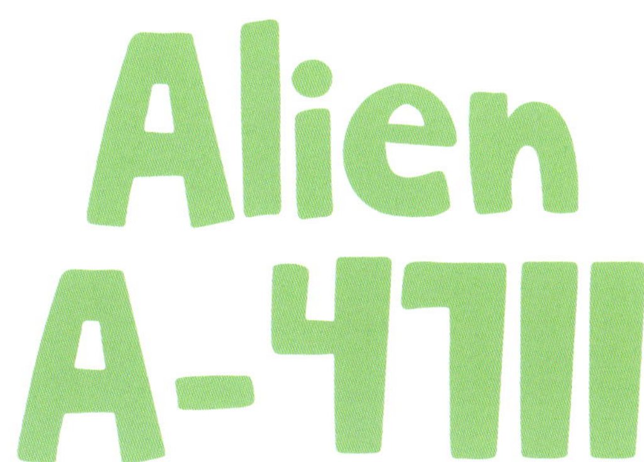

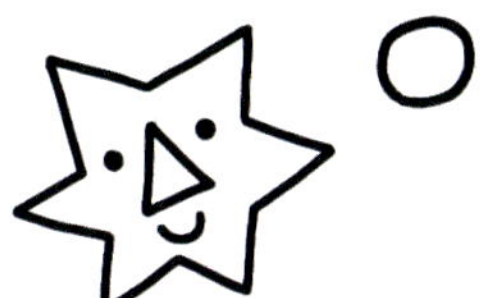

Ich wohne:
Im schicken Zweiraum-Ufo mit Dachterrasse

Mein größtes Idol:
ET

Das kann ich gut:
Neue Düfte für galaktisch gute Parfüms kreieren

Meine Leibspeise:
Duftreis mit veganem Gemüsecurry

Fabelhafteste Tat:
Mein Doktortitel in Ufologie

SCHWIERIGKEITSGRAD 1

GRÖSSE

CA. 15 CM

MATERIAL

- SCHACHENMAYR BRAVO (LL 133 M/50 G) IN KIWI (FB 8351) UND VIOLETT (FB 8303), JE 50 G, IN SCHWARZ (FB 8226) UND WEISS (FB 8224), RESTE
- HÄKELNADEL 3,0 MM
- 1 PAAR SICHERHEITSAUGEN IN SCHWARZ, Ø 6 MM
- FÜLLWATTE, 10 G

ANLEITUNG

Alle Teile werden in Spiralrd gehäkelt. Am Rd-Anfang am besten zwischen die 1. und letzte M einen Kontrastfaden oder M-Markierer einlegen.

KOPF

In Kiwi einen Magic Ring anfertigen.

1. Rd: 6 fM in den Ring häkeln (= 6 M).
2. Rd: Jede fM verdoppeln (= 12 M).
3. Rd: Jede 2. fM verdoppeln (= 18 M).
4. Rd: Jede 3. fM verdoppeln (= 24 M).
5. Rd: 24 fM häkeln.
6. Rd: Jede 4. fM verdoppeln (= 30 M).
7.-10. Rd: Jeweils 30 fM häkeln.
11. Rd: Jede 4. und 5. fM zusammen abmaschen (= 24 M).
12. Rd: Jede 3. und 4. fM zusammen abmaschen (= 18 M).
13.-16. Rd: Jeweils 18 fM häkeln.
17. Rd: Jede 2. und 3. fM zusammen abmaschen (= 12 M).
Den Kopf fest mit Füllwatte ausstopfen.
18. Rd: Je 2 fM zusammen abmaschen (= 6 M).
Den Faden lang lassen und abschneiden, in eine Nd fädeln und die Öffnung schließen. Den Faden nach innen ziehen und vernähen.

KÖRPER

In Kiwi einen Magic Ring anfertigen.

1. Rd: 6 fM in den Ring häkeln (= 6 M).
2. Rd: Jede fM verdoppeln (= 12 M).
3. Rd: Jede 2. fM verdoppeln (= 18 M).
4. Rd: Jede 3. fM verdoppeln (= 24 M).
5.+6. Rd: Jeweils 24 fM häkeln.
7. Rd (Violett): 24 fM häkeln.
8. Rd (Kiwi): 24 fM häkeln.
9. Rd (Violett): 24 fM häkeln.
Den violetten Faden abschneiden.

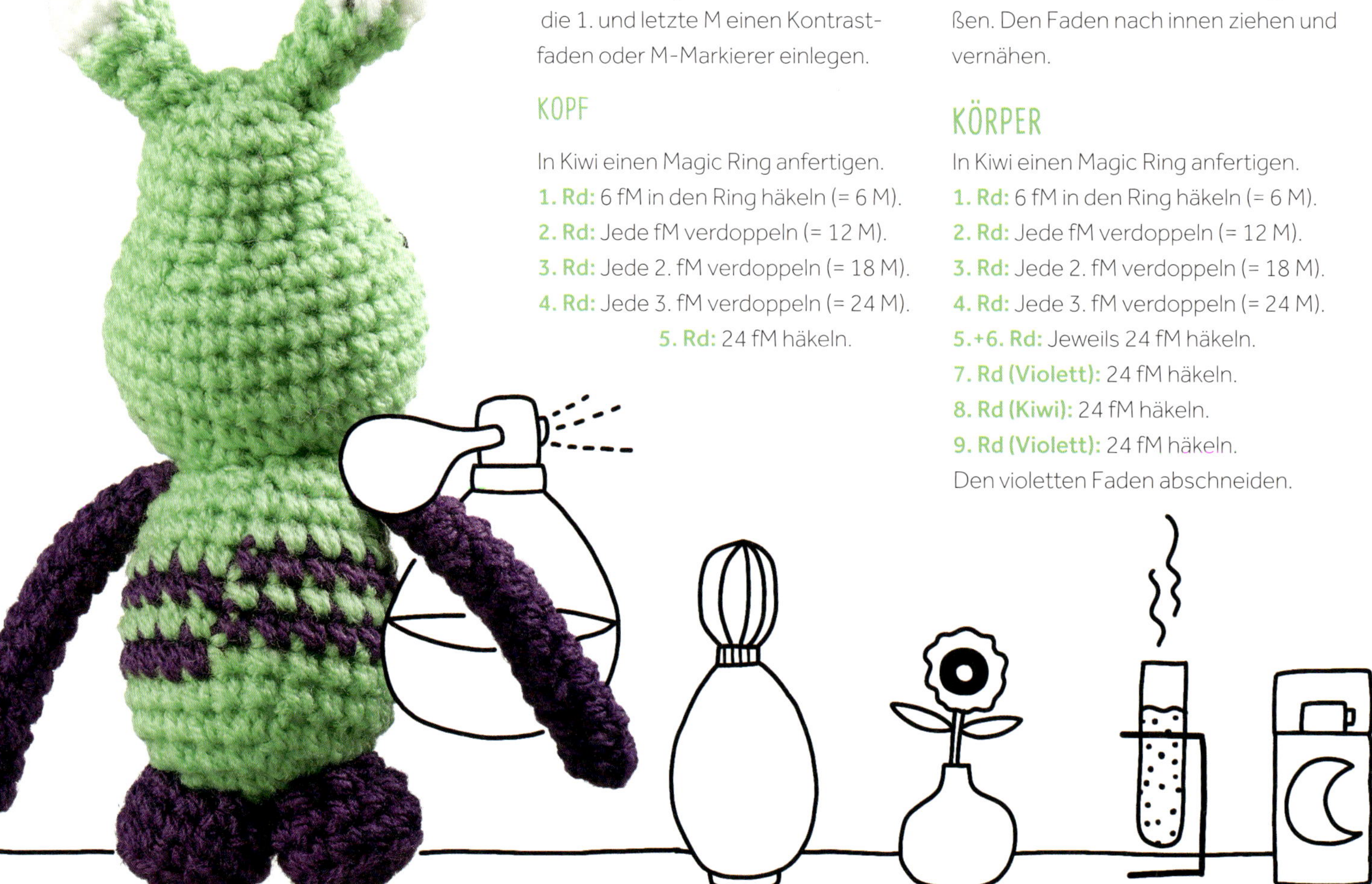

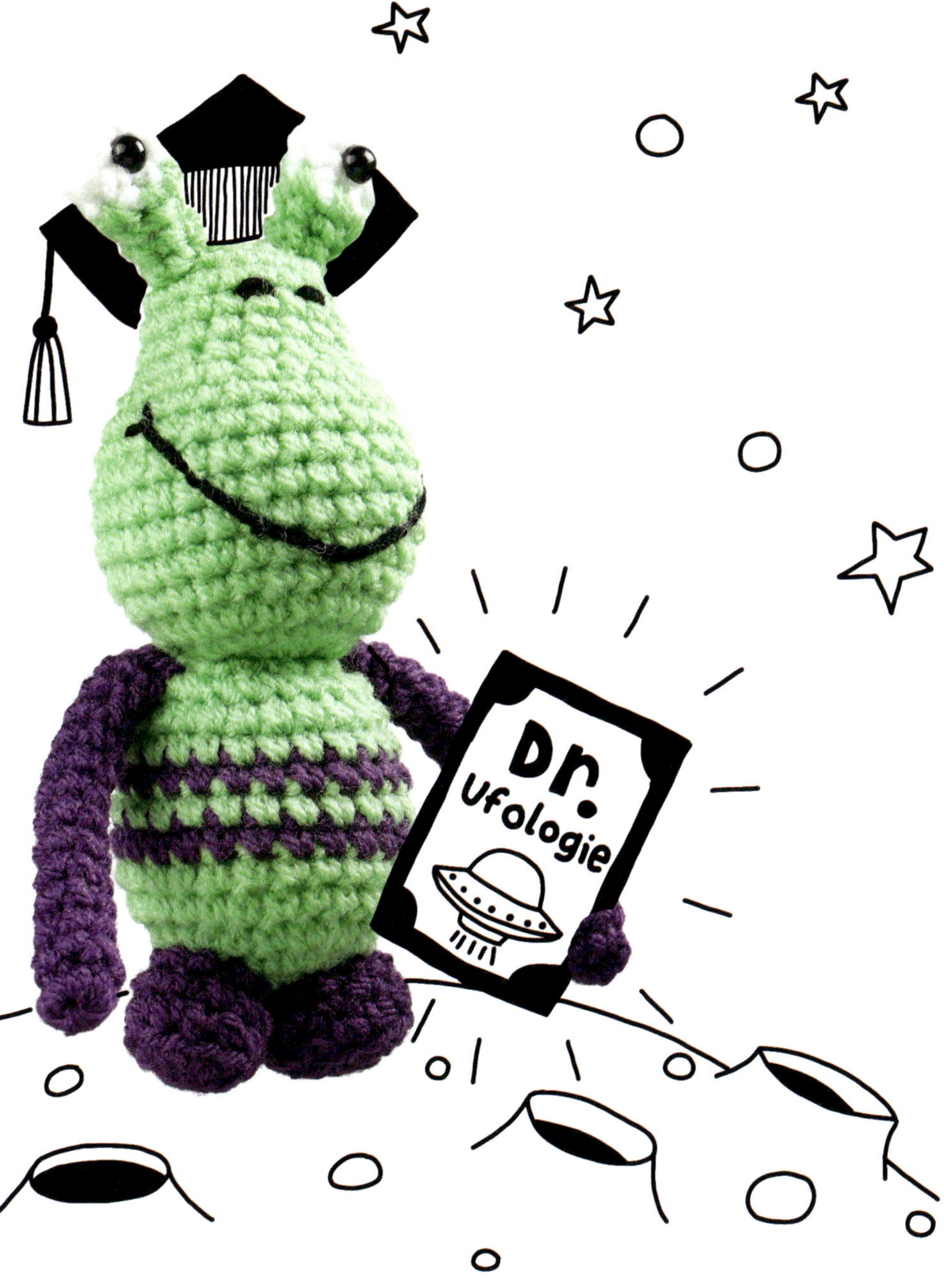

10.+11. Rd (Kiwi): Jeweils 24 fM häkeln.
12. Rd: Jede 3. und 4. fM zusammen abmaschen (= 18 M).
13. Rd: Jede 2. und 3. fM zusammen abmaschen (= 12 M).
Den Faden lang lassen und abschneiden. Den Körper fest mit Füllwatte ausstopfen.

AUGE (2x)

In Weiß einen Magic Ring anfertigen.
1. Rd: 6 fM in den Ring häkeln (= 6 M).
2. Rd: Jede 3. fM verdoppeln (= 8 M).
3. Rd: 8 fM häkeln.
Nun die Sicherheitsaugen zwischen der 2. und 3. Rd anbringen.
4. Rd (Kiwi): Jede 2. und 3. fM zusammen abmaschen (= 6 M).
5.-7. Rd: Jeweils 6 fM häkeln.
Den Faden lang lassen und abschneiden. Das 2. Auge ebenso häkeln. Die Augen nicht ausstopfen.

BEIN (2x)

In Violett einen Magic Ring anfertigen.
1. Rd: 6 fM in den Ring häkeln (= 6 M).
2. Rd: Jede fM verdoppeln (= 12 M).
3. Rd: 12 fM in die hinteren M-Glieder häkeln.
4. Rd: 12 fM häkeln.
5. Rd: Jede 3. und 4. fM zusammen abmaschen (= 9 M).
6. Rd: 9 fM häkeln.
Den Faden lang lassen und abschneiden. Das 2. Bein ebenso häkeln. Die Beine fest mit Füllwatte ausstopfen.

ARM (2X)

In Violett einen Magic Ring anfertigen.
1. Rd: 6 fM in den Ring häkeln (= 6 M).
2.-14. Rd: Jeweils 6 fM häkeln.
Den Faden lang lassen und abschneiden. Den 2. Arm ebenso häkeln. Die Arme nicht ausstopfen.

FERTIGSTELLEN

In Schwarz Mund und Nasenlöcher auf den Kopf sticken. Die Augen oben auf den Kopf nähen. Kopf und Körper zusammennähen. Die Beine unter den Körper, die Arme seitlich an den Körper nähen.

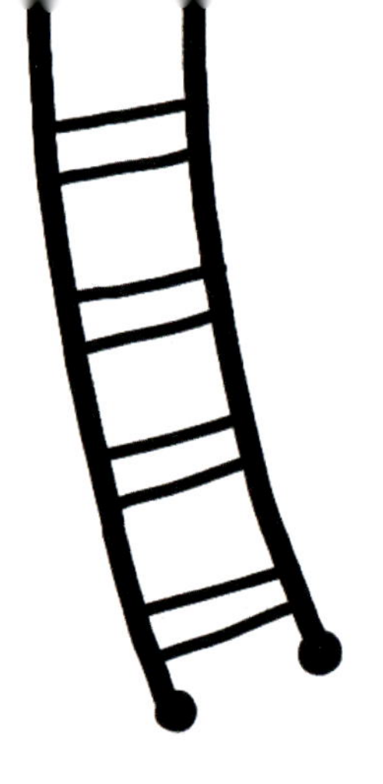

Ruby Raupe

Ich wohne:
Im Garten von Pippi Langstrumpf

Mein größtes Idol:
Die kleine Raupe Nimmersatt

Das kann ich gut:
Futtern ohne Pause

Meine Leibspeise:
Alles, einfach alles, mampf

Fabelhafteste Tat:
Auf die arbeite ich fleißig hin – die Verwandlung in einen wunderschönen bunten Schmetterling!

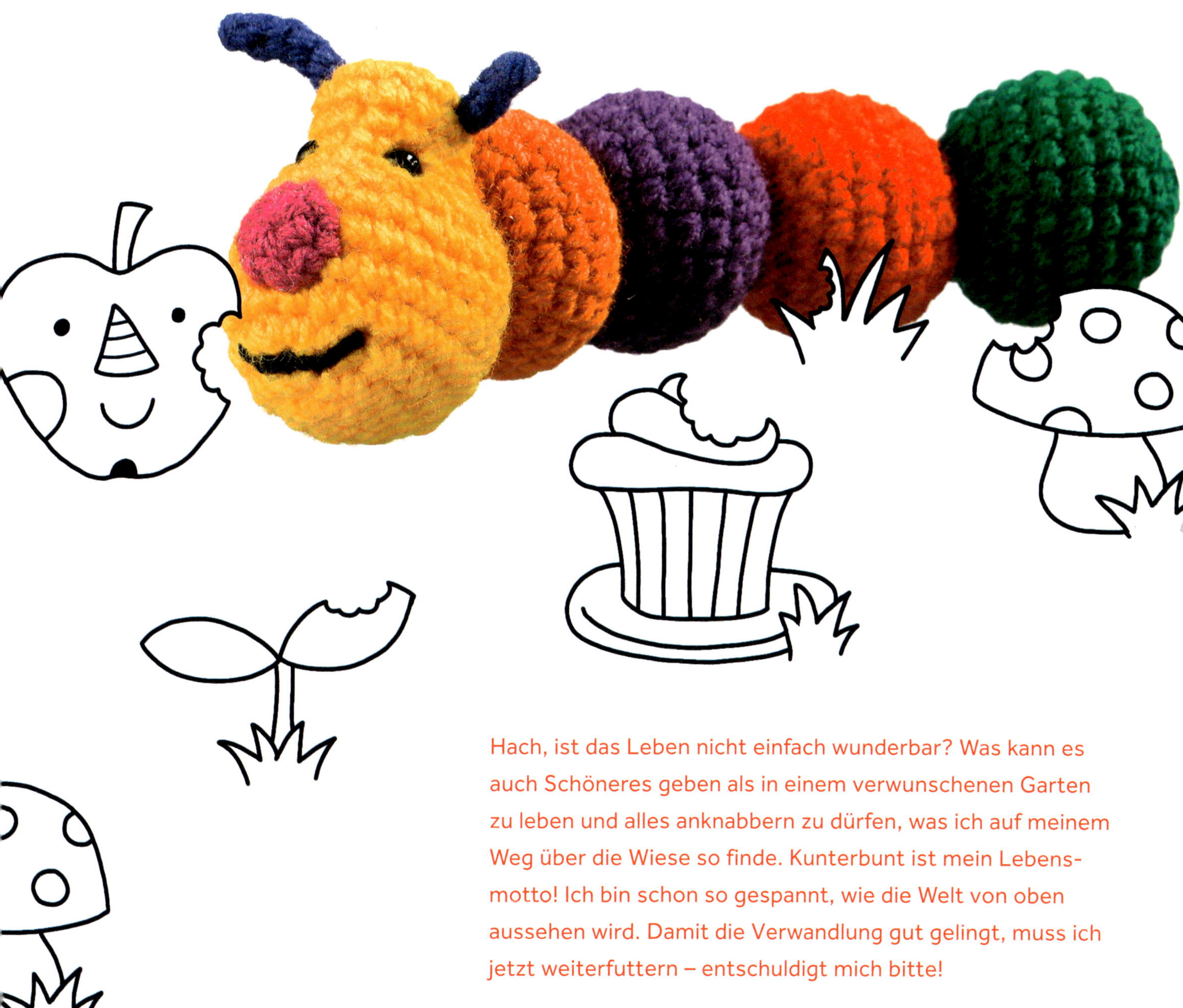

Hach, ist das Leben nicht einfach wunderbar? Was kann es auch Schöneres geben als in einem verwunschenen Garten zu leben und alles anknabbern zu dürfen, was ich auf meinem Weg über die Wiese so finde. Kunterbunt ist mein Lebensmotto! Ich bin schon so gespannt, wie die Welt von oben aussehen wird. Damit die Verwandlung gut gelingt, muss ich jetzt weiterfuttern – entschuldigt mich bitte!

SCHWIERIGKEITSGRAD 1

GRÖSSE

CA. 17 CM LANG

MATERIAL

- SCHACHENMAYR BRAVO (LL 133 M/50 G) IN GELB (FB 8210), KÜRBIS (FB 8192), POWER PINK (FB 8350), VIOLETT (FB 8303), ROYAL (FB 8211), GRAS (FB 8246) UND SCARLETT (FB 8241), JE 50 G, IN SCHWARZ (FB 8226), REST
- HÄKELNADEL 3,0 MM
- 1 PAAR SICHERHEITSAUGEN IN SCHWARZ, Ø 6 MM
- FÜLLWATTE, 10 G

ANLEITUNG

Alle Teile mit Ausnahme der Fühler werden in Spiralrd gehäkelt. Am Rd-Anfang am besten zwischen die 1. und letzte M einen Kontrastfaden oder M-Markierer einlegen.

KOPF

In Gelb einen Magic Ring anfertigen.

1. Rd: 6 fM in den Ring häkeln (= 6 M).

2. Rd: Jede fM verdoppeln (= 12 M).

3. Rd: Jede 2. fM verdoppeln (= 18 M).

4. Rd: Jede 3. fM verdoppeln (= 24 M).

5.-7. Rd: Jeweils 24 fM häkeln.

8. Rd: Jede 3. und 4. fM zusammen abmaschen (= 18 M).

9. Rd: Jede 2. und 3. fM zusammen abmaschen (= 12 M).

10.-13. Rd: Jeweils 12 fM häkeln.

Nun die Sicherheitsaugen zwischen der 10. und 11. Rd mit 2 fM Abstand zueinander anbringen.

Den Kopf fest mit Füllwatte ausstopfen.

14. Rd: Je 2 fM zusammen abmaschen (= 6 M).

Den Faden lang lassen und abschneiden, in eine Nd fädeln und die Öffnung schließen. Den Faden nach innen ziehen und vernähen.

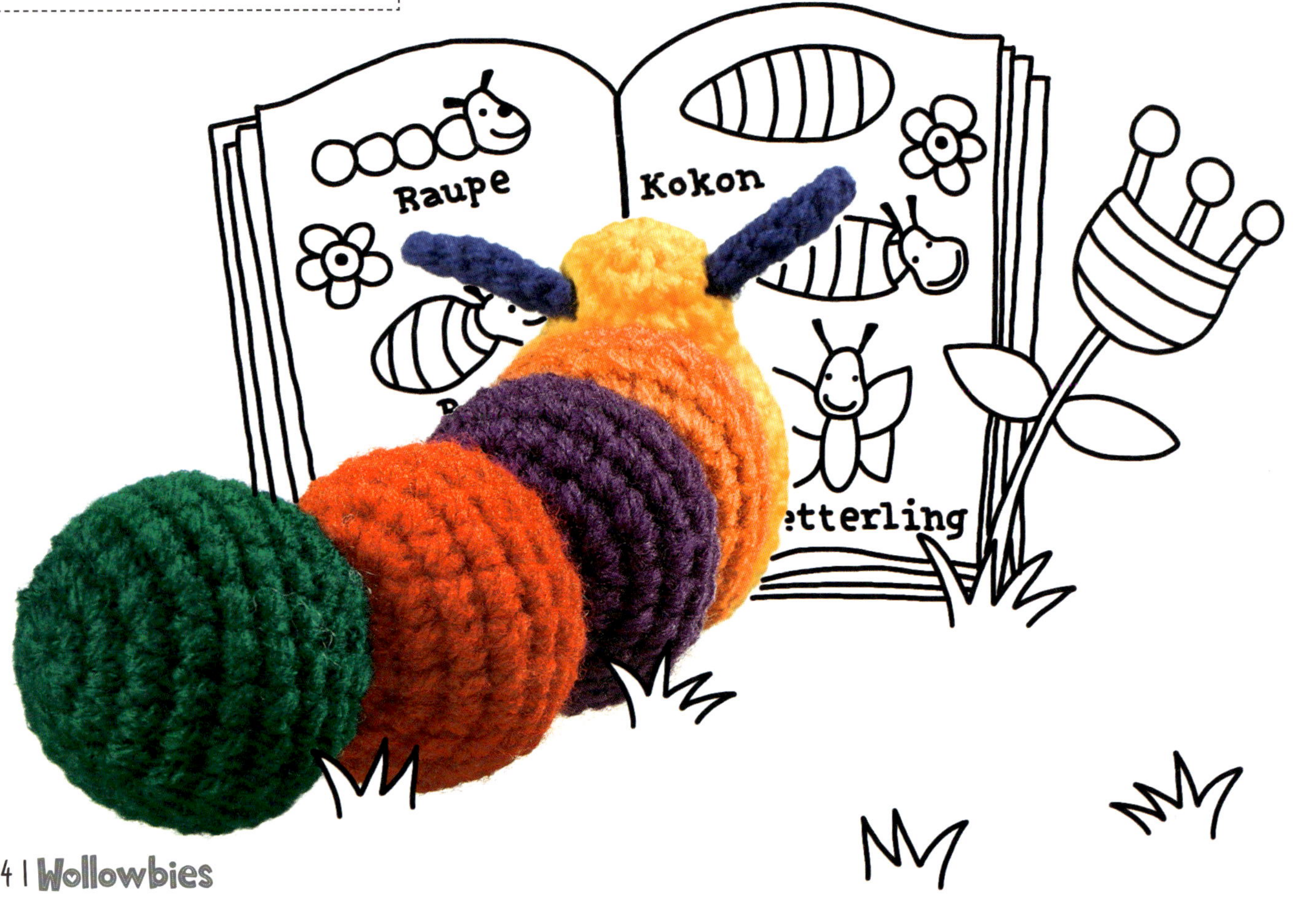

KÖRPER (4x)

In Kürbis einen Magic Ring anfertigen.

1. Rd: 6 fM in den Ring häkeln (= 6 M).

2. Rd: Jede fM verdoppeln (= 12 M).

3. Rd: Jede 3. fM verdoppeln (= 16 M).

4. Rd: Jede 4. fM verdoppeln (= 20 M).

5. Rd: Jede 10. fM verdoppeln (= 22 M).

6. Rd: 22 fM häkeln.

7. Rd: Jede 10. und 11. fM zusammen abmaschen (= 20 M).

8. Rd: Jede 4. und 5. fM zusammen abmaschen (= 16 M).

9. Rd: Jede 3. und 4. fM zusammen abmaschen (= 12 M).

Die Kugel fest mit Füllwatte ausstopfen.

10. Rd: Je 2 fM zusammen abmaschen (= 6 M).

Den Faden abschneiden.

Noch 3 weitere Kugeln in Violett, Scarlett und Gras ebenso häkeln.

TIPP: DIE RAUPE KANN BELIEBIG VERLÄNGERT WERDEN, INDEM MAN EINFACH MEHR KUGELN FÜR DEN KÖRPER HÄKELT.

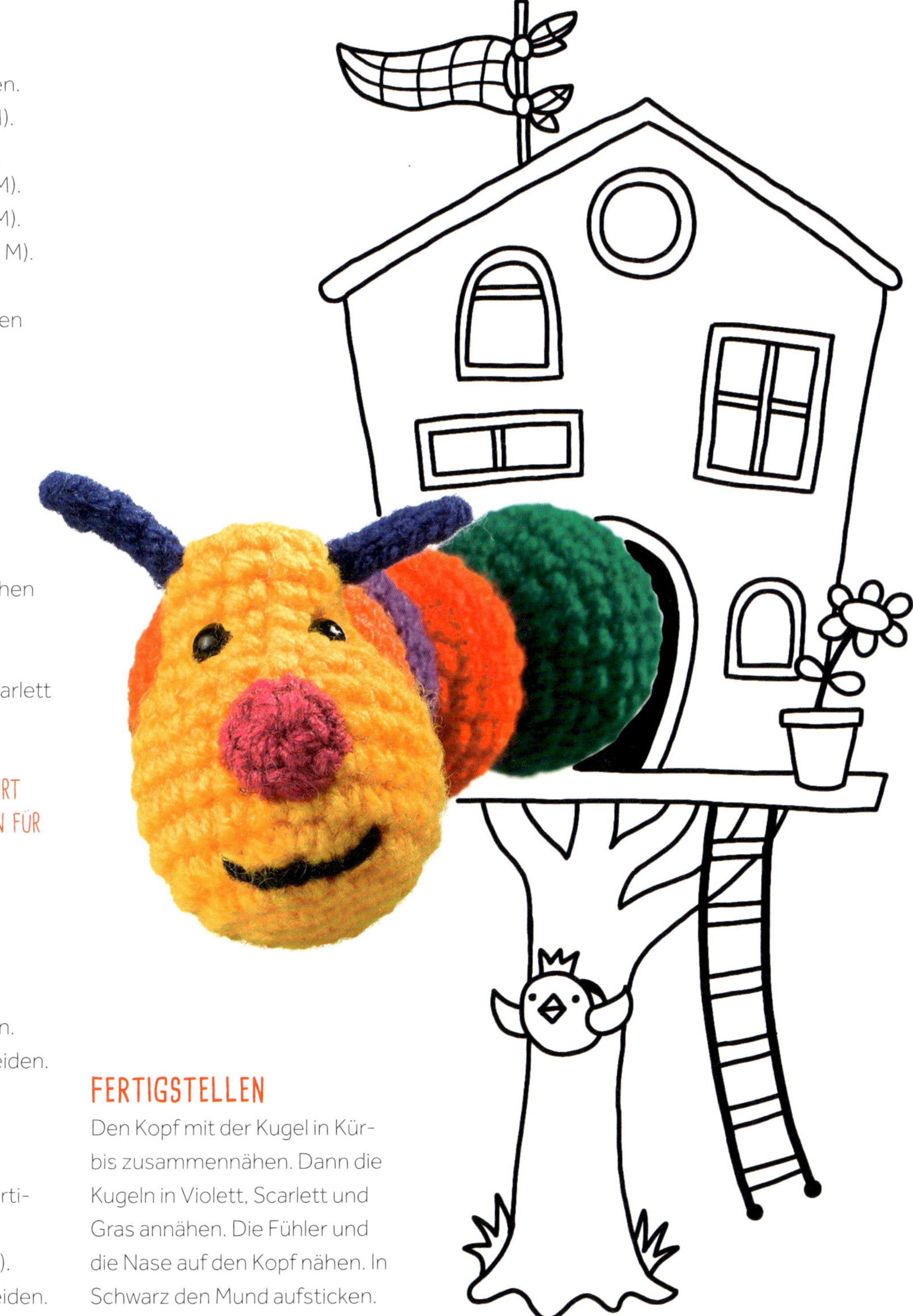

FÜHLER (2x)

In Royal 6 Lm anschl und weiter in R häkeln.

1. R: Ab der 2. Lm ab Nd 5 Km häkeln.

Den Faden lang lassen und abschneiden.

Den 2. Fühler ebenso häkeln.

NASE

In Power Pink einen Magic Ring anfertigen.

1. Rd: 6 fM in den Ring häkeln (= 6 M).

Den Faden lang lassen und abschneiden.

FERTIGSTELLEN

Den Kopf mit der Kugel in Kürbis zusammennähen. Dann die Kugeln in Violett, Scarlett und Gras annähen. Die Fühler und die Nase auf den Kopf nähen. In Schwarz den Mund aufsticken.

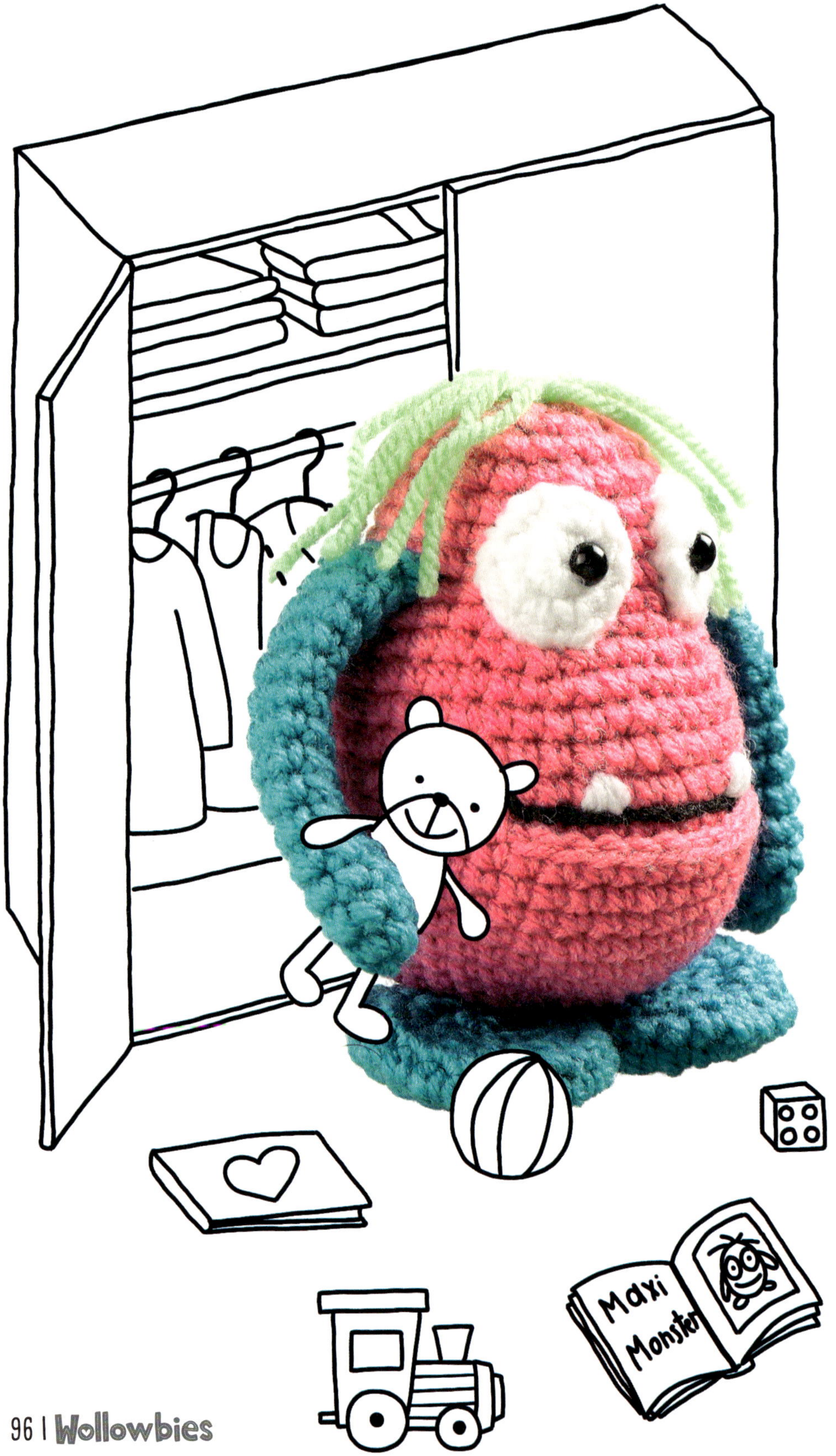

Heute bin ich richtig gut vorangekommen mit meinem Wollowbie. Ich häkle nämlich Berta Biene, ist die nicht toll? Ich beneide sie um ihre große WG, wenn ich hier so allein meine Tage im Kleiderschrank verbringe. Außerdem würde ich so gerne fliegen können! Jetzt geht es aber an die Arbeit – vorher stärke ich mich noch mit meinem Leibgericht Schokokuss mit sauren Gurken oder umgekehrt, haps.

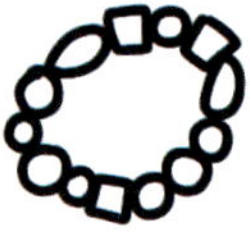

Maxi Monster

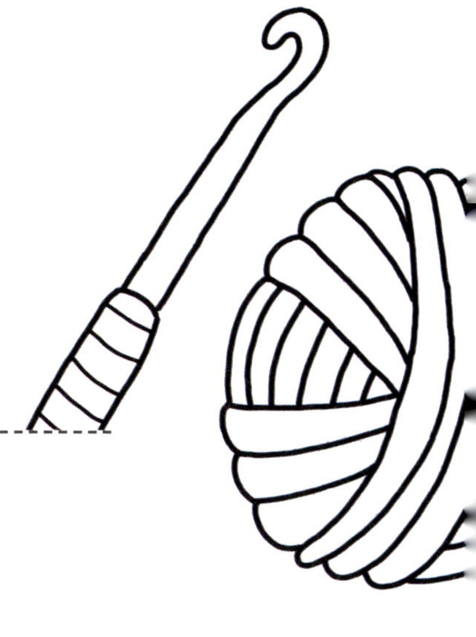

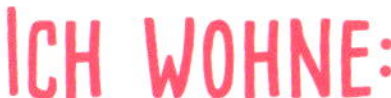

Ich wohne:

im Kleiderschrank

Mein größtes Idol:

Sulley

Das kann ich gut:

Häkeln! Schließlich hab ich tagsüber im Kleiderschrank viel Zeit ☺

Meine Leibspeise:

Riesengroße Schokoküsse - und saure Gurken dazu

Fabelhafteste Tat:

Monster-AG gucken ohne zu Heulen

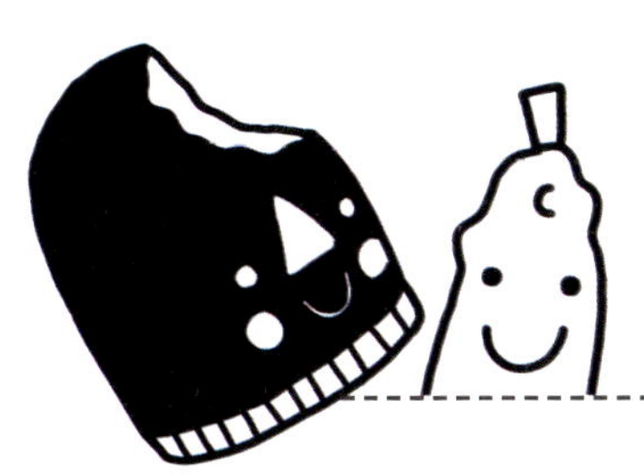

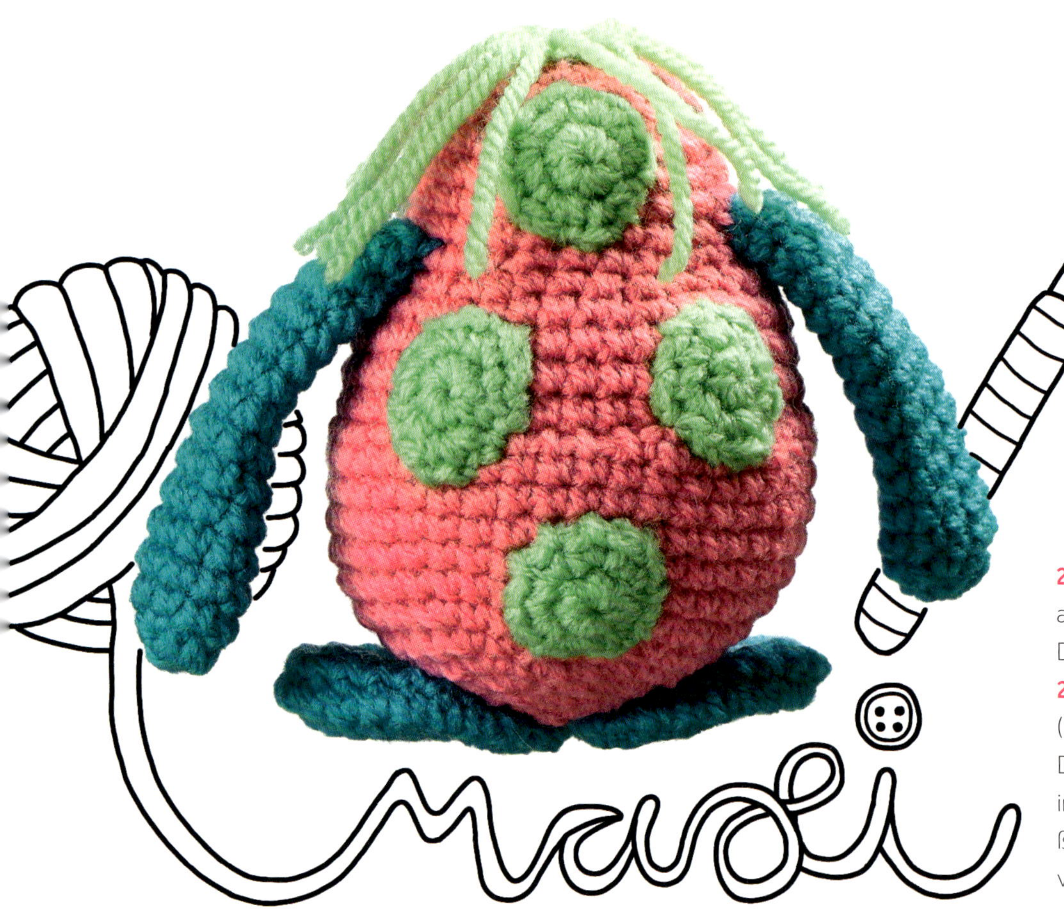

SCHWIERIGKEITSGRAD 1

MATERIAL

- SCHACHENMAYR BRAVO (LL 133 M/ 50 G) IN CANDY (FB 8305), ATLANTIS (FB 8328), KIWI (FB 8351) UND WEISS (FB 8224), JE 50 G, IN ANTHRAZIT MELIERT (FB 8370), REST
- HÄKELNADEL 3,0 MM
- 1 PAAR SICHERHEITSAUGEN IN SCHWARZ, Ø 6 MM
- FÜLLWATTE, 10 G

GRÖSSE

CA. 10 CM

ANLEITUNG

Alle Teile werden in Spiralrd gehäkelt. Am Rd-Anfang am besten zwischen die 1. und letzte M einen Kontrastfaden oder M-Markierer einlegen.

KÖRPER UND KOPF

In Candy einen Magic Ring anfertigen.

1. Rd: 6 fM in den Ring häkeln (= 6 M).
2. Rd: Jede fM verdoppeln (= 12 M).
3. Rd: Jede 2. fM verdoppeln (= 18 M).
4. Rd: Jede 3. fM verdoppeln (= 24 M).
5. Rd: Jede 4. fM verdoppeln (= 30 M).
6. Rd: Jede 5. fM verdoppeln (= 36 M).
7. Rd: Jede 6. fM verdoppeln (= 42 M).
8.-13. Rd: Jeweils 42 fM häkeln.
14. Rd: Jede 6. und 7. fM zusammen abmaschen (= 36 M).
15. Rd: Jede 5. und 6. fM zusammen abmaschen (= 30 M).
16. Rd: Jede 4. und 5. fM zusammen abmaschen (= 24 M).
17.-21. Rd: Jeweils 24 fM häkeln.
22. Rd: Jede 3. und 4. fM zusammen abmaschen (= 18 M).
23. Rd: Jede 2. und 3. fM zusammen abmaschen (= 12 M).
Den Körper fest mit Füllwatte ausstopfen.
24. Rd: Je 2 fM zusammen abmaschen (= 6 M).
Den Faden lang lassen und abschneiden, in eine Nd fädeln und die Öffnung schließen. Den Faden nach innen ziehen und vernähen.

BEIN (2x)

In Atlantis einen Magic Ring anfertigen.

1. Rd: 6 fM in den Ring häkeln (= 6 M).
2. Rd: Jede fM verdoppeln (= 12 M).
3. Rd: Jede 2. fM verdoppeln (= 18 M).
4. Rd: Jede 3. fM verdoppeln (= 24 M).
5. Rd: 24 fM häkeln.
6. Rd: Jede 3. und 4. fM zusammen abmaschen (= 18 M).
7. Rd: Jede 2. und 3. fM zusammen abmaschen (= 12 M).
8. Rd: Je 2 fM zusammen abmaschen (= 6 M).
Den Faden lang lassen und abschneiden. Das 2. Bein ebenso häkeln. Die Beine nicht ausstopfen.

ARM (2X)

In Atlantis einen Magic Ring anfertigen.
1. Rd: 6 fM in den Ring häkeln (= 6 M).
2. Rd: Jede 2. fM verdoppeln (= 9 M).
3.-15. Rd: Jeweils 9 fM häkeln.
Den Faden lang lassen und abschneiden. Den 2. Arm ebenso häkeln. Die Arme nicht ausstopfen.

AUGE (2x)

In Weiß einen Magic Ring anfertigen.
1. Rd: 6 fM in den Ring häkeln (= 6 M).
2. Rd: Jede fM verdoppeln (= 12 M).
Den Faden lang lassen und abschneiden. Das 2. Auge ebenso häkeln.
Die Sicherheitsaugen nicht in der Mitte, sondern zwischen der 1. und 2. Rd anbringen.

MAUL

In Candy einen Magic Ring anfertigen.
1. Rd: 6 fM in den Ring häkeln (= 6 M).
2. Rd: Jede fM verdoppeln (= 12 M).
3. Rd: Jede 2. fM verdoppeln (= 18 M).
4. Rd: Jede 3. fM verdoppeln (= 24 M).
5. Rd: Jede 4. fM verdoppeln (= 30 M).
6. Rd: Jede 5. fM verdoppeln (= 36 M).
7. Rd: Jede 6. fM verdoppeln (= 42 M).
8.-12. Rd: Jeweils 42 fM häkeln.
Den Faden lang lassen und abschneiden.

RÜCKENFLECK (4x)

In Kiwi einen Magic Ring anfertigen.
1. Rd: 6 fM in den Ring häkeln (= 6 M).
2. Rd: Jede fM verdoppeln (= 12 M).
Den Faden lang lassen und abschneiden. Noch 3 weitere Flecke ebenso häkeln.

FERTIGSTELLEN

Die Augen zwischen der 17. und 20. Rd auf den Körper nähen – darauf achten, dass das Monster etwas schielt. Das Maul über das untere Ende des Körpers ziehen und festnähen, dabei in der vorderen Mitte über 10 M nicht festnähen, sondern in Anthrazit meliert dort den Mund aufsticken. In Weiß 2 Zähne aufsticken. Die Arme seitlich in der 18. Rd an den Körper nähen. Die Füße flach drücken und so unter den Körper nähen, dass das Monster selbständig stehen kann. Die Rückenflecken annähen. Für die Haare 8 Fäden à 5 cm in Kiwi abschneiden und in den Kopf knüpfen.

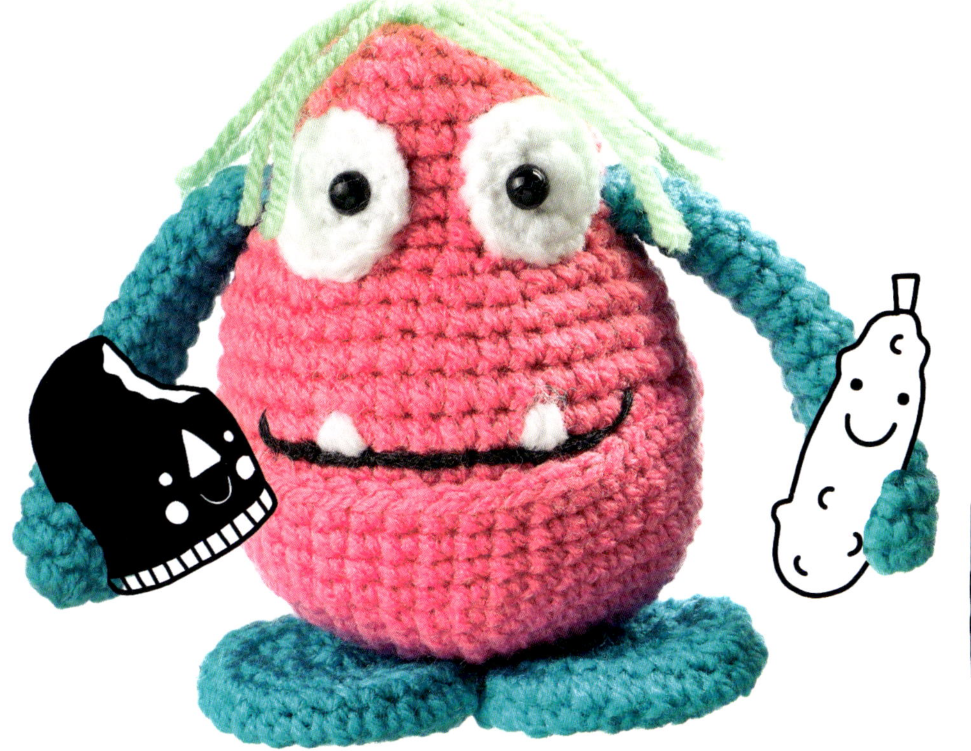

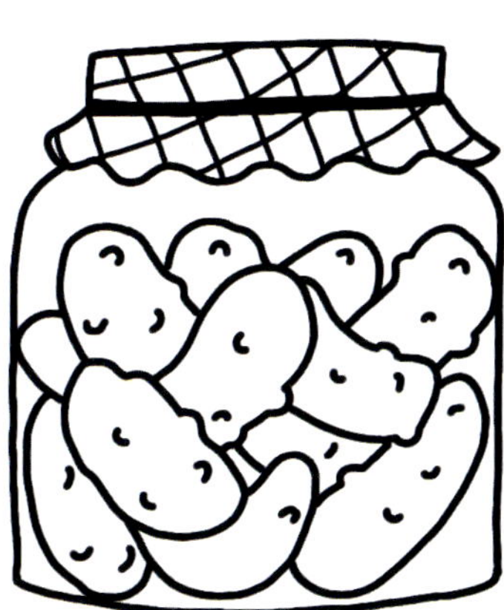

Was für ein Tag: Die ganze Zeit nur Hektik bei der Arbeit und dann musste ich zum Training und war eh schon zu spät. Da sah ich diese alte Dame am Straßenrand, die sichtlich überfordert war vom Verkehr und mich mit großen Augen hilfesuchend ansah.

Nun war es auch schon egal, ich half ihr ganz in Ruhe über die Straße und brachte sie auch ganz nach Hause. Wir haben uns toll unterhalten und seitdem kommt Edith zu jedem Basketball-Heimspiel!

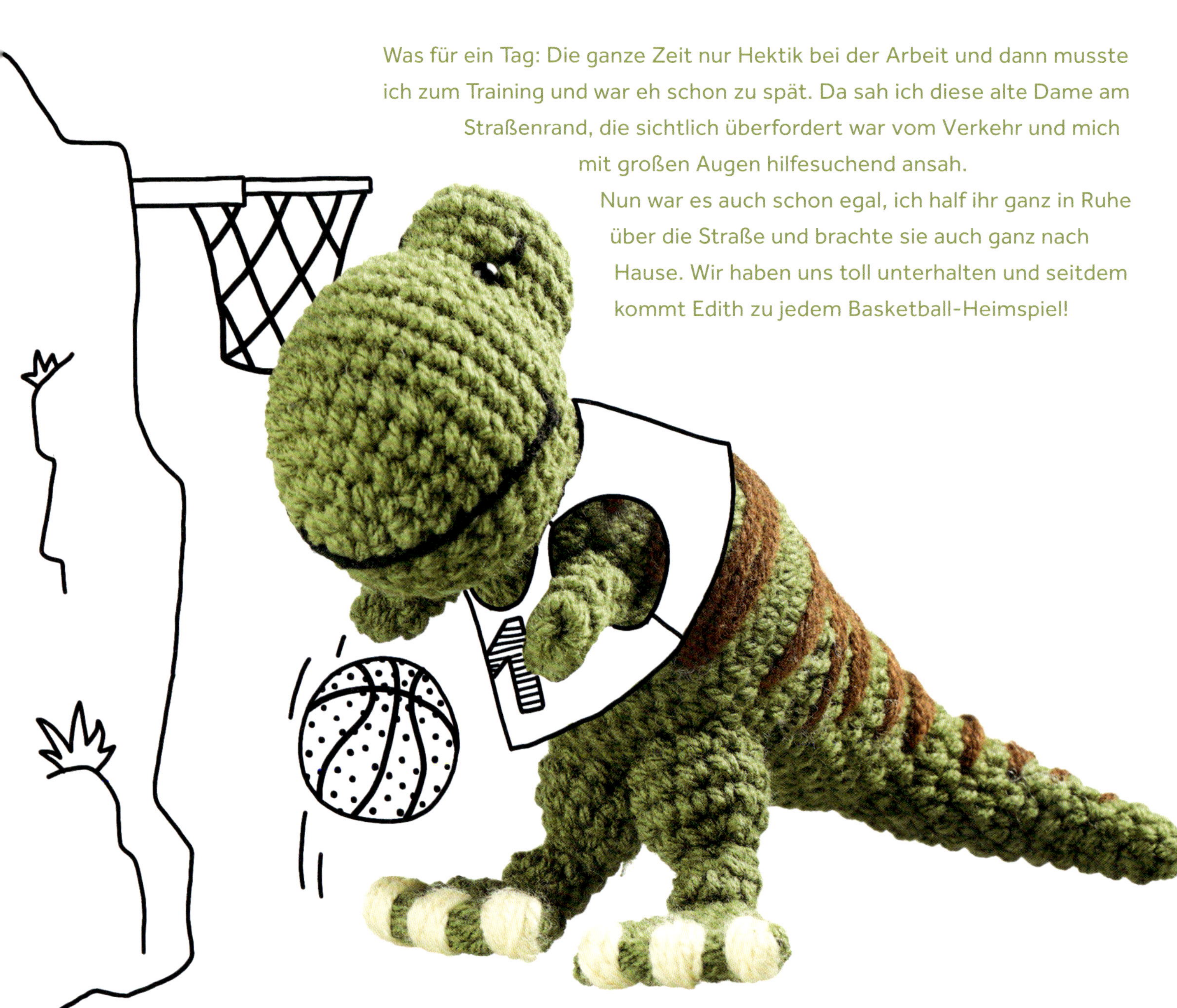

Tyler Tyranno-saurus Rex

Ich wohne:
Hinter dem 3. Felsen links in der großen Höhle

Mein größtes Idol:
Dirk Nowitzki

Das kann ich gut:
Korbleger

Meine Leibspeise:
Steak, roh

Fabelhafteste Tat:
Einer alten Dame über die Straße geholfen

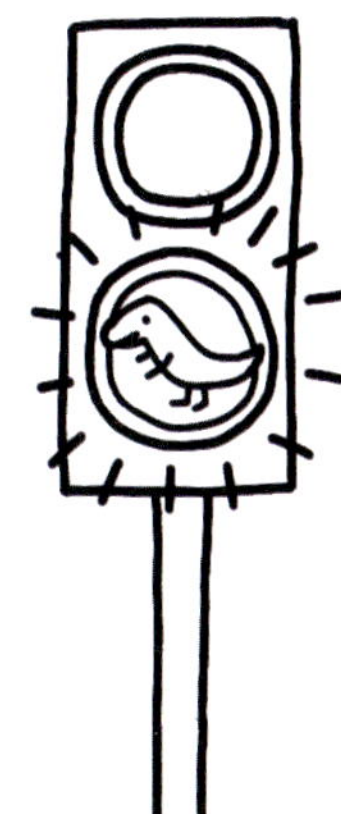

SCHWIERIGKEITSGRAD 2

GRÖSSE

CA. 14 CM

MATERIAL

- SCHACHENMAYR BRAVO (LL 133 M/ 50 G) IN BRAUN (FB 8281), SAND (FB 8364) UND AVOCADO (FB 8338), JE 50 G, IN SCHWARZ (FB 8226), REST
- HÄKELNADEL 3,0 MM
- 1 PAAR SICHERHEITSAUGEN IN SCHWARZ, Ø 6 MM
- FÜLLWATTE, 15 G

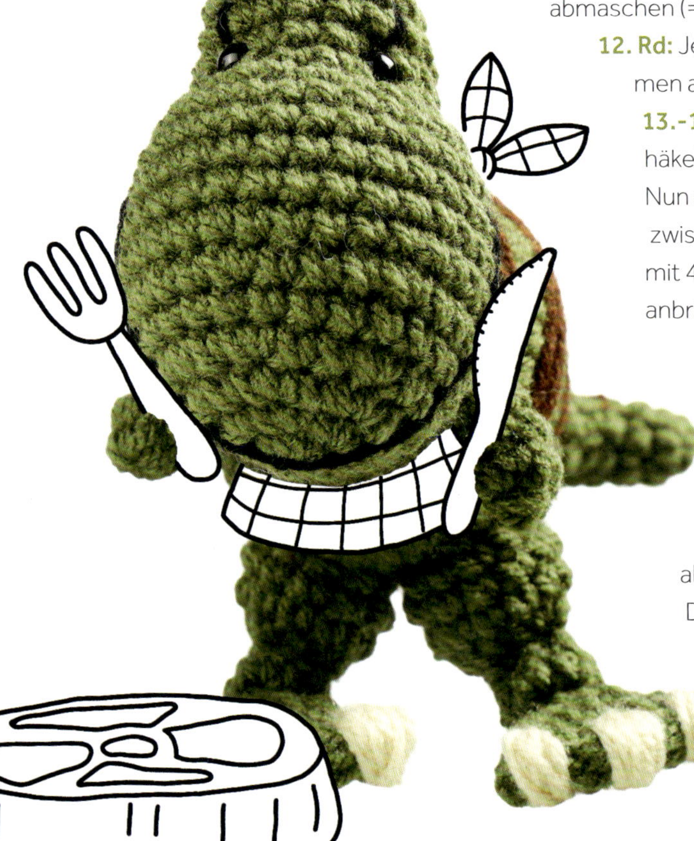

ANLEITUNG

Alle Teile werden in Spiralrd gehäkelt. Am Rd-Anfang am besten zwischen die 1. und letzte M einen Kontrastfaden oder M-Markierer einlegen.

KOPF

In Avocado einen Magic Ring anfertigen.

1. Rd: 6 fM in den Ring häkeln (= 6 M).
2. Rd: Jede fM verdoppeln (= 12 M).
3. Rd: Jede 2. fM verdoppeln (= 18 M).
4. Rd: Jede 3. fM verdoppeln (= 24 M).
5. Rd: 24 fM häkeln.
6. Rd: Jede 4. fM verdoppeln (= 30 M).
7.-10. Rd: Jeweils 30 fM häkeln.
11. Rd: Jede 4. und 5. fM zusammen abmaschen (= 24 M).
12. Rd: Jede 3. und 4. fM zusammen abmaschen (= 18 M).
13.-16. Rd: Jeweils 18 fM häkeln.
Nun die Sicherheitsaugen zwischen der 13. und 14. Rd mit 4 fM Abstand zueinander anbringen.
17. Rd: Jede 2. und 3. fM zusammen abmaschen (= 12 M).
Den Kopf fest mit Füllwatte ausstopfen.
18. Rd: Je 2 fM zusammen abmaschen (= 6 M).
Den Faden lang lassen und abschneiden, in eine Nd fädeln und die Öffnung schließen. Den Faden nach innen ziehen und vernähen.

KÖRPER

In Avocado einen Magic Ring anfertigen.

1. Rd: 6 fM in den Ring häkeln (= 6 M).
2. Rd: Jede fM verdoppeln (= 12 M).
3. Rd: Jede 2. fM verdoppeln (= 18 M).
4. Rd: Jede 3. fM verdoppeln (= 24 M).
5. Rd: Jede 4. fM verdoppeln (= 30 M).
6. Rd: Jede 5. fM verdoppeln (= 36 M).
7.+8. Rd: Jeweils 36 fM häkeln.
9. Rd: Jede 5. und 6. fM zusammen abmaschen (= 30 M).
10. Rd: 30 fM häkeln.
11. Rd: Jede 4. und 5. fM zusammen abmaschen (= 24 M).
12.+13. Rd: Jeweils 24 fM häkeln.
14. Rd: Jede 3. und 4. fM zusammen abmaschen (= 18 M).
15.+16. Rd: Jeweils 18 fM häkeln.
17. Rd: Jede 2. und 3. fM zusammen abmaschen (= 12 M).
18.+19. Rd: Jeweils 12 fM häkeln.
Den Faden lang lassen und abschneiden. Den Körper fest mit Füllwatte ausstopfen.

BEIN (2x)

In Avocado einen Magic Ring anfertigen.

1. Rd: 6 fM in den Ring häkeln (= 6 M).
2.-4. Rd: Jeweils 6 fM häkeln.
5. Rd: Jede fM verdoppeln (= 12 M).
6.-8. Rd: Jeweils 12 fM häkeln.
Den Faden lang lassen und abschneiden. Das 2. Bein ebenso häkeln. Die Beine fest mit Füllwatte ausstopfen.

FUSS (2x)

In Avocado einen Magic Ring anfertigen.

1. Rd: 6 fM in den Ring häkeln (= 6 M).
2. Rd: Jede 3. fM verdoppeln (= 8 M).
3. Rd: Jede 4. fM verdoppeln (= 10 M).

4. Rd: Jede 5. fM verdoppeln (= 12 M).
5. Rd: Jede 6. fM verdoppeln (= 14 M).
6. Rd: Jede 7. fM verdoppeln (= 16 M).
Den Faden lang lassen und abschneiden. Die Füße nicht ausstopfen.

ARM (2x)

In Avocado einen Magic Ring anfertigen.
1. Rd: 6 fM in den Ring häkeln (= 6 M).
2.-5. Rd: Jeweils 6 fM häkeln.
Den Faden lang lassen und abschneiden. Den 2. Arm ebenso häkeln. Die Arme nicht ausstopfen.

SCHWANZ

In Avocado einen Magic Ring anfertigen.
1. Rd: 4 fM in den Ring häkeln (= 4 M).
2. Rd: Jede 2. fM verdoppeln (= 6 M).
3.+4. Rd: Jeweils 6 fM häkeln.
5. Rd: Jede 3. fM verdoppeln (= 8 M).
6.+7. Rd: Jeweils 8 fM häkeln.
8. Rd: Jede 4. fM verdoppeln (= 10 M).
9.+10. Rd: Jeweils 10 fM häkeln.
11. Rd: Jede 5. fM verdoppeln (= 12 M).
12.+13. Rd: Jeweils 12 fM häkeln.
14. Rd: Jede 4. fM verdoppeln (= 15 M).
15. Rd: 15 fM häkeln.
16. Rd: Jede 5. fM verdoppeln (= 18 M).
17. Rd: 18 fM häkeln.
18. Rd: Jede 6. fM verdoppeln (= 21 M).
19. Rd: 21 fM häkeln.
20. Rd: Jede 7. fM verdoppeln (= 24 M).
21.+22. Rd: Jeweils 24 fM häkeln.
Den Schwanz fest mit Füllwatte ausstopfen. Den Faden lang abschneiden.

FERTIGSTELLEN

In Schwarz Mund und Augenbrauen auf den Kopf sticken. Den Körper zwischen der 9. und 13. Rd an den Kopf nähen. Die Füße flach drücken und die offenen Kanten schließen. Auf jeden Fuß mit einem langen Faden in Sand 3 Krallen aufsticken. Beine und Füße zusammennähen und die Beine zwischen der 4. und 7. Rd unter den Körper nähen. Die Arme zwischen der 14. und 15. Rd seitlich, den Schwanz hinten über den Beinen an den Körper nähen. Mit einem langen Faden in Braun auf Schwanz und Rücken breite Streifen sticken, dabei zwischen den Streifen jeweils 2 Rd Platz lassen.

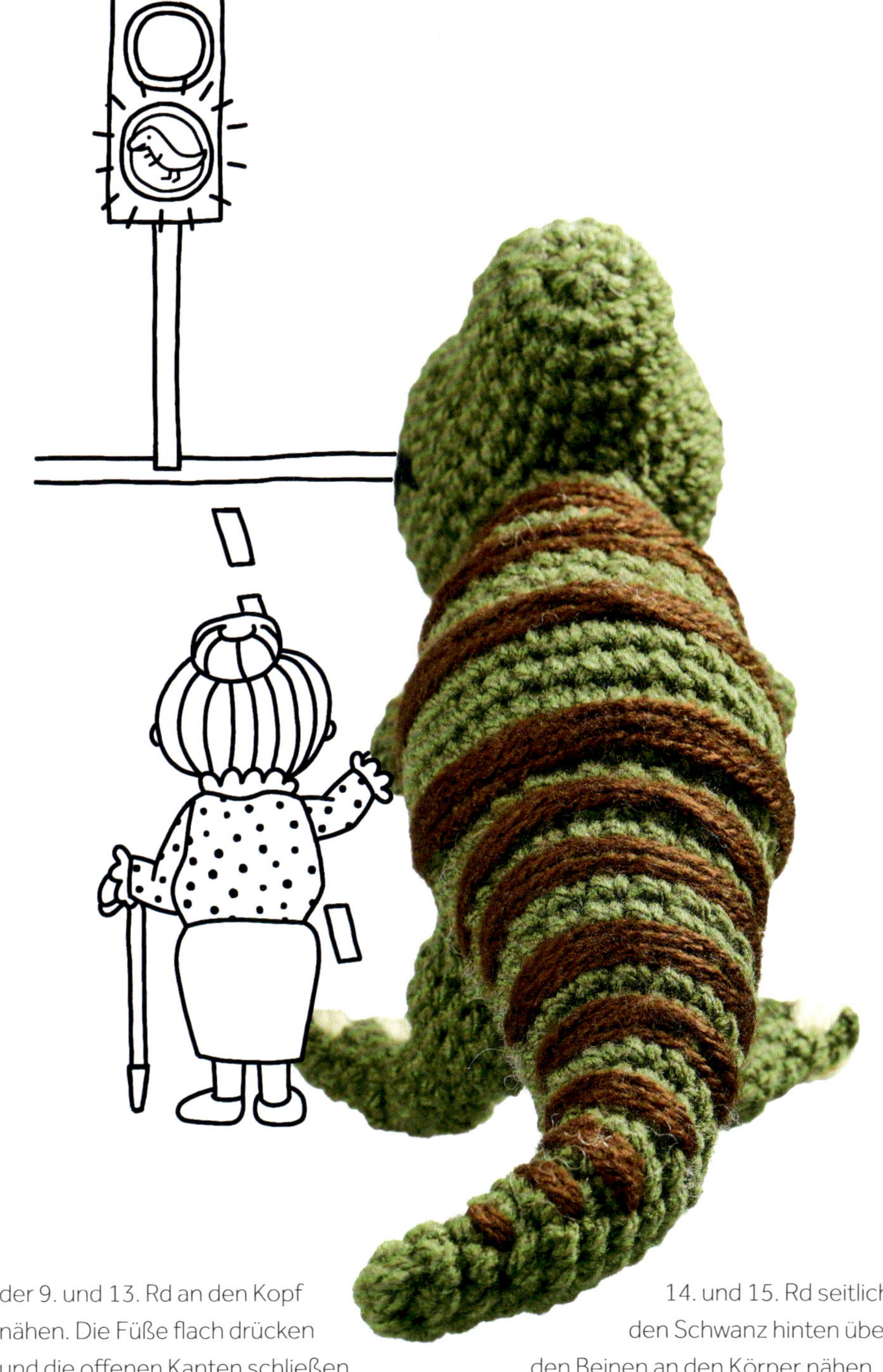

So wird's gemacht

Der Magic Ring

1 Den Faden von rechts einmal um den Zeigefinger und weiter einmal um den Daumen der linken Hand wickeln. Zwischen Daumen und Zeigefinger ist der Faden gespannt.

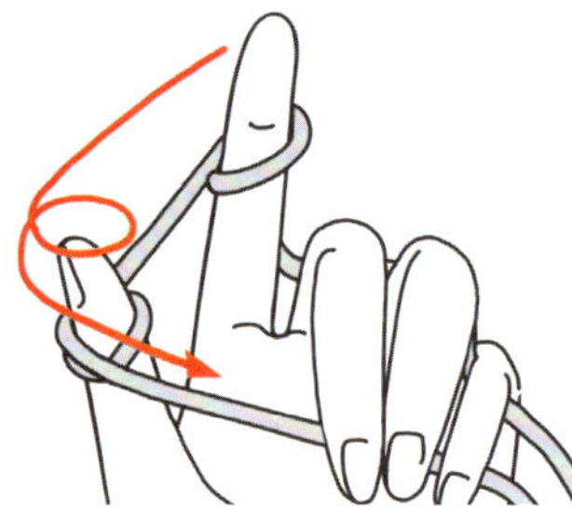

2 Mit der Häkelnadel unter den Faden am Daumen stechen und den Faden, der zum Zeigefinger führt, als Schlaufe durchziehen.

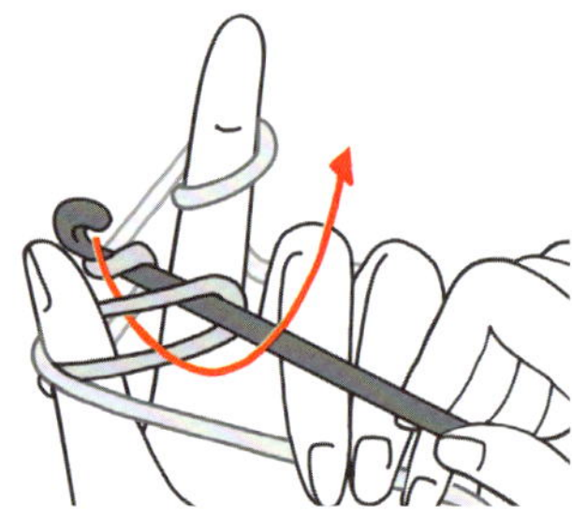

3 Aus der Schlaufe 1 Luftmasche häkeln.

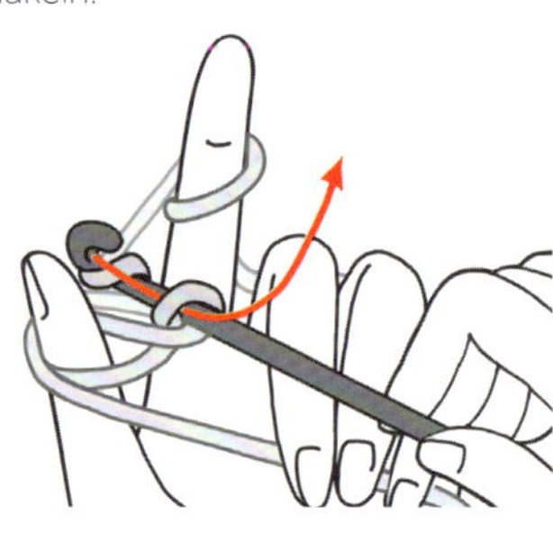

4 Um feste Maschen in den Fadenring zu häkeln, den Faden erneut als Schlaufe durchziehen ...

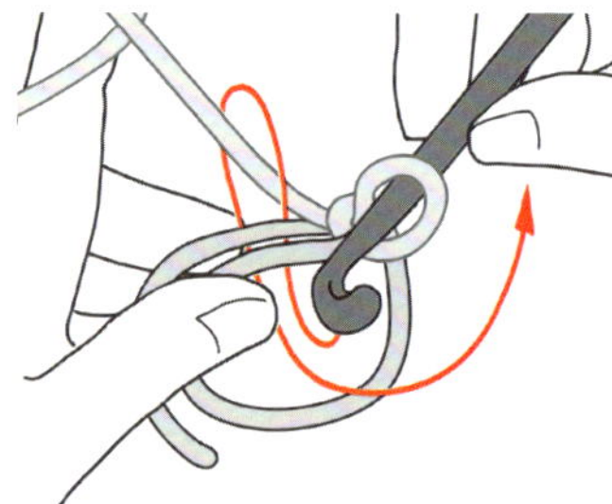

5 ...und aus beiden Schlaufen 1 feste Masche häkeln. Werden Stäbchen in den Ring gehäkelt, aus der Schlaufe 3 Luftmaschen häkeln und anschließend die benötigte Anzahl der Stäbchen in den Ring arbeiten.

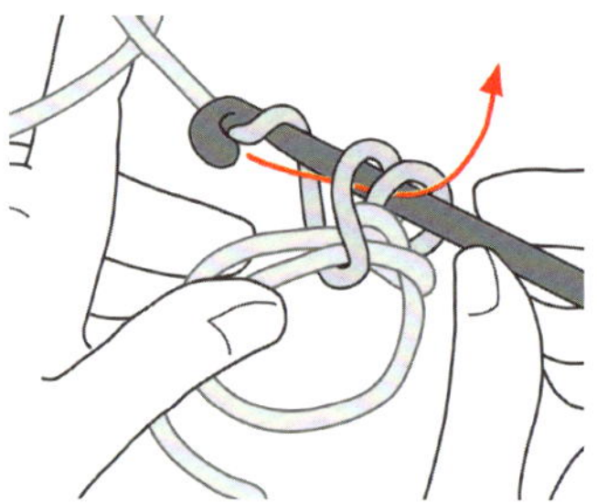

6 Haben Sie die benötigte Anzahl an Maschen gehäkelt, am losen Faden ziehen, um den Ring zusammenzuziehen. Danach den Fadenring mit 1 Kettmasche schließen.

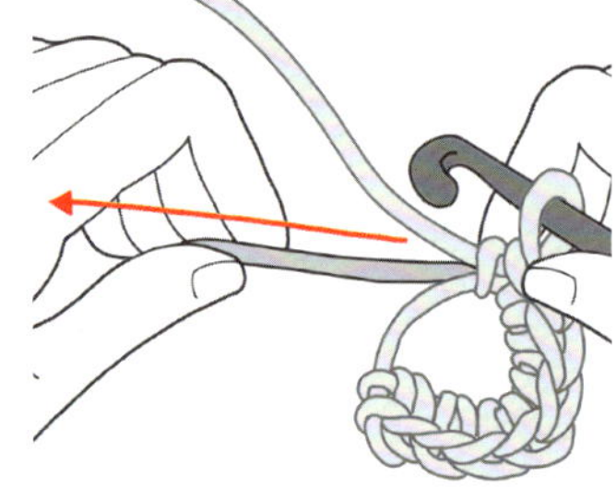

Luftmaschen anschlagen

Bevor Sie mit dem Häkeln beginnen, bilden Sie eine Anfangsschlinge.

1 Klemmen Sie den Faden zwischen kleinen und Ringfinger und führen Sie ihn hinter dem Mittelfinger entlang. Nun den Faden um den Zeigefinger legen ...

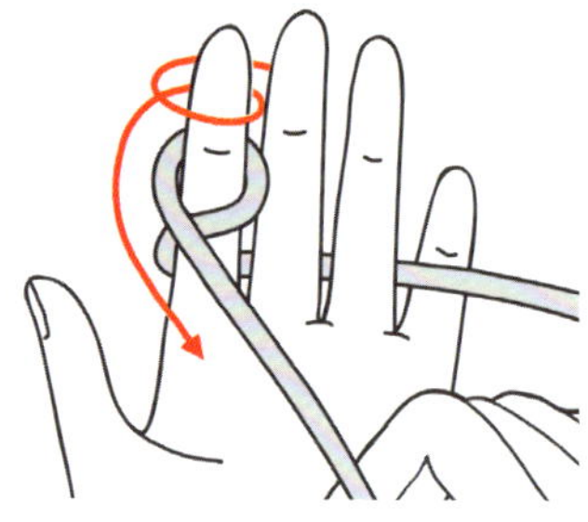

2 ... und um den Daumen schlingen. Das Fadenende liegt in der Hand.

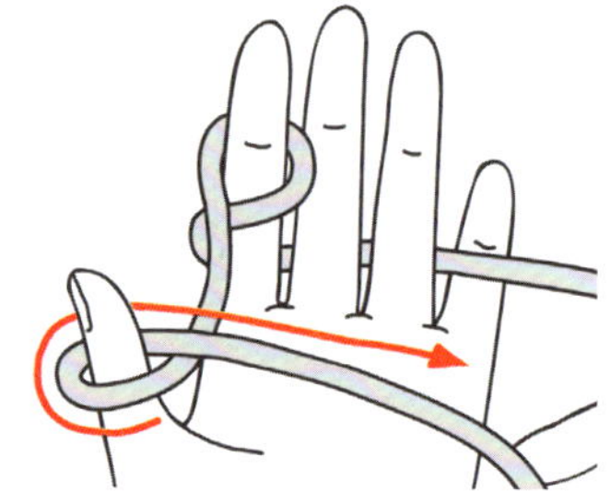

3 Nun nehmen Sie die Nadel und holen den Faden vom Zeigefinger durch die Daumenschlinge. Dann den Daumen aus der Schlinge nehmen.

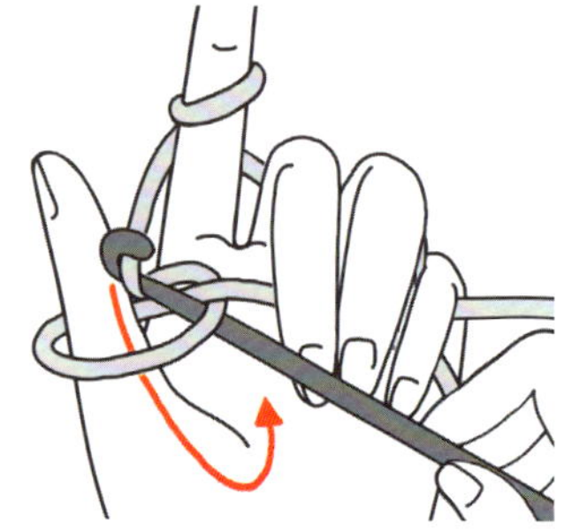

4 Schieben Sie den Daumen unter das Fadenende, welches Sie mit dem Mittel-, Ring- und dem kleinen Finger festhalten.

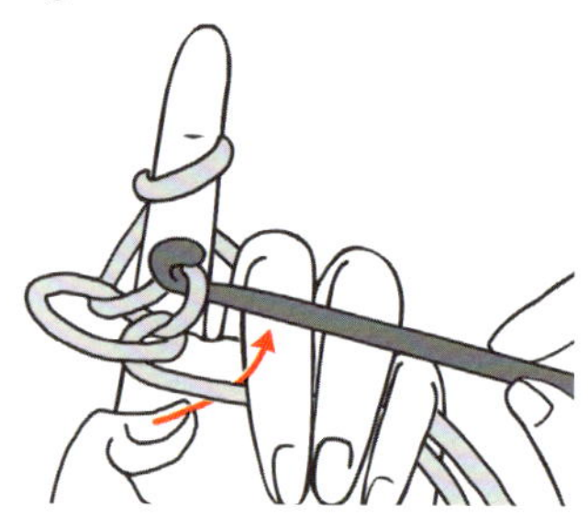

5 Dann Daumen und Zeigefinger spreizen und die Anfangsschlinge auf der Nadel festziehen. Sie sollte beweglich auf der Nadel liegen, jedoch nicht herunterrutschen.

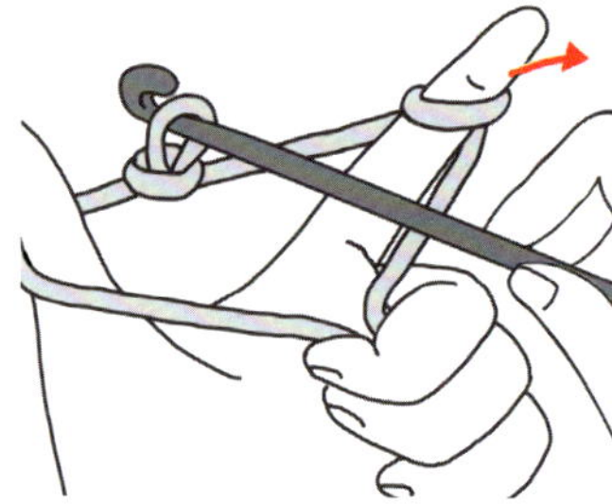

6 Um nun weitere Luftmaschen anzuschlagen, holen Sie mit der Nadel den Faden, der vom Zeigefinger kommt, und ziehen ihn durch die Schlinge auf der Nadel. So entsteht eine Luftmaschenkette.

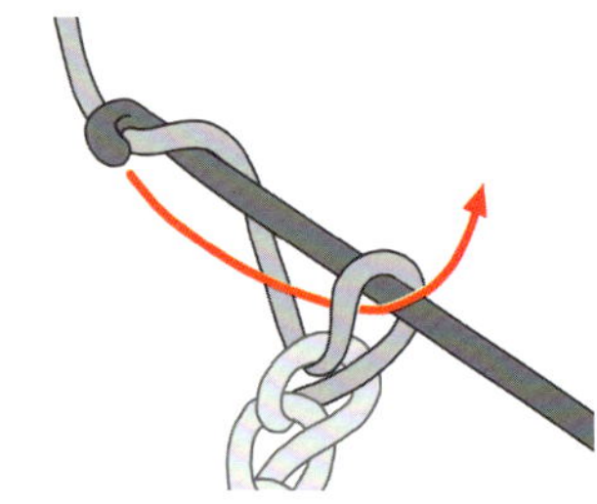

FESTE MASCHEN

1 Stechen Sie mit der Häkelnadel in die zweite Luftmasche von der Nadel aus ein und holen Sie den Faden, indem Sie ihn von hinten nach vorne mit der Nadel erfassen …

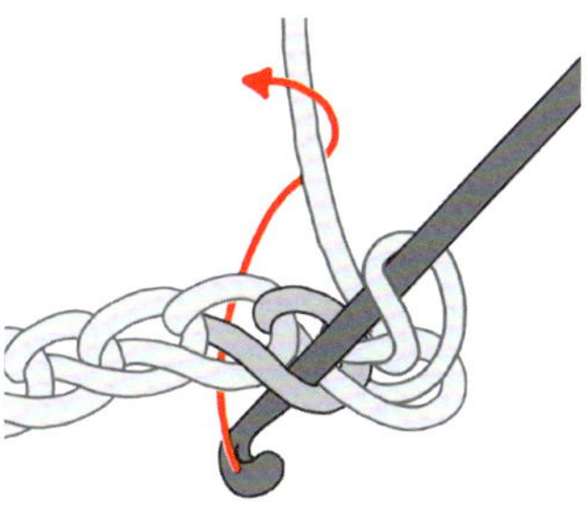

2 … und ihn durch die Luftmasche ziehen. Jetzt liegen 2 Schlingen auf der Nadel.

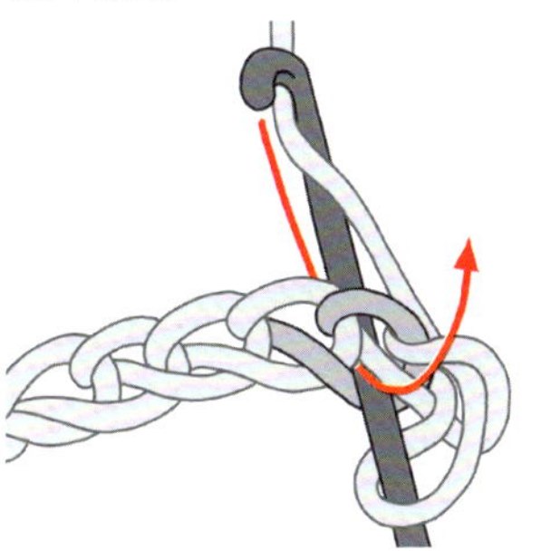

3 Holen Sie nun noch einmal den Faden (von hinten nach vorne) und ziehen ihn durch beide Schlingen.

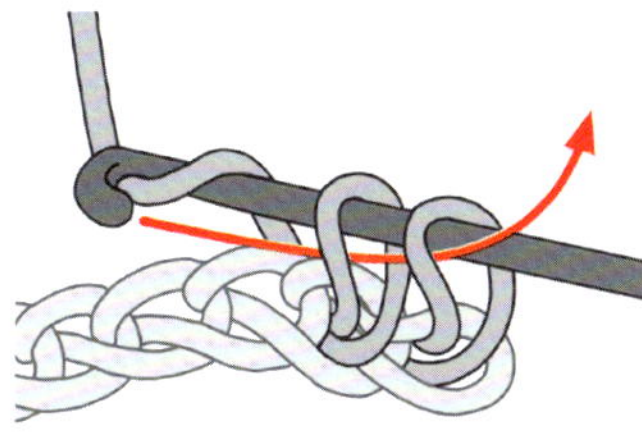

4 Nun stechen Sie in die nächste Luftmasche und wiederholen die Schritte.

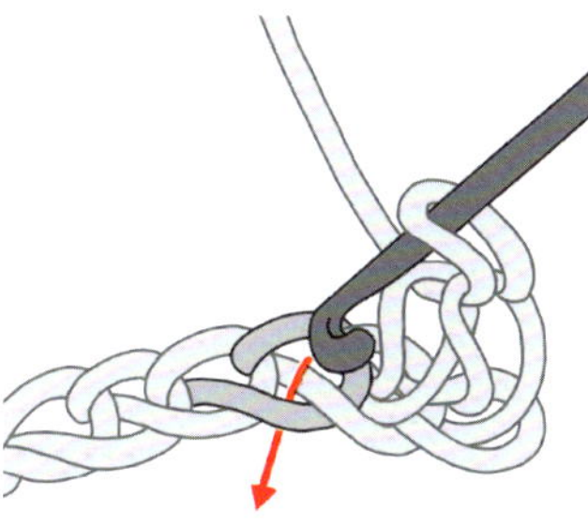

5 Werden feste Maschen in Reihen gehäkelt, muss die Arbeit nach jeder Reihe gewendet werden. Am Reihenanfang immer zunächst 1 Wende-Luftmasche häkeln. Dann in die nächste Masche der vorangegangenen Reihe einstechen und weiter feste Maschen häkeln.

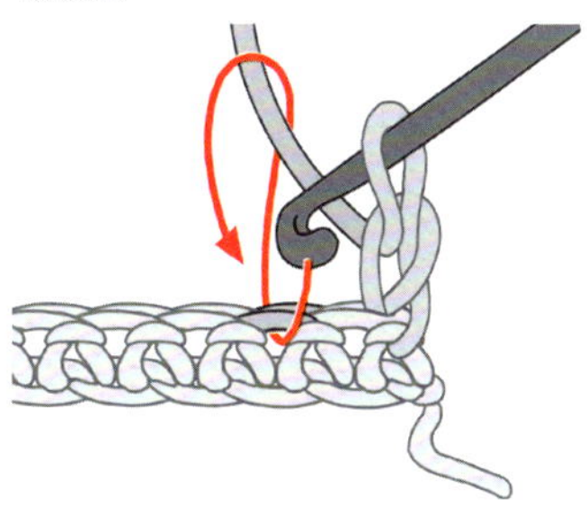

STÄBCHEN

1 Um ein Stäbchen zu häkeln, den Faden um die Nadel legen und in die nächste Masche der Vorreihe einstechen. Nun den Faden durch die Masche holen. Es befinden sich jetzt 3 Schlingen auf der Nadel.

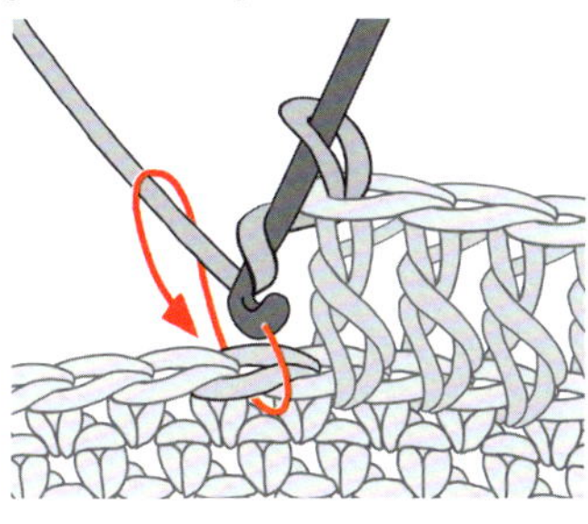

2 | Den Faden holen und durch 2 der 3 Schlingen ziehen.

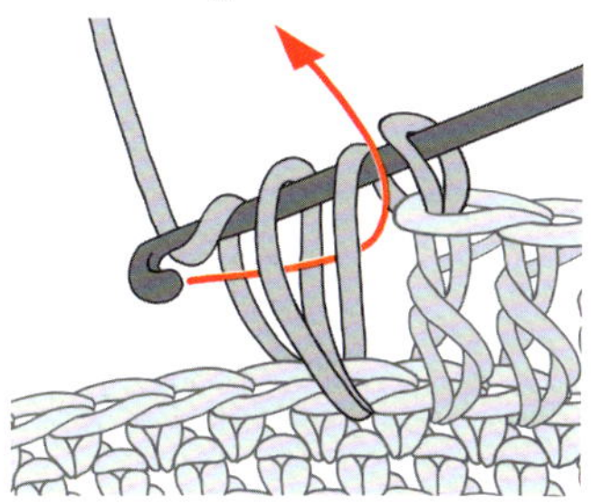

3 | Es liegen jetzt 2 Schlingen auf der Nadel. Nun den Faden wieder holen und durch die beiden Schlingen ziehen.

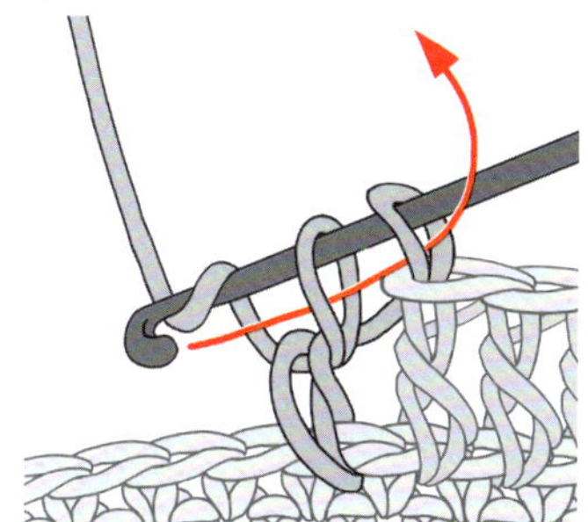

HALBES STÄBCHEN

1 Für ein halbes Stäbchen zunächst den Faden einmal um die Nadel schlingen, dann in die nächste Masche einstechen und den Faden durchholen.

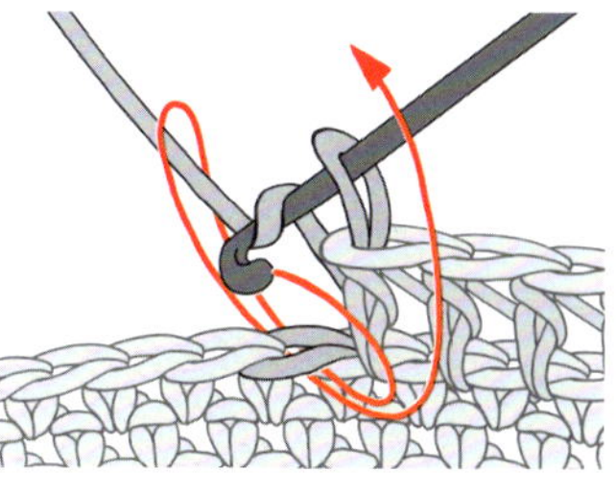

2 Es liegen nun 3 Schlingen auf der Nadel. Den Faden erneut holen und durch alle 3 Schlingen ziehen.

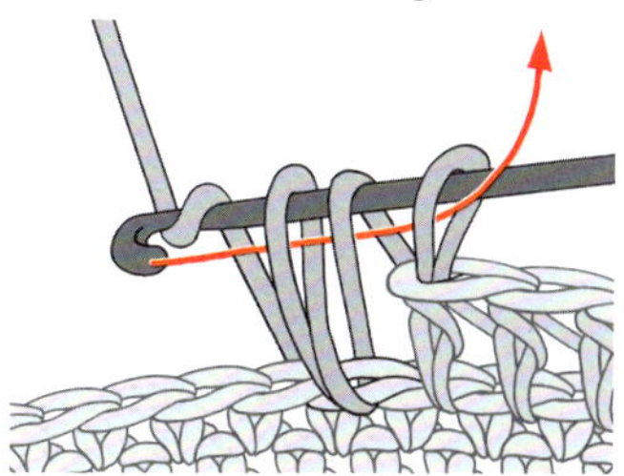

GESCHLOSSENE RUNDEN

1 Feste Maschen in den Fadenring häkeln.

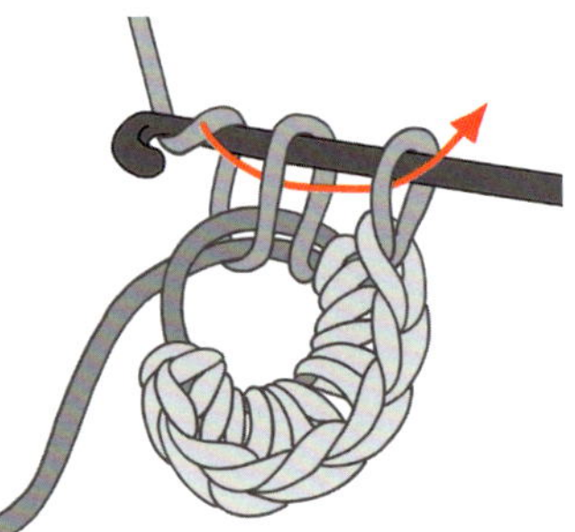

2 In die 1. Masche der nächsten Runde einstechen und die Runde mit 1 Kettmasche schließen.

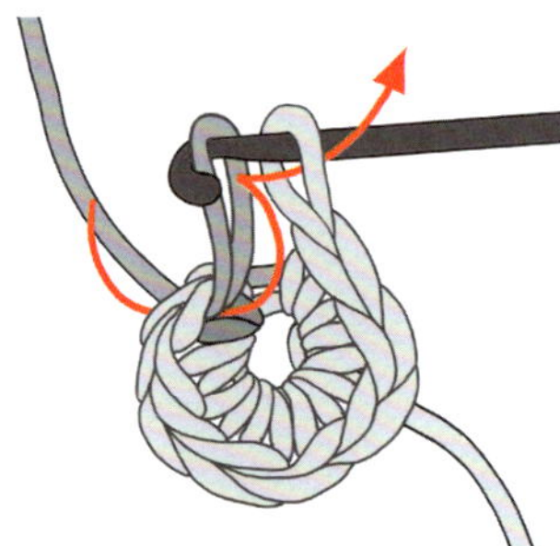

3 1 Steigeluftmasche häkeln. Diese Steigeluftmasche dient dazu, die richtige Häkelhöhe für die nächste Reihe zu erreichen. Jede Maschenart hat ihre eigene Anzahl an Steigeluftmaschen. Wenn nicht anders angegeben, wird die Steigeluftmasche nicht mitgezählt.

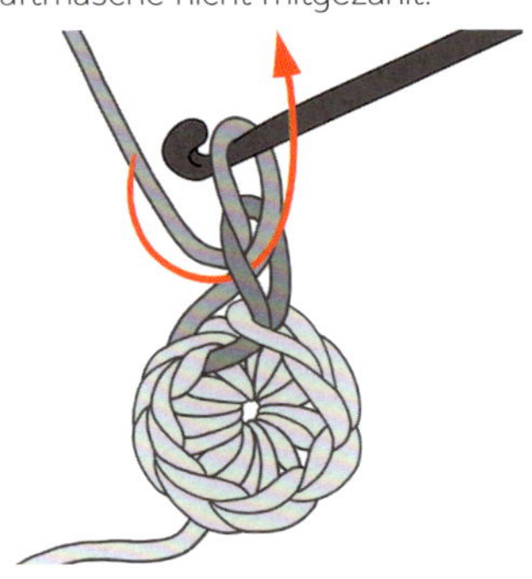

SPIRALRUNDEN HÄKELN

1 Feste Maschen in den Fadenring häkeln.

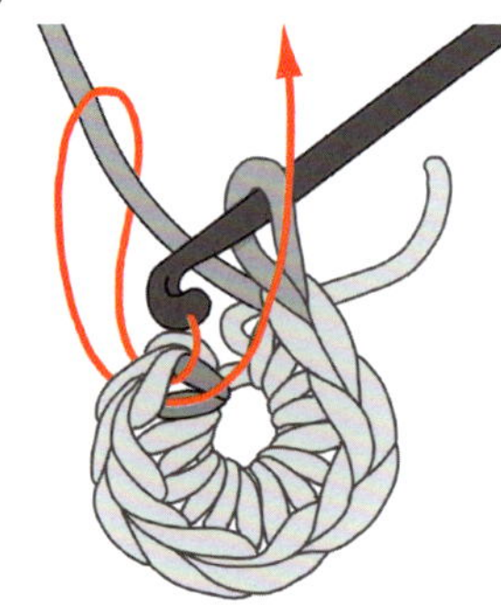

2 Zwischen die letzte Masche der 1. Runde und die 1. Masche der nächsten Runde einen Kontrastfaden legen, um den Rundenanfang zu markieren.

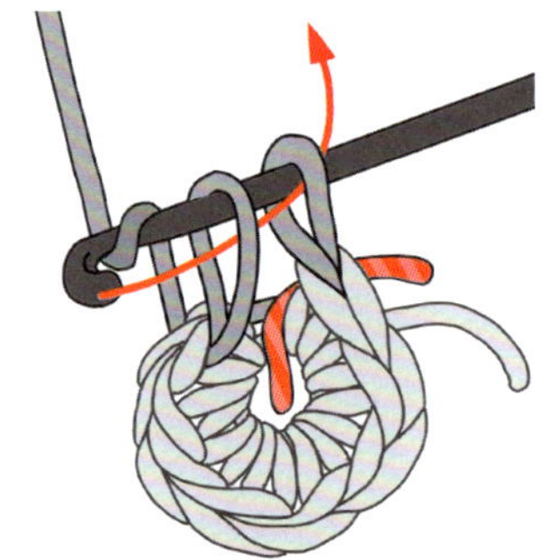

HINWEIS: Es empfiehlt sich, in regelmäßigen Abständen weitere Kontrastfäden einzulegen. Dies erleichtert das Abzählen der Runden.

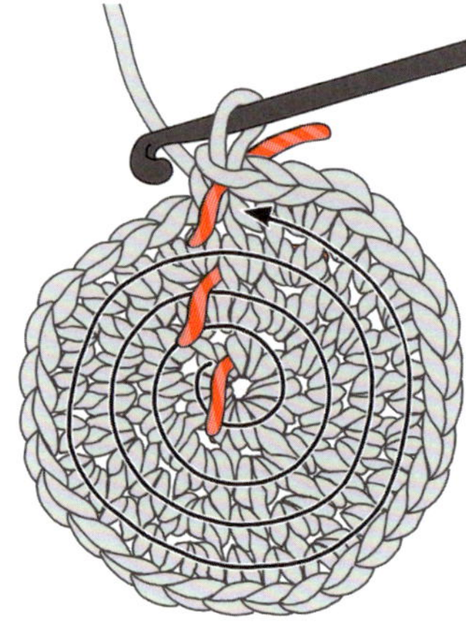

MASCHEN ABNEHMEN

Soll die Häkelarbeit kleiner oder enger werden, müssen Maschen abgenommen werden.

Zwei feste Maschen zusammen abmaschen

1 Sollen 2 feste Maschen abgenommen werden, für jede feste Masche je 1 Schlinge auf die Nadel holen.

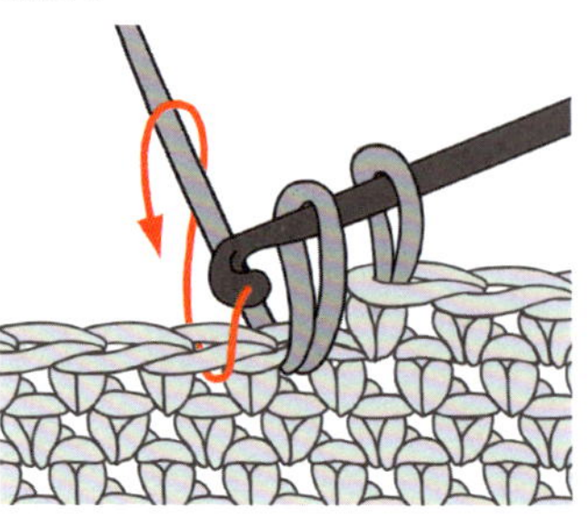

2 Anschließend den Faden holen und durch alle auf der Nadel befindlichen Schlingen ziehen. Die Maschenzahl verringert sich um 1 Masche.

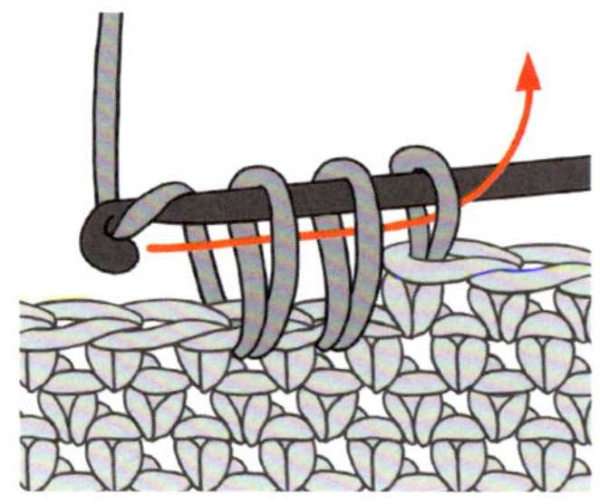

MASCHEN VERDOPPELN

Sollen einzelne Maschen zugenommen werden, wird eine bereits gehäkelte Masche „verdoppelt", d. h., in die Einstichstelle der zuletzt gehäkelten Masche wird eine 2. Masche gehäkelt. Alle Arten von Maschen können so zugenommen werden. Diese Zunahme kann in Runden und in Reihen erfolgen. Die Maschenzahl vergrößert sich um 1 Masche.

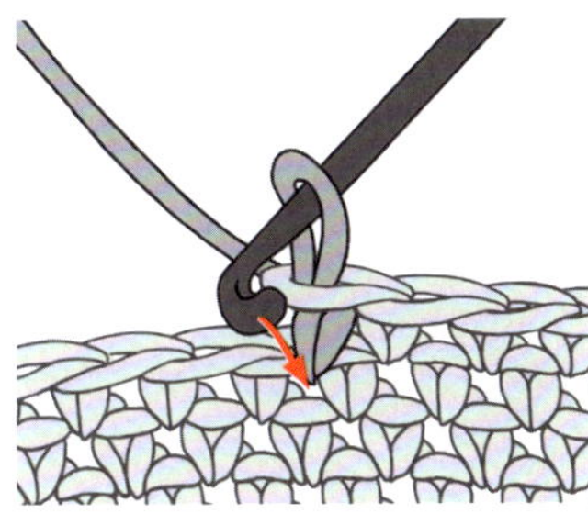

FARBWECHSEL

Um für ein Streifenmuster die Farbe zu wechseln, bei der letzten festen Masche der Vorreihe den Faden der alten Farbe mit einem Umschlag durchholen, sodass 2 Schlingen auf der Nadel liegen. Diese beiden Schlingen mit dem Garn in der neuen Farbe abmaschen. Die letzte feste Masche ist so komplett in der alten Farbe gehäkelt, die Schlinge auf der Nadel hat bereits die neue Farbe.

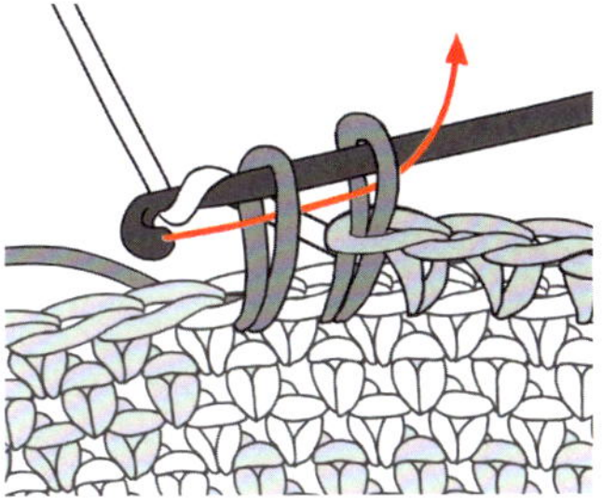

TEILE BEENDEN UND ZUSAMMENNÄHEN

Zum Beenden den Faden abschneiden – dabei das Ende immer etwas länger lassen –, durch die Schlinge ziehen und vernähen bzw. zum Annähen des Teiles verwenden.

ABKÜRZUNGEN

anschl = anschlagen

arb = arbeiten

Fb = Farbe(n)

fM = feste Masche(n)

Häkelnd = Häkelnadel

hStb = halbe(s) Stäbchen

Km = Kettmasche(n)

LL = Lauflänge

Lm = Luftmasche(n)

M = Masche(n)

Nd = Nadel(n)

R = Reihe(n)

Rd = Runde(n)

Stb = Stäbchen

Willkommen in der Welt der Wollowbies

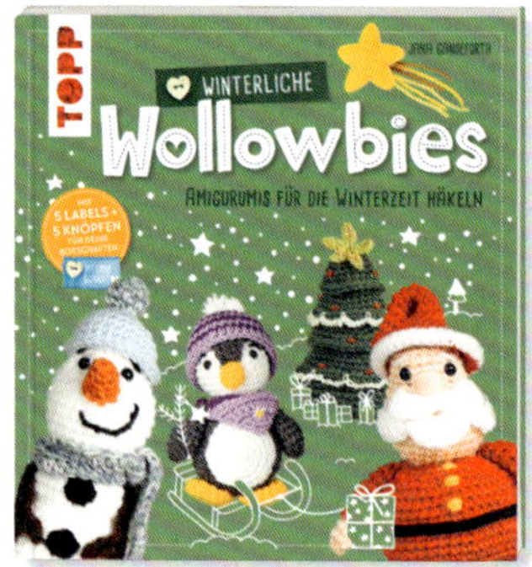

ISBN 978-3-7724-4874-4

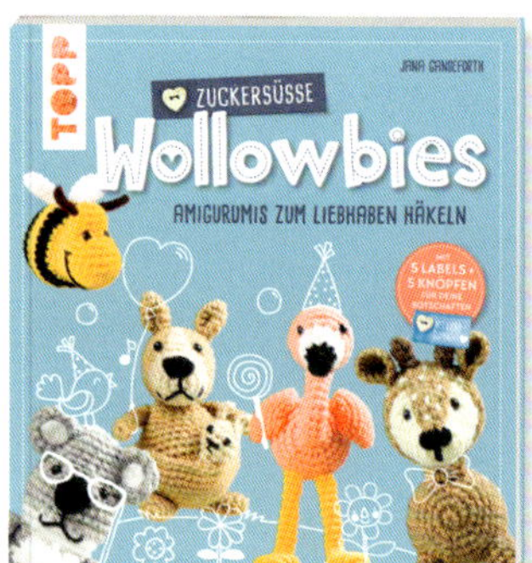

ISBN 978-3-7724-4888-1

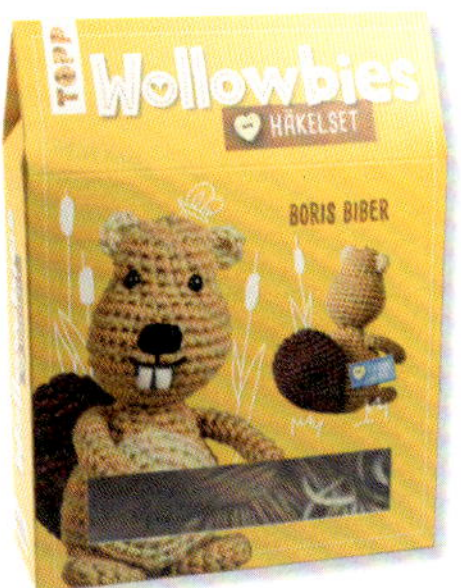

GTIN 4007742181932

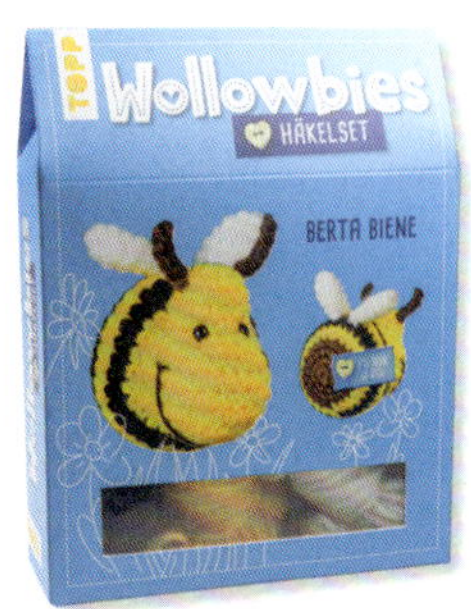

GTIN 4007742181949

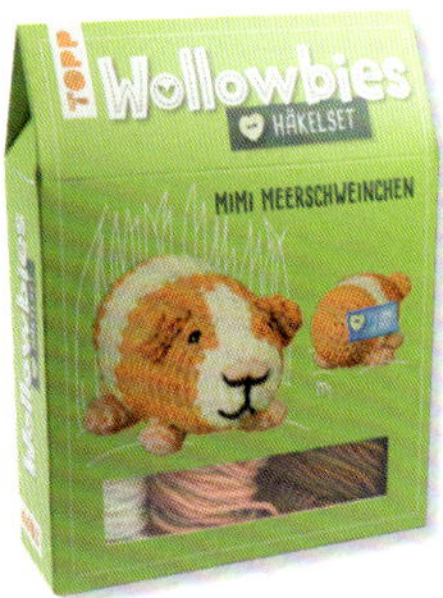

GTIN 4007742182298

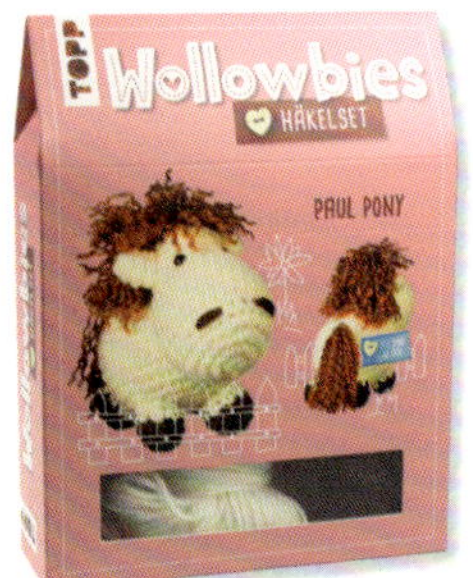

GTIN 4007742181956

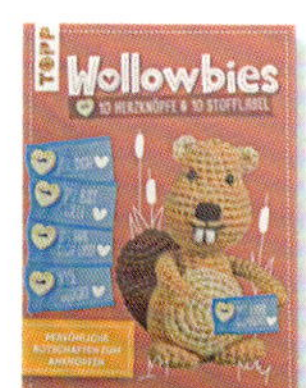

GTIN 4007742182151

Buchempfehlungen für dich

Noch mehr kreative Bücher zum gleichen Thema gesucht?

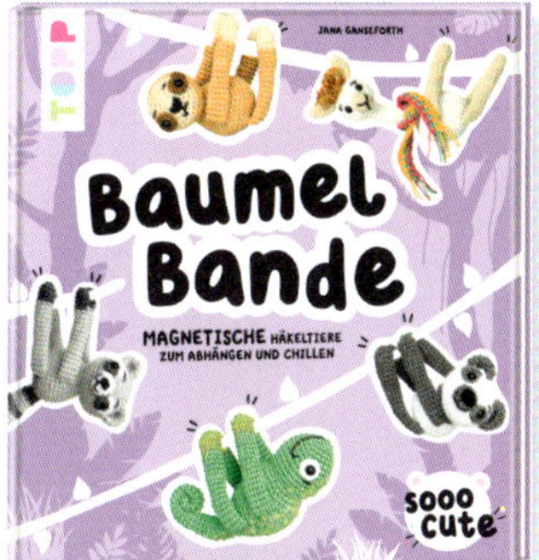

ISBN 978-3-7724-4840-9

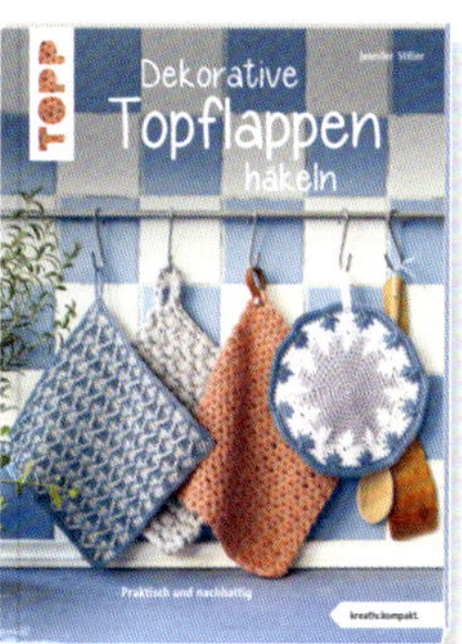

ISBN 978-3-7724-6854-4

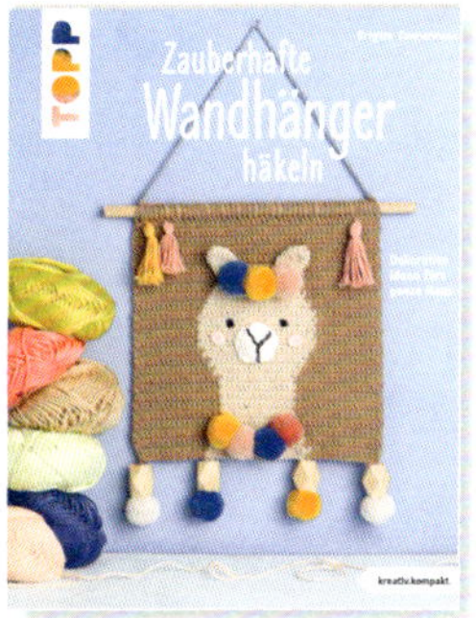

ISBN 978-3-7724-6853-7

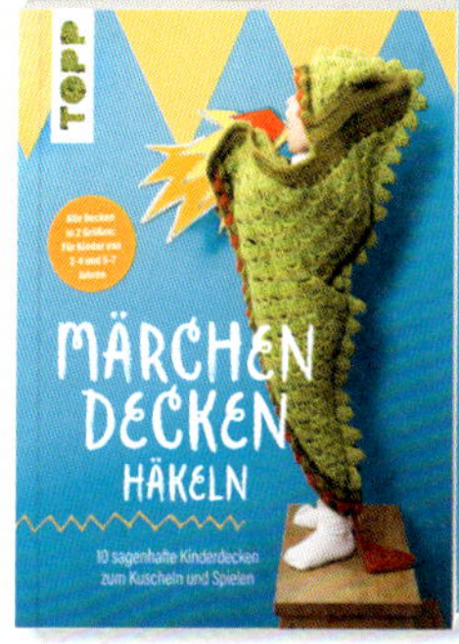

ISBN 978-3-7724-4876-8

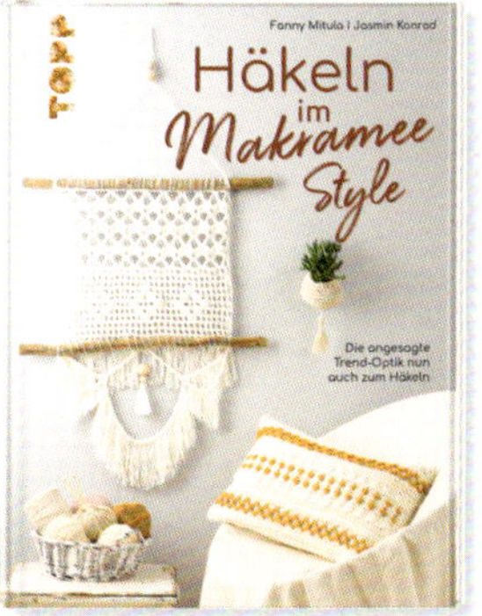

ISBN 978-3-7724-4895-9

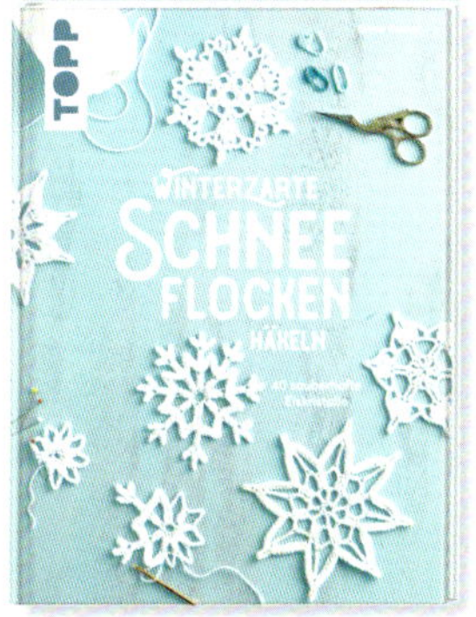

ISBN 978-3-7724-4894-2

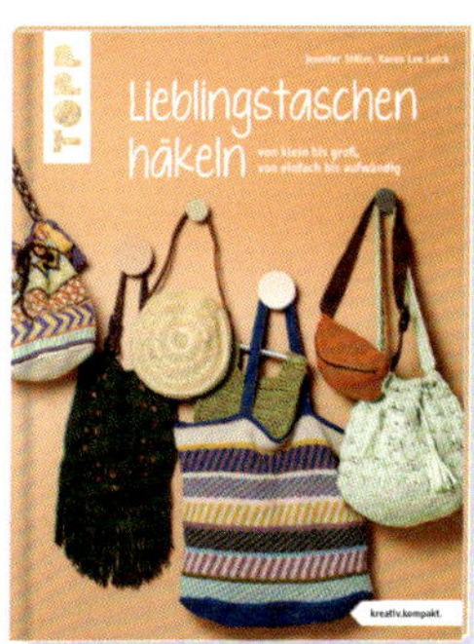

ISBN 978-3-7724-6851-3

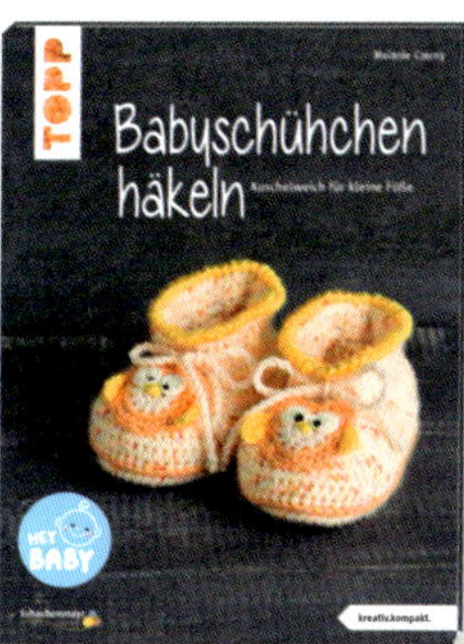

ISBN 978-3-7724-6841-4

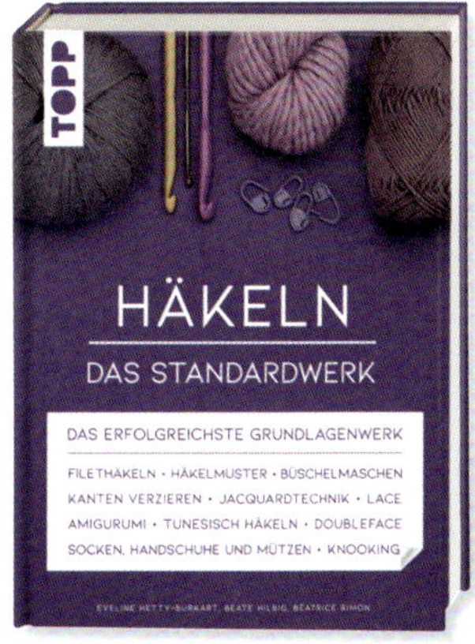

ISBN 978-3-7724-4885-0

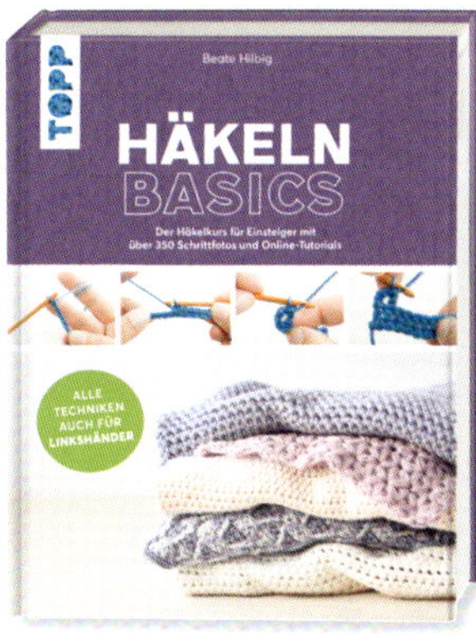

ISBN 978-3-7724-4891-1

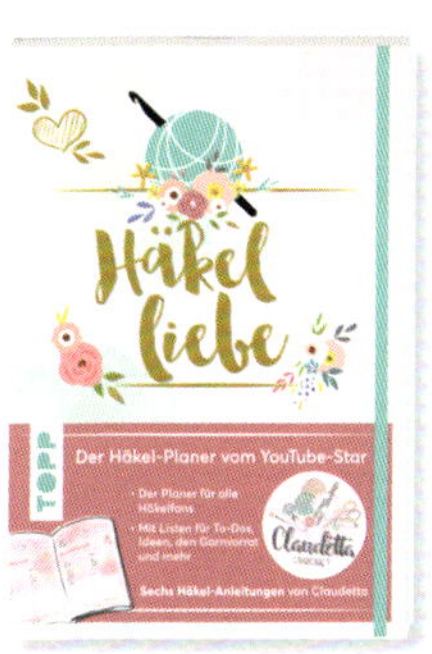

ISBN 978-3-7724-4449-4

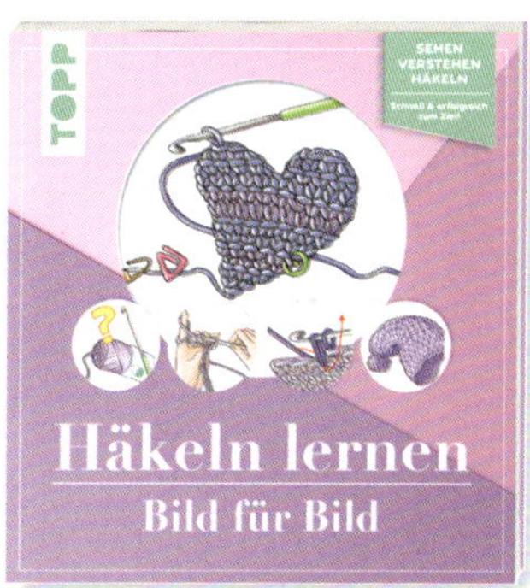

ISBN 978-3-7724-4857-7

Noch mehr Kreativ-Bücher findest du auf www.TOPP-kreativ.de

#TOPPPROJEKT

Die eigene Kreativität zeigen: TOPPprojekt mit anderen Kreativen teilen und Teil der Gemeinschaft werden.

DIY-begeistert und auf Instagram? Dann unbedingt mitmachen! Hier gibt's Tipps und Feedback zu den eigenen Projekten. Außerdem verlosen wir jeden Monat ein Überraschungspaket. Um am Gewinnspiel teilzunehmen, einfach ein Bild vom Kreativ-Projekt aus unseren Büchern mit #TOPPprojekt posten und unserem Account @frechverlag folgen. Mehr Infos auf TOPP-kreativ.de/TOPPprojekt

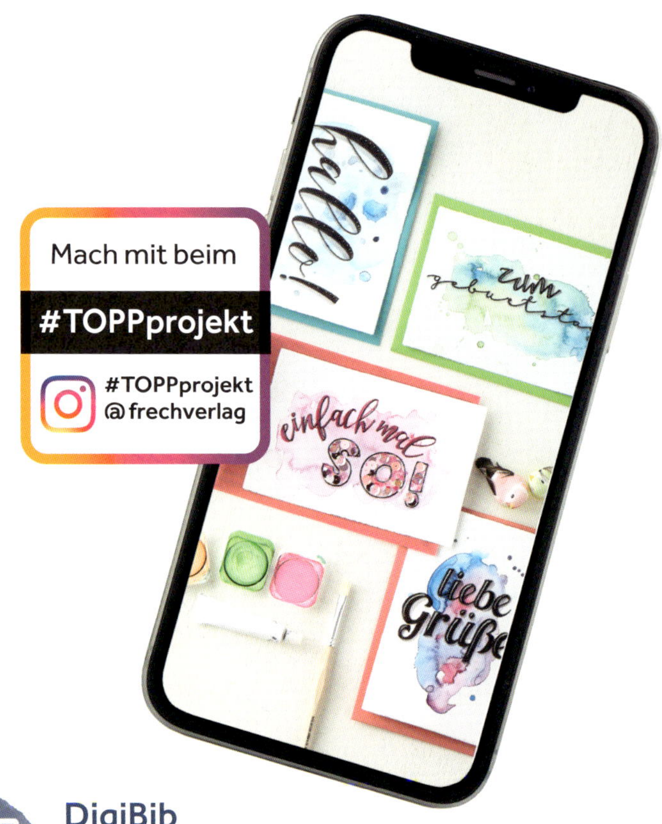

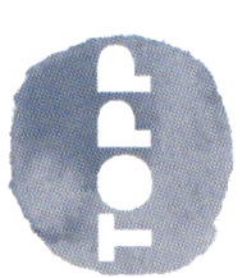

Webseite

Auf TOPP-kreativ.de gibt es ein riesiges Angebot von über 1.000 Kreativbüchern, Sets und mehr zu entdecken.

Newsletter

Immer als Erstes von unseren Neuheiten und Sonderaktionen erfahren: TOPP-kreativ.de/newsletter

Instagram

@frechverlag

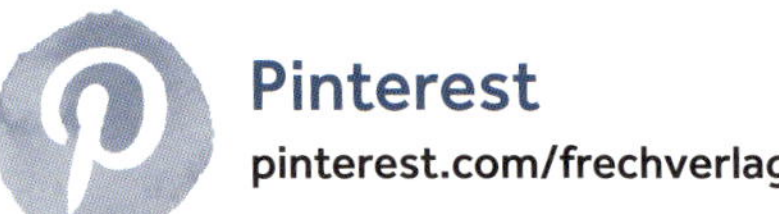

Pinterest

pinterest.com/frechverlag

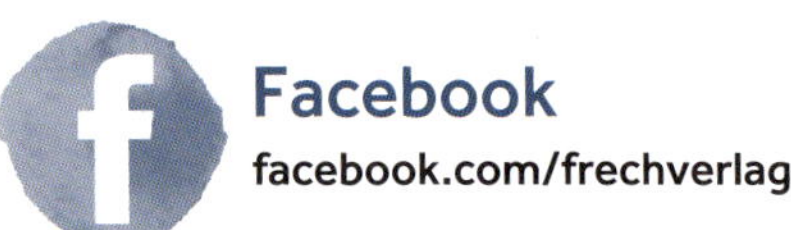

Facebook

facebook.com/frechverlag

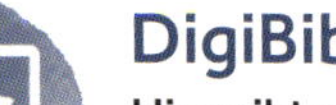

DigiBib

Hier gibt es zusätzlich zu einigen unserer Bücher digitale Extras, wie Video-Tutorials, Plotter-Dateien, Vorlagen, Übungsblätter und vieles mehr. Einfach im Impressum eines TOPP-Buchs nachschauen, ob dort ein Code vorhanden ist, und exklusive Inhalte freischalten. TOPP-kreativ.de/digibib

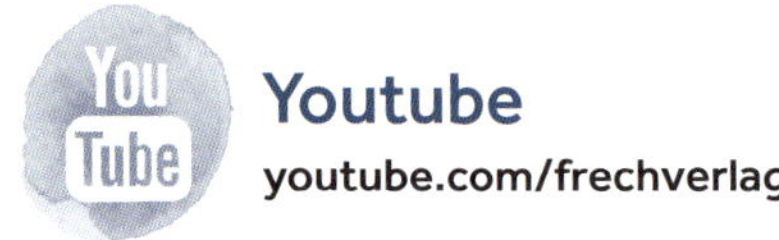

Youtube

youtube.com/frechverlag